Die Lehrperson als Coach

Beratung in kreativen und künstlerischen Prozessen

Peter Truniger

Die Lehrperson als Coach

Beratung in kreativen und künstlerischen Prozessen

Peter Truniger

kopaed (muenchen)
www.kopaed.de

Verfasser
Peter Truniger

Redaktion
Peter Truniger
Katharina Nill

Recherche
Andrea Zimmermann
Katharina Nill

Gestaltung, Satz
Piero Glina

Titelbild
Rainer Trösch

Druck
Memminger MedienCentrum, Memmingen

Bindung
Buchbinderei Klotz, Jettingen-Scheppach

Mit freundlicher Unterstützung der
Zürcher Hochschule der Künste ZHdK

Arnulfstraße 205, 80634 München
www.kopaed.de

ISBN 978-3-96848-037-4
eISBN 978-3-96848-637-6

Printed in Germany

Inhalt

Die Teilnahme an Zwischenbesprechungen, Prozessanalysen und Abschlusskolloquien unserer Studierenden übt auf mich seit Beginn meiner Tätigkeit im Studiengang Art Education[1] der Zürcher Hochschule der Künste ZHdK einen besonderen Reiz aus. Als Psychologe fasziniert es mich und schätze ich es, in die Überlegungen und Abwägungen der Lernenden involviert zu sein und nachzuvollziehen, wie die betreffende Person ihre Einfälle, Widerstände und Ideenflauten erlebt und wie sie damit umgeht. Beim Zuhören gehen mir neben Gedanken auch Fragen durch den Kopf wie »Bei diesem Entscheid hat er gelitten«, »Weshalb hat sie die andere Idee verworfen?«, »Sie wirkt entspannt und überzeugt – da schwingt Stolz mit« oder »Was hat die Kritik der Kollegin tatsächlich ausgelöst?«. Im Verlauf von Gesprächen können sich manche dieser Fragen klären und gewisse Puzzlesteine fügen sich zu sinnvollen Bildern. Durch Beschreibungen und Erläuterungen ermöglicht der Lernende einen Einblick in seine Innenwelt, in den gestalterischen Kosmos. Manchmal ist dieser eng und monochrom, ein anderes Mal erstaunlich weit, bunt und facettenreich. Vor allem im Austausch mit Dozierenden werden die Dimensionen der Vorstellungskraft und der Beweglichkeit des Denkens schrittweise erkennbar. Im Idealfall lenken die Künstler-Lehrer mit ihrer Expertise den Blick auf bestimmte Phänomene, die weder ich noch der Lernende als Neuling im Fachgebiet wahrgenommen haben. In den sich daraus ergebenden Dialogen tariert der Lernende die eigenen Überlegungen neu aus oder er verteidigt die persönliche Sichtweise, überzeugt von der von ihm angestrebten Lösung.

Dreierlei Dynamiken in der Interaktion zwischen Dozierenden und Lernenden schienen sich im Verlauf meiner Beobachtungen als zentral für den Erfolg nicht nur des gestalterischen Prozesses, sondern auch des Lernerlebnisses der Studierenden zu erweisen: Das eine waren Situationen, in denen es Dozierenden gelang, die Lernenden durch geschickt formulierte Fragen zum Nachdenken und manchmal auch aus dem Konzept zu bringen. Das andere war die Art und Weise, wie die Mentoren ihre Betreuung gestalteten, insbesondere, in welchem Rollenverständnis sie in Erscheinung traten: Manche traten eher als Mentoren auf, andere in der Rolle als Experten, wieder andere reicherten ihre Aufgabe um eine Funktion als Ideenlieferanten an. Zuletzt beschäftigte mich die Verlaufsstruk-

1 Im BA Art Education werden Fachleute für Unterricht, Kurswesen und weitere Lehr- und Vermittlungstätigkeiten in den Bereichen Kunst, Gestaltung und Kultur ausgebildet. Die Studierenden wählen zwischen zwei Ausbildungsrichtungen: Die Vertiefung Bildnerisches Gestalten an Maturitätsschulen bereitet als erster Teil einer zweistufigen Ausbildung auf die Arbeit mit Schülerinnen und Schülern im Gymnasium vor. Die Vertiefung Ästhetische Bildung und Soziokultur ist auf ein breites Spektrum (nicht formaler) Lehr- und Vermittlungsfelder ausgerichtet.

tur gestalterischer Prozesse. Insbesondere diese drei Faktoren motivierten mich, die Studierenden zu befragen, wie sie die Begleitung durch die Dozierenden erlebten und was aus ihrer Sicht an Unterstützung wünschenswert sei.

Ich begann, mich systematisch mit den Kunst- und Design-Dozierenden über Fragen wie *Kriterien für gestalterische Aufgabenstellungen, Formen des Feedbacks* oder *Verläufe in künstlerischen Prozessen* auszutauschen. Uns interessierte, wie Studierende so gecoacht werden können, dass sie wichtige Entscheidungen selbstständig treffen und wesentliche Teile des gestalterischen Werks eigenverantwortlich entwickeln. Die Rolle der Dozierenden wurde damit hinterfragt und gleichzeitig durch neue Erkenntnisse und Sichtweisen angereichert. In den Resultaten zeigte sich, dass die Befürchtungen der Dozierenden, sie würden zur Nebenrolle mutieren, unbegründet waren. Die Studierenden verlangten nach einem Rollenverständnis der Lehrperson im Spannungsfeld *Experte – Begleiterin – Berater* und damit in Richtung *Prozessmoderatorin.* Dies erwies sich als herausfordernd und anspruchsvoll. Es brauchte die umfassende Expertise gepaart mit einer elaborierten Erfahrung – letztere kam auf eine veränderte Weise ins Spiel. Der neue »Kurs« verlangte, das fachliche und gestalterische Wissen dafür zu nutzen, die Lernenden zu differenzierter Wahrnehmung und zu divergentem Denken anzuregen.

Mir wurde in dieser Zeit die Parallelität zwischen psychologischer Beratung und Coaching in kreativ-künstlerischen Prozessen bewusst. Im psychologischen Setting trifft die Beraterin auf Menschen, die vor einer Problemstellung stehen, für die sie unmittelbar keine brauchbaren Lösungsansätze parat haben. In Supervision und Coaching sind es problematische Herausforderungen der beruflichen Tätigkeit, Meinungsverschiedenheiten mit einem Vorgesetzten, Team- und Perspektivenfragen. Fragestellungen also, die nicht auf *eine* ganz bestimmte Lösung hinauslaufen, sondern ein Spektrum möglicher Lösungen aufweisen. Als Berater tut man demnach gut daran, nicht mit Tipps und Tricks aufzuwarten und jene Lösungen vorzuschlagen, die einem selber als aussichtsreich erscheinen. Eigene Erfahrungen als Supervisor und Coach lehrten mich, dass die Klientinnen und Klienten davon profitieren, wenn der Berater ihren Schilderungen präzise zuhört und z.B. aufhorcht, wenn Widersprüche, Zweifel oder auch kategorische Setzungen zur Sprache kommen. Ich erlebte, wie das Gespräch Fahrt aufnimmt, wenn in solchen Situationen Fragen gestellt werden. Fragen, die auf ganz unterschiedliche Weise Denkprozesse in Gang setzten und Fragen, die dem Gegenüber die Widersprüche durch eigene Antworten erfahrbar machen oder die danach forschen, wann Zweifel nicht auftauchen.

Ähnliches erlebte ich in den künstlerischen Kolloquien. Bei den Arbeiten der Studierenden lag zwar eine Lösung in Form des präsentierten Werks vor. Die Lösung – das zeigte sich im Verlauf der Analyse und Würdigung der Arbeit – hätte auch anders sein können, etwa in der Dimensionierung, der Farbgebung oder der Inszenierung. Diese Tatsache führte zur gezielten *Einführung in* und zur *Anleitung von* Coachingmethoden. Erste Übungen und Erprobungen fanden mit Studierenden der Kunst- und Designpädagogik in Seminaren zu Gesprächsführung und sozialer Interaktion statt. Es folgten Einführungen und Übungen mit Dozierenden anlässlich von Weiterbildungen und Teamevents. Gemeinsam mit der wissenschaftlichen Mitarbeiterin Andrea Zimmermann beobachtete ich gezielt Coachinggespräche und ganze Coachingzyklen (vgl. Zimmermann, 2013/15). Mit Studierenden erarbeiteten wir grundlegende Methoden, etwa aktives Zuhören, das Abgrenzen eigener Hypothesen oder auch die Aufforderung zum Perspektivenwechsel. Die Analyse der Beobachtungen und Übungen wies auf die unterstützende Wirkung dieser Art von Begleitung und Beratung hin. Lernenden, die zum »Was-wäre-wenn-Überlegen« und zum »Nochmals-anders-Denken« herausgefordert wurden, fiel es leichter, zu erkennen, was ihnen wichtig ist bzw. wohin die gestalterische Reise führen soll.

Ebenso wie Supervisionsklienten die Beratungspraxis zufrieden verlassen, wenn sie im Verlauf der Sitzung selber auf eine aussichtsreiche Lösung gestoßen sind, fühlen sich Lernende in Kunst und Design stolz, wenn sie nach einem abgeschlossenen Prozess vor einem Werk stehen, von dem sie sagen können: »Es repräsentiert meine Absicht und ist das Resultat meiner Entscheidungen!« In beiden Fällen ist es eminent, dass die Lösung in der Umsetzung die erwünschte Wirkung erzielt. Damit dies geschieht, braucht es Dozierende und Kursleiterinnen, die den entsprechenden Denk- und Spielraum gewähren: Coaches also, die Einstellungen und Überzeugungen vertreten, welche die Ideen und Überlegungen der Lernenden ins Zentrum der Aufmerksamkeit rücken. Lehrpersonen, die über das methodische Wissen und die Verfahren verfügen, um kreative Entscheidungsprozesse sorgfältig zu begleiten. Die konkrete Anwendung dieser Kommunikationsformen im Alltag ist anspruchsvoll. Ich rate zu Nachsicht mit sich selber, wenn die optimalen Fragen nicht auf Anhieb einfallen oder man sich zu einem längeren Monolog inklusive Lösungsvorschlägen hinreißen lässt. Es gibt nächste Gelegenheiten, um den Studierenden und ihren Ideen den Vortritt zu lassen.

In den vier folgenden Kapiteln sind schrittweise und mit unterschiedlichem Fokus Anregungen präsentiert und zur Diskussion gestellt, die differenziertes, respektvolles Coaching gestalterisch handelnder Lernender ermöglichen.

Wie im Vorwort dargelegt, ist dieses Fachbuch angestoßen durch jahrelange Erfahrungen des Autors in einem Art Education-Studiengang[2]. Mit zunehmender Dringlichkeit manifestierten sich hierbei offenkundige Fragen hinsichtlich der Interaktion zwischen Lehrenden und Lernenden: Wie lassen sich künftige Lehrerinnen und Vermittler in den Bereichen Kunst, Gestaltung und Kultur so ausbilden, dass sie wichtige Entscheidungen selbständig treffen und wesentliche Teile des gestalterischen Werks eigenverantwortlich entwickeln können? Und wie kann den Ausbilderinnen, Dozierenden und Kursleitern eine Begegnung und Beziehungsgestaltung mit Lernenden gelingen, welche die vielfältigen Rollen als Experte und Instruktorin, aber auch als Mentorin und Prüfer einerseits einschließt, ohne die Lernenden andererseits zu bevormunden? Erste Versuche, Lösungen zu finden, liegen mehrere Jahre zurück (vgl. Truniger, 2004; Truniger, 2005). Dieses Fachbuch legt nun als umfassende Antworten *Haltungen, Strategien und Methoden* eines zeitgemäßen und unterstützenden Dialogs mit Lernenden im gestalterischen Kontext vor. Es erweitert aktuelle Lehr-Lernberatungskonzepte um den Aspekt nichtdirektiver Formen der Begleitung künstlerischer Prozesse. Die Lehrperson begleitet den von ihren Lernenden eingeschlagenen Weg als kritisch-konstruktive Fachperson im Sinne eines Coaches.

Die Auseinandersetzung mit den im Buch dargelegten Einstellungen und die Anwendung der im vierten Kapitel erläuterten Methoden wird die Effekte gestalterisch-künstlerischer oder generell kreativer Bildung verstärken. Das schöpferische Selbstvertrauen der Lernenden wird entwickelt und gesteigert. Die Lehrperson wird entlastet, weil sie die künstlerische Verantwortung konsequent delegiert. Damit verbessert sie die Entscheidungsfähigkeit sowie die funktionale Bandbreite des Ausdrucks der Lernenden – und damit deren Autorschaft. Das Buch leitet Lehrpersonen in künstlerisch-kreativen Ausbildungen dabei an, Offenheit und Entdeckergeist sowie Selbstverantwortlichkeit zu mobilisieren – allesamt Voraussetzungen und Anforderungen in einer zunehmend komplexen Welt.

Der vorliegende Text ist in erster Linie auf die Arbeit mit (jungen) Erwachsenen ausgerichtet. Viele der Beispiele, der praktischen Erkenntnisse und der Überlegungen resultieren aus der Arbeit mit Studierenden an der Zürcher Hochschule der Künste. Die im Buch geschilderten Vorgehensweisen lassen sich mit wenig Aufwand auf die Arbeit mit anderen Ziel-

2 In Deutschland ist der Begriff Kunstpädagogik gebräuchlich. Art Education-Studiengänge in der Schweiz umfassen kunst- und designorientierte Ausbildungen für den schulischen und außerschulischen Bereich.

und Altersgruppen übertragen, etwa die Arbeit mit Lernenden in Gymnasien oder in Freizeitkursen der Erwachsenenbildung. Didaktisch sorgfältig aufgebauter, inhaltlich interessanter Gestaltungsunterricht motiviert in jeder Altersgruppe zu entsprechender Leistung. Insofern lassen sich die Vorschläge auch in der Arbeit mit Kindern und Jugendlichen in der Volksschule umsetzen. Inhaltlich ist kreativ-gestalterisches Handeln nicht auf künstlerische oder designbezogene Themen begrenzt. Prinzipiell können die im Buch dargelegten Inhalte auf jegliche Begleitung von kreierender Tätigkeit übertragen werden.

Den im Buch vorgestellten Haltungen liegen einerseits die Persönlichkeitstheorie von Carl Rogers, wonach der Mensch eine inhärente Tendenz zur Entfaltung seiner Kräfte aufweist, sowie die sozial-konstruktionistische Theorie von Kenneth J. Gergen – die Bedeutung der Dinge wird sozial verhandelt – zugrunde. Beide Ansätze korrespondieren deutlich mit Prinzipien einer konstruktivistischen Didaktik. Auf dieser Grundlage erfolgt die Empfehlung zweier Lernberatungsansätze. Zum einen ist dies der Ansatz der systemischen Beratung, angeregt durch Arist von Schlippe und Jochen Schweitzer sowie durch Überlegungen von Fritz B. Simon. Zum anderen ist das die lösungs- und ressourcenorientierte Beratung, inspiriert von den Texten Steve de Shazers und im deutschen Raum von Günter Bamberger und Herbert Eberhart. Die im Buch vorgeschlagenen Strategien, Methoden und Interventionen der Beratung sind deutlich an psychologischen Beratungsformen orientiert, in denen es darum geht, individuelle, für den Ratsuchenden viable Problemlösungen zu entwickeln. Das heißt, die Lösungen sind weitgehend vom Ratsuchenden erdacht, entworfen und ausgearbeitet. Denn genau das, so die Hoffnung des Autors, sollte in der künstlerischen Arbeit von erwachsenen Lernenden ermöglicht werden.

Das erste Kapitel leitet das diesem Buch zugrunde gelegte Verständnis der Lehrperson als Coach und Berater her. Es zeigt in einem Überblick, was die Wandlung vom Meister-Schüler-Prinzip hin zu einer coachenden Haltung der Lehrperson im Gestaltungskontext erforderlich macht (1.1). Es erkundet die Charakteristika schöpferischer und kreativer Prozesse und Kontexte (1.2) und leitet daraus der Begegnung und dem Dialog mit Lernenden dienliche Einstellungen und Wertehaltungen ab. Diese werden mit konstruktivistischen (1.3), neurologischen (1.4) und humanistisch-psychologischen (1.5) Erkenntnistheorien belegt. So stehen am Ende des ersten Kapitels das gemeinsame Erkunden und Entdecken, die Einsicht und das Aufzeigen von Möglichkeiten im Vordergrund der Interaktion zwischen Lehrperson und Lernendem.

Das zweite Kapitel thematisiert das Lehr-Lernsetting im Kontext gestalterischer Prozesse. Hierzu nimmt es zunächst Erwachsene als Lernende (2.1) sowie typische sich im Verlauf eines Gestaltungsprozesses ergebende Anforderungen in den Fokus (2.2). Weiter nimmt es Bezug auf die Lehrpersonen im Dilemma ständig wechselnder Rollen im Allgemeinen sowie im Kontext von Gestaltungsprozessen im Besonderen (2.3). Weil sich im Verlauf des Miteinanders von Lehrenden und Lernenden für gewöhnlich »Verwicklungen« ergeben, führt das Kapitel in wesentliche Aspekte systemischen Denkens ein und leistet den Transfer dieser Theorieelemente für die Beschreibung von Phänomenen, Herausforderungen und Störungen im Unterrichtsalltag eines Lernenden (2.4). Auf diese Weise werden die Interaktionen und Kommunikationen beschreib-, erklär- und vor allem reflektierbar. Probleme sind dann nicht länger Wesensmerkmale einer Person – vielmehr zeigt sich, dass Lehren und Lernen ein hochgradig vernetztes, in alle Richtungen wirkendes Geschehen ist.

Das dritte Kapitel gibt zunächst einen allgemeinen Überblick über die Entwicklung von Konzepten der Lernberatung. Es propagiert ein psychologisch eingebettetes Lernberatungsverständnis als das Mittel der Wahl in der (didaktischen) Begleitung Lernender in kreativen Prozessen (3.1). Im Verlauf führt das Kapitel in die zwei o. g. Ansätze der Lernberatung und ihre jeweilige Begründung, Funktion und Ausgestaltung ein. Einerseits widmet es sich sodann mit der Einführung in die *systemische Beratung* (3.2) einem eher explorierend-analytischen Vorgehen. Dieses bietet sich an, um eine Problemstellung zu durchleuchten und etwa Mehrdeutigkeiten, Denkroutinen oder behindernde Zirkularitäten im betreffenden Lehr-Lernsetting zu hinterfragen. Andererseits führt es in die *lösungsorientierte Beratung* (3.3) ein, welche sich – anstelle der Analyse von Problemen und Ursachen – eher durch pragmatische, handlungsorientierte Interventionen und Problembearbeitungen kennzeichnet.

Das vierte Kapitel führt sämtliche Methoden und Interventionen der im ersten, zweiten und dritten Kapitel vorgestellten Ansätze und Strategien zusammen. Im Sinne eines Methodenkoffers ist es für den Alltagsgebrauch konzipiert und mit zahlreichen Fallbeispielen und Musterformulierungen aus dem Coachingkontext illustriert. So thematisiert *Sprechen* (4.1) die methodisch am Konstruktivismus und der Humanistischen Psychologie orientierten Grundlagen einer wohlwollend-unterstützenden Begegnung: eine verbindliche Art des Zuhörens, das Signalisieren von Subjektivität (Ich-Botschaft) oder die Rückversicherung des Verstehens (Paraphrasieren). *Fragen und beraten* (4.2) ist – von Ideenfindung bis Reflexion – dem strukturierten Austausch in künstlerischen Entwicklungsprozessen gewidmet und orientiert sich methodisch an Ansätzen psychologischer Gesprächsführung und Beratung. *Systemisch intervenieren*

(4.3) listet und erläutert die Anwendung der wichtigsten Methoden systemischer Lernberatung und berücksichtigt z.B. das soziale Umfeld sowie die Biografie der Betroffenen. *Lösungen und Ressourcen finden* (4.4) erläutert das Vorgehen entlang von vier Phasen angesichts beliebiger Problemsituationen, die nach einer raschen Lösung verlangen und das Potenzial unterstützender Ressourcen optimal ausschöpfen.

1

Die Lehrperson als Coach

Im Bildungskontext wird Coaching neben Begriffen wie Mentorat, Lernberatung oder auch Lernprozessbegleitung verwendet. Bezeichnet wird je das Verhältnis der (projektbezogenen) Zusammenarbeit zwischen Lehrenden und Lernenden. Mit den verschiedenen Begriffen wird die Tatsache betont, dass die Ratsuchenden bzw. die Lernenden einen hohen Grad an Verantwortung für das Geschehen tragen und ihnen die zugewiesene Lehrperson beratend zur Seite steht.

Nachdem der Begriff ursprünglich v.a. in Sportkontexten und in der Beratung von Führungskräften verbreitet[3] war, zeichnet sich laut Roth und Ryba (2016) der Trend ab, »Coaching zunehmend in *neuen Praxisfeldern* wie Politik, Wissenschaft, Bildung, sozialer Arbeit sowie im Gesundheits- und Pflegewesen anzubieten« (S.25). Loebbert (2015), der Coaching-Definitionen systematisch untersucht hat, definiert den Begriff bündig: »Coaching ist eine auf den Leistungs- und Handlungsprozess von Personen bezogene Form der Beratung« (S.199). Er listet als Merkmale von Coaching die *Optimierung von Problemlöseprozessen*, die *Erleichterung von Lernen*, die *Erhöhung der persönlichen Wirksamkeit*, das *Erreichen nachhaltiger Verhaltensänderungen*, die *Verbesserung von Fähigkeiten und Leistungen* und damit *das persönliche Wachstum.* Dabei betont er, dass Coaching den Ratsuchenden in einem umfassenden Sinne unterstützt. Es werden nicht nur Lernen und die Leistungsverbesserung angestrebt, sondern es geht ebenso um die Analyse von Maßstäben und Werten, die den Coachee in seiner Zielverfolgung leiten, und um die Zweckmäßigkeit der gewählten Lösungsoptionen (vgl. S.200f.).

3 Definition Coaching: Berufsverband für Coaching, Supervision und Organisationsberatung BSO: »[...] Coaching hat die erfolgreiche Bewältigung von Aufgaben und Herausforderungen, die Erweiterung des Handlungsspektrums und die persönliche Reflexion zum Ziel. Coaching setzt den Fokus auf die Person, deren Positionen, Rollen und Rollenhandeln. Die Arbeitsweise von Coaching ist, je nach Situation, aufgaben-, personen- und prozessorientiert. [...] Die Inhalte des Coaching orientieren sich an den Erfordernissen der Aufgabe und dem individuellen Lernbedarf des Coachee. Coaching hat zum Ziel, die Coachees zu befähigen, für die selbstgewählten [...] Themen gewünschte Veränderungen selbst zu entwickeln und umzusetzen. Coaching kann auch als Ziel beinhalten, die Leistung zu verbessern, zu neuen Aufgaben zu befähigen, Entscheidungen und Wandel zu steuern [...].« (https://www.bso.ch/fileadmin/user_upload/02_Beratung_Qualitaet/Beratung/PDF_s/Beratungsformat_Coaching.pdf [4.11.2018]

Loebbert (2015) weist ausdrücklich auf den Aspekt der Unterstützung zur Selbsthilfe hin: »Nicht der Berater löst ein Problem für den Klienten, sondern er unterstützt Klienten dabei, ihr Problem selbst zu lösen« (S. 202). Radatz (2000) präzisiert: »In der systemischen Arbeit verstehen wir unter Coaching die maßgeschneiderte Problemlösung [...], in welcher der Coach für die passenden Fragen, hilfreichen Zusammenfassungen und die Einhaltung des Ablaufs verantwortlich ist, und der Coachee eigenständige Lösungen für seine Situation – für seine anstehenden Fragestellungen – findet« (S. 85). Mit anderen Worten gibt der Coach den Anstoß für die Problemlösung. Wichtig dabei ist, dass der Coach die Prozessunterstützung als klare, eigenständige Qualifikation versteht (vgl. ebda. S. 93 f.) und sich laut Loebbert (2015) bewusst ist, dass in einer systemischen Sichtweise jede seiner Handlungen als *Intervention* aufgefasst werden muss (vgl. S. 204). Er schließt dabei auch Elemente der Fachberatung, der Therapie und des Trainings ein, sofern diese fachlich nutzbringend eingesetzt werden (vgl. S. 202).

Die Anforderungen implizieren bei der Beraterin eine besondere Aufmerksamkeit und Sorgfalt. Übertragen auf die Beratung von Lernenden in gestalterischen Prozessen ist diese Vorstellung von Unterstützung durchaus angemessen, wie die folgenden Ausführungen zeigen werden. Künstlerisches und gestalterisches Handeln verlangt fortwährend nach der Überprüfung der Motive und der Zielsetzungen bei gleichzeitigem Entwicklungsanspruch hinsichtlich der Verfahren und der zugrundeliegenden Wahrnehmungs- und Handlungsprinzipien.

1.1 Künstler-Lehrer im Wandel der Zeit

Lehren macht dann Spaß, wenn Lehrpersonen im Selbstverständnis handeln, im betreffenden Themenfeld über substanzielles Wissen und einen Erfahrungsschatz zu verfügen, der für andere Menschen nützlich und unterstützend ist. Die Wahl des Lehrberufs hängt in der Regel mit dem Wunsch zusammen, Wissen weiterzugeben und Lernprozesse anzustoßen. Weiter korrespondiert die Berufswahl mit der Selbsteinschätzung der Lehrperson, die betreffenden Informationen und Themen auf adäquate Weise zu vermitteln und zu lehren, dass sie also über didaktisches Geschick verfügt. Teil dieses Selbstverständnisses ist die direktive Weitergabe von subjektiv aufbereitetem Wissen. Eigene Informationsbestände und strukturierte Inhalte werden den Lernenden angeboten. Nicht immer ist diesen klar, dass es sich um eine spezifische Auswahl an Informationen in einer subjektiven Aufbereitung und Organisation handelt. Die Art und Weise dieser Aufbereitung hat sich im Laufe der Zeit gewandelt.

1.1.1 Meisterlehre

In der künstlerischen und gestalterischen Ausbildung gibt es eine reiche Tradition der direktiven Weitergabe von Kenntnissen, Techniken und Verfahren. Meister und Fachexperten unterweisen ihre Studierenden und Lehrlinge und bereiten sie auf die Berufsfelder vor. Das Handwerk des Malens wurde den Lernenden bis zum 19. Jahrhundert von einem Meister privat beigebracht (vgl. Bippus, 2007, S. 305). Das Kopieren bestehender Werke und die inhaltliche Orientierung an den Ausdrucksformen und Vorgehensweisen des Lehrenden bzw. des Meisters war und ist als eine zentrale Form der Weltaneignung unbestritten. Georg Peez (2012) hält dazu fest: »Im reproduzierenden Nachvollzug wird Kultur tradiert und zugleich variiert. ›Vormachen‹ und ›Nachmachen‹ umschreibt deshalb wahrscheinlich die ursprünglichste Form kultureller Überlieferung zwischen den Generationen« (S. 143). So veranschaulicht ein Zitat des Künstlers John Miller (2007, S. 182) das vorherrschende Selbstverständnis der US-amerikanischen Kunstprofessur vor 1940:

> Ehe das Black Mountain College of the Arts seine legendäre Vormachtstellung ausbaute, verlief das Kunststudium in den Vereinigten Staaten üblicherweise nach dem Modell, dass ein Dozent von den Studenten erwartete, sein oder ihr (normalerweise sein) eigenes Werk zu kopieren. Je bekannter die Kunst des Lehrers, desto mehr hielt man von seinen Studenten. Die Idee der Reproduktion wurde dadurch auf merkwürdige Weise literarisiert; die Vaterfigur zeugte kleine Ausgaben seiner selbst.

In Anlehnung an die handwerkliche Ausbildung wird – auch bezogen auf kognitiv ausgerichtete Fächer – von einer Art Meisterlehre gesprochen (vgl. Reusser, 1995). Solchen didaktischen Ansätzen aus den 1990er-Jahren liegt die Annahme zugrunde, dass das relevante Fachwissen unter der Verwaltung der Lehrperson steht. Sie gibt die Kenntnisse und Verfahren nach und nach an die interessierten Lernenden weiter. Diese nehmen wesentliche Elemente der Vorgaben auf und integrieren sie ins eigene Denken und Handeln. Nach einer gewissen Zeit verfügt der Lernende über ein weit verzweigtes Fachwissen und emanzipiert sich zunehmend von der Lehrperson. Diese steht bei Bedarf weiterhin zur Verfügung.

Spätestens seit der Verbreitung des Internets – unter anderem mit Millionen von Youtube-Tutorials – ist ein derartiges Lehr-Lernverständnis obsolet. Lehrpersonen erkennen, dass sie der Informationsflut chancenlos gegenüberstehen und gut daran tun, wenn sie sich vermehrt als anregende, auswählende, strukturierende und evaluierende Instanz sehen: stolz auf ihr mitunter enormes, vernetztes und weitläufiges Wissen, gleichzeitig realistisch hinsichtlich der Informationshoheit. Ein weiterer

Grund, herkömmliche Meistermodelle zu hinterfragen, ist die rasche Halbwertszeit von Wissen. Durch den einfachen Austausch von Informationen vermehrt sich Wissen auf allen Ebenen der Wissbegier, sei es in privaten Klubs und Communities, in handwerklich-industriellen Entwicklungs- und Innovationsabteilungen oder im Forschungskontext von Hochschulen und Universitäten rund um den Globus pausenlos und rasend schnell. Der Anspruch, nur schon im eigenen Fachgebiet umfassend Bescheid zu wissen, gerät zunehmend zur Überforderung. Priorisiert man eine persönlich gefärbte Informationsauswahl inklusive Argumentationslinie, bezieht man zwar Stellung und vertritt eine bestimmte Position. Doch diese auch für andere als gültig zu deklarieren, ist nicht mehr zeitgemäß. Es hemmt den Wissenszuwachs und signalisiert eine monopolisierende, einengende Sichtweise. Eine zunehmend komplexe Welt braucht Offenheit und Entdeckergeist. Dieses Buch zeigt Lehrpersonen eine Möglichkeit, diese Offenheit im Kontext künstlerisch-kreativer Ausbildungen zu mobilisieren. Die Mittel der Meisterlehre sind in vielen Lehr-Lernsituationen nach wie vor eine gute Wahl, etwa dann, wenn es gilt, exemplarisch aufzuzeigen, wie neues Wissen nachhaltig generiert werden kann oder wie man ein Themenfeld sinnvoll strukturiert und inhaltlich verwaltet.

1.1.2 Künstler-Lehrer heute

Die Lehre im Bereich Kunst und Design ist, wie Lehre allgemein, durch verbalen Austausch gekennzeichnet. Zwischen den Lehrpersonen und den Lernenden werden Fragestellungen verhandelt, Verfahren, Phrasierungen, Szenenverläufe, Bewegungsmuster diskutiert, es werden Kontextbezüge hergestellt und Schwierigkeiten einer konsequenten Zielverfolgung oder das Stagnieren künstlerischer Einfälle beraten. In Besprechungen fließen fortwährend Bilder und Anekdoten, Erinnerungen an bestimmte Werke und Prozesse, Hypothesen, spontane Einfälle und systematische Überlegungen zu Umsetzungen ein. Sprache bietet ein vielfältiges Potenzial, um gestalterische Ideen zu entwickeln und auszuarbeiten. Als didaktisches Mittel eröffnet sie ein breites Spektrum an Interventionen und Reaktionen hinsichtlich der Arbeit der Lernenden. Da ist der *Auftrag*, mehr oder weniger offen formuliert, und meist auch gleich das *Lernziel*. Es gibt die *Instruktion* etwa von technischen Verfahren und effizienten Vorgehensweisen. Es gibt die *Schritt-für-Schritt-Anweisung* und die ergebnisoffene *Ermutigung zum Experiment*. Sprache kann auffordern, bestärken, zügeln, trösten, loben und verbieten. Prozessschritte können dialogisch entwickelt oder argumentativ ausgehandelt und erstritten werden. Schließlich werden Teilergebnisse oder gesamte Werke begutachtet und bewertet.

Bippus und Glasmeier (2007) haben bei Künstler-Lehrern der bildenden Kunst nach deren Leitbildern und didaktischen Modellen gesucht. Insgesamt zeigt ihre Spurensuche, dass sich Künstler in der Lehre durchaus Gedanken machen über den Vermittlungsauftrag. Sie geben Auskunft über den Gegenstand und die Bedeutung, diesen zu vermitteln. Sie beschäftigen sich mit der Art der Beziehung zwischen Lehrendem und Lernendem und mit dem Selbstverständnis als lehrend-vermittelnde Person. Rar hingegen sind in den zusammengetragenen Texten verbindliche Aussagen über die spezifische Art des Lehrens oder gar zu didaktischen Überlegungen. Konkrete Hinweise zu bewährten Vorgehensweisen sind selten. Die Autoren äußern sich kaum darüber, *wie* sie mit ihren Studierenden *kommunizieren.* Ob und wie sie sich einmischen oder abgrenzen, wie sie den Lernenden Raum für eigene Einfälle geben oder ob sie diese mit ihren Ideen und Umsetzungsvorstellungen bombardieren, bleibt offen. Eher erhält man einen Einblick in die zugrunde liegenden Haltungen und es gibt eine Anzahl eindrücklicher Aussagen zur Art der Zusammenarbeit und zur Einschätzung des Arbeitsverhältnisses zwischen lernender und lehrender Person (vgl. Bippus & Glasmeier, 2007). Die zitierten Künstler erteilen dem Meister-Lehrling-Modell in der Regel eine Absage. Beuys (2007) etwa betont: »Der Professor ist nichts anderes als ein Student, es sollte da kein Unterschied gemacht werden. Er sorgt nur für eine Kontinuität über eine längere Zeit« (S. 96). Künstler-Lehrer verstehen sich heute vermehrt als respektvolle Mitlernende. So gibt der Fluxuskünstler Robert Filliou (2007, S. 72) zu bedenken:

> Eine Bemerkung über die Methode: um diese vollkommene Beziehung zwischen Künstlern und Studenten zu erreichen: Wir müssen die Idee der Bewunderung loswerden. Der Künstler ist auch Student und der Student ein Künstler, wenn er sich erst einmal entschlossen hat, nicht mehr zu vergessen, sondern sich zu erinnern.

Ich wage zu behaupten, dass es in anderen Künsten – Musik, Theater, Tanz – ähnliche Sichtweisen sind, die das Arbeitsverhältnis zwischen Lehrenden und Lernenden beschreiben. Alle Künste zeichnen sich durch eine vielschichtige Tradition, ein elaboriertes und theoriefundiertes Fachwissen, eine durch künstlerische Praxis gewachsene Erfahrung und damit verbunden ein finales Wissen aus. Mit dem Fokus auf die Beratung und das Coaching ist dieser Fundus unendlich wertvoll und ein wichtiger Teil des Lehrangebots. Aber er bildet gemeinsam mit dem didaktischen Repertoire quasi das Hintergrundrauschen und die Notfallapotheke für jene Tätigkeit, die ich als Lehr-Lernberatung oder künstlerisches Coaching bezeichne. Unbesehen von welcher kunstpädagogischen Position[4] man

4 Peez (2012/2013) nennt an aktuellen kunstpädagogischen Positionen die visuelle Kompetenz, die künstlerische Bildung und die ästhetische Forschung.

ausgeht, überträgt dieser *Ansatz der Begleitung* in gestalterischen und künstlerischen Fragen und Belangen möglichst viel Verantwortung an die Lernenden und verschiebt das Handeln der Lehrperson in den betreffenden Situationen konsequent in eine beratende Position. Der Künstler- oder der Design-Lehrer wird dann zum Beistand und Ermöglicher (vgl. Rogers in Kapitel 1.5) von Werken, die im Kopf der Lernenden ihren Ursprung haben und auch dort ausformuliert werden. Gemeint sind gestalterische Suchschlaufen und Entscheidungen in allen Phasen des Werkprozesses.

1.1.3 Qualitäten der Lehr-Lernkooperation

Die vorangegangenen Unterkapitel zeigen, dass die Interaktion mit Studierenden im Kontext von Kunstunterricht insgesamt sehr unterschiedlich angegangen werden kann: So reichen die Konzepte vom direktiven Unterweisen bis zur gemeinsamen experimentellen Entdeckungsreise und vom Erteilen eines Ratschlags bis hin zur Begleitung bei der Erkundung der eigenen Absichten und Möglichkeiten. Das folgende Kapitel möchte aktuelle kunstpädagogische und kunstdidaktische Diskurse ergänzen um eine Argumentation für den Wert beraterischer Kompetenzen in diesem Kontext. Dazu ist es nötig, sich mit zugrunde liegenden Einstellungen, Werten und Haltungen sowie dem Menschenbild der Lehrperson zu beschäftigen. Diese sind wesentlich für die Art und Weise der Interaktion und der Arbeit mit Lernenden. Eine ganze Palette an Überzeugungen bestimmt – im Sinne eines orientierenden Fundaments – den sozialen Austausch und damit die Qualität der Lehr-Lernkooperation. Als Grundlagen beeinflussen sie in entscheidendem Maße die Art der Begegnung in Lehr-Lernsetting sowie in solchen der Beratung, der Unterstützung und der Hilfestellung. Persönliche Werte und Einstellungen beeinflussen die Annahmen zum Wesen des Menschen (z.B. gut, aufrichtig, entwicklungsfähig, egoistisch, manipulierbar), zu seiner Leistungs-, Lern- und Entwicklungsfähigkeit (z.B. selbstgesteuert, neugierig, motiviert, innovativ, ängstlich, kontrolliert), zur Beziehungsfähigkeit (z.B. empathisch, distanziert, wohlwollend, kühl) oder auch zur politischen Ausrichtung (z.B. konservativ, progressiv, fatalistisch). Die persönlichen Haltungen steuern Wahrnehmung und Aufmerksamkeit und wirken auf das konkrete Verhalten.

Es ist nachvollziehbar, dass eine wohlwollend-hinterfragende Arbeitsbeziehung in der künstlerischen Lehre die Entfaltung des persönlichen Potenzials auf andere Weise unterstützt als ein wettbewerbsorientierter, herausfordernd-kritisierender Unterricht. Gestalterisches Handeln stellt insofern einen Sonderfall dar, als Aufgabenstellungen oft ergebnisoffen formuliert sind und Prozesse nicht linear verlaufen. Künstlerisches Arbeiten profitiert von Überraschungen, spontanen Einsichten und unerwarteten Entdeckungen. Lehrende müssen sich fragen, welche Art der Begleitung angemessen ist, um den Lernenden jene Freiräume zu eröffnen, die kreatives Suchen unterstützen und zu eigenständigen Ergebnissen führen. Dafür ist es notwendig, sich mit den eigenen Einstellungen und Werten zu beschäftigen. Die Qualität der Lehr-Lerninteraktion hängt kaum von Zufällen ab.

Um sich als Lehrperson über eigene Wertvorstellungen und Überzeugungen ein Bild zu machen, bietet sich an erster Stelle eine lernbiografische Reise an (vgl. dazu auch Sturm, 2002). Die Rekapitulation eigener Lernerfahrungen, erfolgreicher Prozessverläufe, von Heureka-Erlebnissen und Zeiten des Suchens führt zwangsläufig an persönlichen Bewährungsproben und verschiedenen Personen, auch an Lehrerpersönlichkeiten, vorbei. Sich daran zu erinnern, welche Art der Unterstützung sie geleistet haben und wie man diese damals und aus heutiger Sicht einschätzt, liefert Hinweise auf eigene Sichtweisen und Bewertungen. Aus dem persönlichen Lernverhalten lassen sich Rückschlüsse auf günstige und behindernde Umgebungen und Voraussetzungen ziehen. Darüber hinaus helfen allgemeine Überlegungen zu *Eigenschaften von Lernenden*, zu *Faktoren, die Lernen begünstigen oder erschweren*, zu *Verantwortlichkeiten der Lernenden* an einem nachhaltigen Lernertrag, zu *kontextuellen Bedingungen* eines Projektverlaufs und der Befindlichkeit der Beteiligten oder zur Frage nach *wesentlichen Aufgaben der Lehrenden* im Lehr-Lernsetting. Aufschlussreich ist auch, danach zu fragen, welche Bedeutung Begriffe wie Augenhöhe, Autonomie, Autorschaft, Dialog, Expertenwissen, Unterweisung oder Vorbild im Kontext von Lehre erhalten.

Nachfolgend werden Aspekte vorgestellt und diskutiert, die für den propagierten Beratungsansatz die Etablierung einer fördernden und produktiven Arbeitsbeziehung unterstützen. So lassen die gegenwärtigen Beschreibungen der Kunst- und Gestaltungsstudierenden darauf schließen, dass es sich um selbstregulierte, eigenständige Lerner handelt, die für vieles, was sie betrifft, Lösungen erahnen oder kennen. Dieselben Lernenden stehen manchmal vor einem »unlösbaren« Problem. Als Lehrperson gilt es zu hinterfragen, was unter einem Problem zu verstehen ist. Daraus abgeleitet wird diskutiert, was Lehren im Sinne von Coaching bedeutet. Eine wichtige Grundlage für den Coaching-Ansatz bilden konstruktivistische Erkenntnistheorien. Für den konstruktivistischen Ansatz gibt es neurologische Belege. Wenn wir die Welt unterschiedlich wahrnehmen, ist es nützlich, das Universum der Lernenden neugierig und fragend zu erkunden. Diesbezüglich spielt die Qualität der Arbeitsbeziehung eine entscheidende Rolle! Diese Themen werden in den folgenden Kapiteln genauer ausgeführt.

1.2.1 Geteilte Verantwortung zwischen Lehrenden und Lernenden

Viele Lernende werden heute bereits auf Primarstufe zur Verantwortungsübernahme in Lernprozessen angeleitet. Gegen Ende des 20. Jahrhunderts wurden etwa unter den Titeln »Cognitive Apprenticeship« (vgl. Collins, Brown, & Newman, 1989) oder »Eigenständiger Lerner« (vgl. Beck, Guldimann, & Zutavern, 1995) Unterrichtsmodelle diskutiert und erprobt, welche heute in Regelschulen vielerorts umgesetzt werden. Die Rede ist von der Anleitung zu selbstorganisiertem und selbstreguliertem Lernen durch Lehrpersonen, die Fachpersonen sowohl für den Stoff als auch für Lernen sind (vgl. Reusser, 1999). Unter anderem im Rahmen von Meister-Schüler-Modellen lernen die Schüler – dialogisch und kokonstruktivistisch durch die Lehrperson unterstützt – Problemstellungen selbstorganisiert zu bearbeiten. Es wird ihnen zugetraut, Aufträge mit zunehmendem Freiheitsgrad zu bearbeiten und individuelle Lösungen zu finden. Für derart sozialisierte Lernende, davon ist auszugehen, hat die eigene Leistung auch im Gymnasium und im Studium einen hohen Stellenwert. Sie beanspruchen zu Recht Selbstverantwortung für weite Teile des Lernprozesses.

1.2.2 Das ästhetisch intelligente Subjekt

Konsequent auf selbstreguliertes Handeln vorbereitete Lernende wollen selber bestimmen und entscheiden, wie und wohin der gestalterische Prozess verläuft und welche gestalterisch-künstlerischen Wege sie beschreiten. Im Rahmen von Projekten und Atelierarbeit bearbeiten sie eine Thematik intensiv und über längere Zeit (vgl. Peez, 2012, S. 146 ff.; Curricula ZHdK, 2013). Der Erwerb verfahrensbezogener und technischer Kenntnisse ist Mittel zum Zweck. Die Umsetzung der gestalterischen Absicht steht im Vordergrund. Künstlerisches oder ästhetisches Handeln wird wertvoll, weil bzw. wenn die eigenen Ideen Realität werden. Lehr-Lernprozesse, die dies zulassen, fördern die Entwicklung zum ästhetisch intelligenten Subjekt (vgl. Selle, 1998). Laut Selle wird ästhetische Bildung vor allem im sich selbst bildenden Subjekt vollzogen. Pädagogische, didaktische und gestalterische Interventionen geben dazu Anstoß und leisten Unterstützung. Dem einzelnen Lernenden wird dadurch die Erkundung bzw. die subjektive Deutung ästhetischer Erscheinungen und Ereignisse erleichtert (1990, S. 35). Die Aufgabe der Lehrenden besteht im Versuch »zur Anstiftung oder von der Beihilfe zum ästhetischen Handeln und (Selbst)Verstehen, darüber hinaus – im Fall des Gelingens – von Kooperation in ästhetischer Arbeit« (ebda., S. 26).

Selle (1998, S. 112) sieht die Entwicklung des Einzelnen zum ästhetisch intelligenten Subjekt in einem prozesshaften Sinne dann verwirklicht, wenn das Individuum

> [...] im besonderen Maße wahrnehmungsfähig und selbstwahrnehmungsfähig, kontemplativ und geistesgegenwärtig-handlungsfähig, bewusstseinsproduzierend-reflexiv und sinngenerativ ist und wenn es in besonderem Maße zum aufmerksamen Zuschauer jenes im biografischen Material der Erinnerung und im Augenblick der Wahrnehmung verankerten Bewusstseinsprozesses werden kann, dem es seine Erzeugung verdankt – wenn es also ästhetisch intelligent genannt werden kann.

Lehren und Lernen wird in diesem Verständnis zum reziproken Austausch von Wissen, von Sicht- und Vorgehensweisen. Lernende werden dadurch zu eigenständigem, verantwortungsvollem Handeln geführt (vgl. Guldimann, 1996).

1.2.3 Lernen

Der Begriff Lernen ist im Kontext Kunst und gestalterischer Tätigkeiten traditionell nur bedingt gebräuchlich bzw. geläufig. Vielmehr ist da von kreativer Suche die Rede oder von prozesshaftem, iterativem Vorgehen in der Regel mit dem Ziel, ein künstlerisches Werk, ein Designobjekt, einen Song oder eine eigene Interpretationsweise zu schaffen. Dass dabei Lernvorgänge eine Rolle spielen, wird tendenziell ignoriert. Lernen, ganz allgemein definiert, meint ein prozesshaftes Geschehen zur überdauernden Aneignung, Verarbeitung und Speicherung von Informationen, unter anderem von motorischen Programmen, kognitiven Strategien und Problemlösealgorithmen, von Wissen, Emotionen, Einstellungen und Motivationen. Die daraus resultierenden Verhaltens- und Erlebensänderungen basieren auf Erfahrung und sind nicht durch Reifung oder organisch bedingt (vgl. Hobmair, 2016, S. 79 ff.; Bednorz & Schuster, 2002, S. 25 f.). Solche Prozesse gehen einher mit der Ausbildung, Vernetzung und Neuanordnung neuronaler Strukturen im Gehirn, die im Verlauf des Heranwachsens intensiv, mit zunehmendem Alter in abnehmendem Maße verläuft (vgl. z. B. Kandel, 2009, S. 177 ff.) Lernen kann individuell, aus eigenem Antrieb und Interesse erfolgen. Ebenso kann es durch eine Bezugsperson oder eine Fachperson angeleitet, verordnet, beaufsichtigt werden. Lernen ist oft begleitet von aufwendigen Übungs- und Denkprozessen, es kann aber auch spontan aufgrund einer plötzlichen Einsicht oder im Zusammenhang mit einem starken emotionalen Erlebnis erfolgen.

Weil sich diese Sichtweise problemlos auch auf gestalterisch-künstlerische Erkenntnisprozesse anwenden lässt, werden im nachfolgenden

Text konsequent die Termini Lernen, Lehr-Lernprozess sowie Lernende und Lehrperson verwendet. Lernende sind im vorliegenden Fall Personen unterschiedlichen Alters, die sich im Sinne der *Bildung*, des *Erforschens* und des *Umsetzens von Ideen* mit gestalterisch-künstlerischen Problemstellungen beschäftigen. Dies in der Absicht, sich entsprechende Kompetenzen und neues Wissen anzueignen. Lehrpersonen können im vorliegenden Fall Lehrende der Volksschulstufen oder des Gymnasiums sein, aber auch Kursleiterinnen in der Erwachsenenbildung (und selbst Dozierende auf Hochschulstufe). Sie agieren in wechselnden Rollen als Fachpersonen (Künstlerinnen, Gestalter, Designer, Filmerinnen, Musiker, Expertinnen für Lernen etc.), als Beratende (explorieren, Fragen stellen, Hypothesen entwickeln, begleiten etc.) und als Prüfer und Bewerterinnen (Kolloquien, Prüfungen, Benotung etc.) (vgl. Kapitel 2.3). Oft handelt es sich in diesem Setting um Situationen des gegenseitigen Informationsaustausches. Dies in der Absicht, neuartige Sichtweisen, Erkenntnisse und Fertigkeiten zu erwerben.

Gestalterische Aufgabenstellungen oder selbstgewählte künstlerische Aktivitäten, die nicht den kopierenden Nachvollzug bestehender Werke zum Ziel haben, lösen in der Regel produktive, mitunter schöpferische und kreative Prozesse aus. Es werden Unikate erzeugt, denen spezifische Überlegungen der Produzentinnen zugrunde liegen. Das Resultat der Tätigkeit ist nicht bis ins Detail definiert, woraus sich eine Reihe von Entscheidungssituationen ergeben. Für die gestalterisch Lernenden bleiben Freiräume und Variationsmöglichkeiten, die von Fall zu Fall oder im Verlauf des fortschreitenden Produktionsprozesses geklärt werden müssen. Lernen ereignet sich unter anderem während der Entscheidungsphase und im Zusammenhang mit der Wirkung der Entscheidung. Bekanntlich lernen wir ebenso aus Erfolgen wie aus Fehlern.

1.2.4 Natürliche Ressourcen zu lernen

Unterrichten macht deutlich mehr Spaß, wenn die Lehrperson davon ausgeht, dass die Lernenden neugierig und offen sind, hinsichtlich eines neuen Lernstoffs jedoch gleichzeitig in einem Zustand der Bedürftigkeit. Diese Bedürftigkeit kann simpel und gering sein oder aber grundlegend und umfassend. Prinzipiell gilt die Annahme, dass Lernende gegenüber der Lehrperson ein Wissens- bzw. Könnensdefizit aufweisen. Als Produzenten mit wenig Erfahrung stehen sie zudem in einer Auskunftspflicht über ihr Vorgehen und Reflektieren. Eine begleitende Beratung nimmt diese Rahmenbedingungen auf und reagiert zugunsten des Lernenden.

In der *Humanistischen Psychologie* wird die Annahme vertreten, dass für viele Fragen, die ein Individuum und dessen Erleben und Verhalten betreffen, dieses adäquate Antworten und Lösungen in sich trägt (vgl. Rogers, 1992, S. 317). In den Worten von Rogers (1992) besteht die Aufgabe des Therapeuten darin, »den Klienten dabei zu unterstützen, sich seiner eigenen Verwirklichungsprozesse bewusst zu werden und auf sie zu vertrauen. [...] Das Zentrum des therapeutischen Prozesses liegt tatsächlich im Klienten selbst, dessen inneres Erleben Tempo und Richtung der therapeutischen Beziehung bestimmt« (S. 59). Überträgt man diese Annahme aus dem therapeutischen Setting auf künstlerische Prozesse, kann man davon ausgehen, dass selbsterkundete Problemlösungen oder eben gestalterische Entscheidungen in der Regel besonders wirkungsvoll sind: Die Chance auf eine Realisierung ist größer als bei Vorschlägen, die von außen an die Person herangetragen werden. Die Freude über das erfolgreiche Handeln und der Lernzuwachs sind nachhaltiger.

Rogers (1992) vertraut darauf, dass Menschen ein natürliches Potenzial zum Lernen besitzen. Er unterstreicht das mit einer Aussage im therapeutischen Bereich: »Immer, wenn ich auf meinen Klienten warten kann und nicht glaube, ich müsse ihn sofort kurieren oder sein Wachstum vorantreiben, wenn ich seiner Person selbst die Lenkung überlasse, dann beginnt er unausweichlich zu wachsen und Fortschritte zu machen« (1992, S. 138). Um dieses Potenzial zu entfalten, muss den Lernenden die Freiheit zugestanden werden, hinsichtlich des Lerngegenstands selbst die Initiative zu ergreifen, selbstverantwortlich zu handeln und in Bezug auf den Lernerfolg Selbstvertrauen zu entwickeln.

Dies trifft meines Erachtens in besonderem Maße auf das künstlerische Experiment und die gestalterische Absicht zu. Lernende haben zumindest eine vage Vorstellung davon, welche Gestalt ihr Werk annehmen soll und was sie damit kommunizieren wollen. Vertraut man Rogers Sichtweise, erkennen Lernende, welche Inhalte für sie relevant sind (vgl. Rogers, 1988, S. 169 f.). Die Lehrperson fungiert als *Facilitator*, was mit Lernförderer übersetzt werden kann. Sie ist für günstige Rahmenbedingungen und die Begleitung und Beratung der Lernenden zuständig (ebda., S. 116 f.). Diese lernfördernde Unterstützung ist dann von besonderer Bedeutung, wenn Lernende vor einem Hindernis stehen, für dessen Beseitigung sie aktuell keine taugliche Strategie zur Verfügung haben: ein Problem (vgl. Kapitel 2.2). Teil der Lehrenden-Haltung ist deswegen auch die Art und Weise, wie man den Terminus »Problem« auffasst.

1.2.5 Sprechen über Kunst

Sprache überhaupt und der sprachliche Austausch über künstlerische Werke und die entsprechende Produktion ist in kunstpädagogischen und kunstvermittelnden Ansätzen von entscheidender Bedeutung. Im Unterschied zu der hier fokussierten Form des Gesprächs im Zusammenhang mit dem handelnden Vollzug des Gestaltens steht in der Regel das Sprechen über Kunst im Zentrum des Interesses. Damit verbunden wird die Frage debattiert, welche Rolle Sprache als Zugang zu Kunst und in der

Kunstproduktion spielen kann und soll. Auf der einen Seite wird diskutiert, ob man über Kunst überhaupt angemessen sprechen kann. Eine Herausforderung bzw. Schwierigkeit wird darin gesehen, nicht stereotype, institutionalisierte und professionalisierte Sprachmuster zu verwenden. Mit anderen Worten wird die Schwierigkeit thematisiert, das eigene ästhetische Erleben in Worte zu fassen (Mollenhauer, 1990). Es gibt überzeugende Ansätze zur sprachlichen Erschließung von Kunstproduktion. Da wird etwa verhandelt, wie weit sich das Gesprochene gegenüber dem Beschriebenen bzw. dem Rezipierten verselbstständigt oder etwas Neues dazukommt (vgl. Sturm, 1996). Durch das Sprechen über Kunst entstehen eigenständige sprachliche Produktionen. Diesem Verstehensprozess liegen nach Gunter Otto *Percepte* zugrunde. Percepte sind für ihn Produkte, bei denen das Bild und die Vorstellungen des Betrachters zusammenstoßen (vgl. Otto, 1987). Peters (1996) versteht das Reden über Kunst ebenfalls als hervorbringende, kreative Tätigkeit. Die Sprache bildet nicht nur ab, sondern wird als kreativer Akt verstanden.

Aus der Perspektive der Kunstvermittlerin interessiert sich Eva Sturm (2010) für die Frage, welche Rolle Sprache bei der Annäherung an Kunst und künstlerische Erzeugnisse spielt, insbesondere der Aspekt der Wissensaneignung. Sie betont in ihrem Ansatz die Bedeutung des Annäherns mittels der Beschreibung dessen, was man sieht, wie man sich ein Phänomen erklärt und was ein Bild oder Objekt dem Betrachtenden über sich selber mitteilt. Damit weist sie auf Aspekte hin, die auch im vorliegenden Ansatz von Bedeutung sind. Die hier verhandelte Lehr-Lernberatung befürwortet neben vielen weiteren Ansatzpunkten für die Reflexion jede Art von Introspektion im Dienste der Werkentwicklung.

Sturm (2010) betont, dass man in der Begegnung mit Kunst, etwa beim Betrachten eines Bilds, dann einen Zugang findet, wenn Übertragung im Spiel ist. Das ist der Fall, wenn das Dargestellte der Betrachterin etwas über ihre eigene Person offenbart. Sturm schreibt: »Sage mir etwas über mich. Das möchte man auch von der Kunst. Zeige mir – etwas von mir, etwas, das mich betrifft« (S. 2). Diese Art der Selbsterkenntnis oder der Berührung – durch das Thema, das Material, eine bildliche Anmutung – hilft auch *dem handelnden Lernenden*, die nötige Energie aufzubauen und aufrecht zu erhalten, um ein Werk zu realisieren.

Auf dem Weg, eigene gestalterische Absichten zu hinterfragen, zu begreifen und für das Handeln nutzbar zu machen, unterstützt der reflektierende Dialog den Prozess. Idealerweise wird er durch eine engagierte Lehrperson angeregt, die durch ihre Begeisterung die erwähnte Übertragung verstärkt. Als Medium für diesen Untersuchungsprozess dient Sturm die Sprache bzw. die Erzählung.

1.3 Einflüsse des Konstruktivismus

1.3.1 Konstruktivistische Grundlagen

Lehren war für lange Zeit gleichbedeutend mit Unterweisung, Anleitung, Belehrung, Instruktion, also mit dem Transfer von Wissen vom Lehrenden zum Lernenden. Dazu existieren die bildhaften Metaphern des Wissen-Eintrichterns, des Bildhauers, der nach seiner Vorstellung formt oder des Gärtners, der hegt und pflegt. Was heute für die Volksschulstufen nicht mehr passt, stimmt erst recht nicht für die Arbeit mit Erwachsenen. Wohl schon immer blieb es bei der Absicht der betreffenden Lehrpersonen, einen bestimmten Stoff allgemein verbindlich zu vermitteln. Was auf welche Weise und in welcher Struktur letztlich in den Köpfen der Lernenden ankam, steht seit jeher außerhalb der Einflussnahme der Lehrperson. Heute erklärt man die Tatsache des individuellen Wissens- und Erkenntnisaufbaus mit konstruktivistischen Theorien.

Konstruktivistische Erkenntnistheorien finden seit den 1990er-Jahren zunehmend Eingang in pädagogische Diskurse (vgl. Watzlawick, 1997; Gumin & Meier, 2002; Meixner & Müller, 2004). Beschrieben werden damit Annahmen, wonach es keine objektive, von allen Menschen auf die gleiche Weise wahrgenommene und erlebte Welt gibt. Vielmehr trägt jedes Individuum ein subjektiv konstruiertes, unverwechselbares Bild der Welt und der darin stattfindenden Prozesse und Phänomene in sich. Entsprechend sind Handeln und Erleben davon beeinflusst. Die Konstruktionen basieren auf persönlichen Wahrnehmungen sowie auf Lernerfahrungen und Erkenntnissen. Diese Informationen werden in Form spezifischer Vernetzungen von neuronalen Strukturen im Gehirn gespeichert. Begriffe wie radikaler Konstruktivismus oder sozialer Konstruktionismus stehen laut Simon (2006, S. 68)

> für psychologisch-philosophisch-erkenntnistheoretische Ansätze, die davon ausgehen, dass individuelle Weltbilder durch eine Geschichte von Interaktionen, die ein Individuum mit seiner physischen und sozialen Umwelt erfährt, geformt und aktiv »konstruiert« werden. Dabei ist Konstruktion nicht als ein bewusster Prozess zu verstehen in dem Sinne, in dem etwa ein Ingenieur eine Brücke konstruieren würde, sondern als unbewusster Prozess, bei dem Erfahrungen geordnet und zueinander mehr oder weniger konsistent in Beziehung gesetzt werden.

Jean Piaget, Ernst von Glasersfeld, Paul Watzlawick oder Kenneth Gergen haben als Autoren unterschiedlich radikale Ansätze zur individuellen Konstruktion von Wirklichkeit vorgestellt und erklärt. Wo Piaget noch zwischen *Akkommodation* (das persönliche Weltbild an die Realitäten der Umwelt anpassen) und *Assimilation* (neue Herausforderungen mittels vorhandener Strategien und Kompetenzen meistern) unterschieden hat (vgl. Piaget, 1976; Miller, 1993, S.79), postuliert von Glasersfeld eine Sichtweise, die von einer radikalen Unterscheidung zwischen innerem Erleben und äußerer (physikalischer) Realität ausgeht. Die Details einer Weltsicht orientieren sich an Wertigkeiten einzelner Aspekte und Phänomene. Jeder Mensch konstruiert sich eine Welt, die für ihn viabel[5] ist und seine persönlichen Wahrheiten aufweist (vgl. Simon, 2006, S.69 ff.; Gumin & Meier, 2002; Glasersfeld, 1997, S.16 ff.).

Mit anderen Worten: Die Welt, wie ich sie als wahrhaftig erlebe, ist nicht identisch mit der Welt, die mein Nachbar als wahr erlebt. Dieser hat eine Vielzahl anderer Erfahrungen gemacht. Selbst im radikal konstruktivistischen Ansatz wird nicht etwa die Auffassung vertreten, dass es beliebig sei, welches Weltbild konstruiert werde: »Der Wahrheitsanspruch ist zwar aufgegeben, nicht aber der *Unwahrheitsanspruch*. Denn die Viabilität, die an die Stelle der Wahrheit getreten ist, besagt ja, dass nicht jedes Weltbild zur Welt *passt*« (Simon, 2006, S.71).

Mittels der Sprache gelingt es uns, Annäherungen zu den Sichtweisen anderer zu finden. Indem wir Erlebtes beschreiben, erklären und gewichten, wird für das Gegenüber nachvollziehbar, wie wir erleben und interpretieren. Das Medium der Kommunikation eröffnet den Zugang zu psychischen Prozessen anderer Menschen (vgl. ebda., S.71).

1.3.2 Lernen aus konstruktivistischer Perspektive

Die mit konstruktivistischen Ansätzen verbundene Vorstellung von Lernen und von Lernenden hat weitreichende Konsequenzen für das Lehr-Lernsetting. Seitens der Lehrperson verlangt es nach einer Haltung, die weg vom Kollektiv hin zum Individuum führt. Das Unterrichtsgeschehen wird vermehrt auf die Lernmöglichkeiten und Lernbedürfnisse einzelner Lernender ausgerichtet. Entsprechend werden Lehrpläne und Didaktiken modifiziert. Aus konstruktivistischer Perspektive definiert Siebert (2003, S.18):

> Lernen ist ein autopoietischer, selbstgesteuerter, eigenwilliger und eigensinniger Prozess. Lernen benötigt zwar Informationen, Anregungen, Rückmeldungen, Lernhilfen, aber Lernen lässt sich nicht »von außen« determinieren. Das psychische »System« entscheidet, was es verarbeiten kann und will. Lernen ist kein Transport des Wissens von A nach B, »Bedeutungen« können nicht linear mitgeteilt werden, sondern das System konstruiert seine Welt des Bedeutungsvollen.

Was Menschen lernen, hängt von der Lernbiografie, den Lerngewohnheiten, den emotionalen und kognitiven Mustern, den psychosozialen Vorgaben oder auch von bewährten Problemlösestrategien ab (vgl. ebda., S.19). Siebert betont denn auch: »Gelernt wird nur das nachhaltig, was als ›sinnvoll‹ erfahren wird. Sinn meint nicht nur eine pragmatische lebenspraktische Bedeutsamkeit, sondern auch eine Relevanz für Identitätsentwicklung und ›Weltverstehen‹. Ein solcher Sinn kann nicht pädagogisch ›verordnet‹ werden, sondern er muss ›erlebt‹ werden« (ebda., S.19).

Der letzte Teil der Aussage verweist auf die Bedeutung jeweiliger Kontexte. In Lehr-Lernsettings können Kontexte so beeinflusst werden, dass anregendes, stressarmes und nachhaltiges Lernen wahrscheinlicher wird. Didaktische Ansätze wie *Situated Cognition* oder *Cognitive Apprenticeship* versuchen, kontextuelles Lernen anzuregen und zu unterstützen (vgl. Meixner & Müller, 2004, S. 247 ff.).

1.3.3 Missverständnisse sind nicht ungewöhnlich

Die konstruktivistischen Annahmen einer Interpretation der (physikalischen) Wirklichkeit und die neurologischen Belege einer individuellen Ausformung von Feinstrukturen im Gehirn legen nahe, beim Informationsaustausch von der Wirkung von Kontingenzphänomenen[6] auszugehen. Die im Zusammenhang mit einem bestimmten Ereignis wahrgenommenen und gespeicherten Informationen können mehrdeutig, widersprüchlich und lückenhaft sein. Tauscht man sich darüber aus, können Fehldeutungen und Irrtum nicht ausgeschlossen werden. Zwei Menschen, welche dieselbe Situation erleben, nehmen sie nicht auf identische Weise wahr. Abhängig von Vorerfahrungen gewichten, verarbeiten und speichern sie die Informationen unterschiedlich. Obwohl die beschriebenen Erkenntnisse mittlerweile breit rezipiert sind, gehen wir im Alltag oft von der Annahme einer weitgehend einheitlichen und geteilten Weltsicht aus, was dem erkenntnistheoretischen Realismus[7] entspricht (vgl. von Ameln, 2004, S.197). Wir überprüfen selten, ob wir eine Äußerung richtig verstanden oder ein Ereignis auf die gleiche Weise wie das Gegenüber wahrgenommen haben. Tatsächlich nehmen Missverständnisse und Fehlinterpretationen zu, je weniger wir uns miteinander austauschen. Gleichzeitig ermöglicht die Mehrdeutigkeit in gewissen Fällen,

5 Viabel: Im konstruktivistischen Erkenntnismodell tritt Viabilität an die Stelle des Begriffs Wahrheit. Dinge haben für die betreffende Person eine bewertete Gültigkeit und sind zweckmäßig, funktional, gangbar in Bezug auf eine bestimmte Situation.

6 Kontingenz steht für Mehrdeutigkeit bzw. erkenntnistheoretisch für die Einsicht, dass Wissen immer relativ ist. Dinge können so sein und auch anders, abhängig z.B. von der Perspektive, von aktuellen Bedürfnissen und Interessen.

7 Kritischer Realismus: Eine erkenntnistheoretische Position, die davon ausgeht, dass die Realität zu weiten Teilen so wahrnehmbar ist, wie sie »an sich« in Wahrheit existiert. Erkenntnis stellt »demnach ein Produkt einer vom Menschen vorgefunden Realität« dar (von Ameln, 2004, S. 9, S. 197).

eine schädigende Sichtweise durch eine funktionale Variante zu ersetzen. Gegenseitiges Verstehen basiert letztlich auf kontinuierlich wechselnden Mitteilungen und auf einem dialogischen Aushandlungsprozess. Diese Tatsache versucht Kenneth Gergen (2002) mit seinem in den 1990er-Jahren vorgestellten Ansatz des sozialen Konstruktionismus zu berücksichtigen.

1.3.4 Sozial geteilte Konstruktionen

Gergen geht prinzipiell vom individuellen – konstruktivistischen – Weltbild aus. In Abgrenzung zum radikalen Konstruktivismus postuliert er hinsichtlich wichtiger Bereiche des Zusammenlebens wie Bildungsfragen, Geschäftsbeziehungen oder Produktionsprozesse einen inhaltlichen Konsens der jeweils Beteiligten. Der Konsens basiert auf gegenseitigen Absprachen und Setzungen oder – in den Worten der Autoren – des »Stiftens von Bedeutung durch gemeinsames Handeln« (Gergen & Gergen, 2009, S. 7). Im Modell Gergens ist im Unterschied zum Konstruktivismus nicht das Individuum Urheber der Wirklichkeitskonstruktion, sondern es sind die *Beziehungen* zwischen mehreren Individuen. Im dialogischen Austausch konstruieren Communities – getragen von einer gemeinsamen Vorstellung – Übereinstimmungen in den Deutungen und Gewichtungen ausgewählter Ausschnitte der Welt (vgl. Gergen, 2002, S. 204 ff.). Sie definieren so eine relativ konsistente geteilte Wirklichkeit. Gergen besteht konsequent auf der kollektiven Konstruktion: »Alles, was wir für real erachten, ist sozial konstruiert [...]. Nichts ist real, solange Menschen nicht darin übereinstimmen, dass es real ist« (Gergen & Gergen, 2009, S. 10). Die jeweilige Sichtweise kann nicht generalisiert werden, sondern ist gebunden an die konstituierende Gruppe und deren kulturelle Eigenart: »Immer, wenn Menschen definieren, was ›Wirklichkeit‹ ist, sprechen sie aus einer kulturellen Tradition« (ebda., S. 10). Diese Annahme wird plausibel, wenn man zwei gegensätzliche Communities miteinander vergleicht, beispielsweise den Jahrgang X der Studierenden für Bildnerisches Gestalten mit demselben Jahrgang der Auszubildenden in der nahe gelegenen Großbank.

Der Vergleich wird zeigen, dass innerhalb der betreffenden Community ein kontinuierlicher Austausch über Werte, Einstellungen, Organisations- und Strukturfragen, über Produktionsabläufe, Qualitätsstandards und Terminologien stattfindet. Im weitesten Sinne werden so die Existenzberechtigung des Systems, Sinn und Inhalt der Gruppierung, des Unternehmens etc. sprachlich gefasst und sozial geteilt. Durch die vorherrschende und thematisch fokussierte Kommunikation ist ein weitreichender Konsens hinsichtlich wichtiger Themen und Inhalte wahrscheinlich.

Für die Existenzberechtigung von Bildungseinrichtungen und -szenarien ist der Ansatz des sozialen Konstruktionismus insofern von Bedeutung, als die Idee der gemeinsam konstruierten Wirklichkeiten *für* Lehr-Lernprozesse in Klassenverbänden spricht. Bedeutungen, Erklärungen und letztlich Weltinterpretationen werden in diesem Setting eingeübt und standardisiert.

Beratung im gestalterisch-künstlerischen Kontext bietet Unterstützung bei der Entwicklung und Ausformulierung eines Werks, in Entscheidungssituationen, aber auch bei der (Re-)Konstruktion von Deutungen und Erklärungen. Dies insbesondere, wenn sie behindernd oder schwächend und somit für die lernende Person nicht viabel sind. In der künstlerischen Bildung spielt der Originalitätsanspruch eine wichtige Rolle. Begriffe wie Urheber- oder Autorschaft unterstreichen die Tatsache, dass zumindest die Absicht besteht, eigenständige, einzigartige Werke hervorzubringen. Bereits in der Ausbildungsphase und während des Studiums können Lernende dabei unterstützt werden, ein gestalterisches Selbstverständnis und Vertrauen in die eigene Urteilsfähigkeit zu entwickeln. Dies unter anderem dadurch, dass ihre Ideen und Wahrnehmungen mit Respekt behandelt werden und die Denk- und Entwicklungsprozesse sorgfältig befragt und untersucht werden. Lehrende und Dozierende können hier einen entscheidenden Beitrag leisten: als Vorbild, Expertin oder als herausfordernde und gleichzeitig empathische Begleitung.

Im Bereich gestalterischer und kreativer Prozesse ist die Vorstellung individuell konstruierter Weltinterpretationen nachvollziehbar. Ebenso sind Zweifel an einer einheitlichen, interindividuell gültigen Wirklichkeit angebracht (vgl. Watzlawick, 2000, S. 8; von Foerster, 1997, S. 44 ff.). So sind etwa allgemein gültige Qualitätskriterien für künstlerische und gestalterische Erzeugnisse kaum festzulegen, Werke entsprechend schwierig qualitativ zu beurteilen.

Übertragen auf Bildungsszenarien eignen sich konstruktivistisch begründete Erkenntnisansätze als Grundlage für Lernzieldifferenzierung und individualisierende, experimentell-entdeckende sowie handlungsorientierte und situierte Unterrichts- und Lernformen[8]. Diese Lehr-Lernmaßnahmen bieten angemessene Strategien für den Umgang mit (Leistungs-)Unterschieden (vgl. Meixner & Müller, 2004). Formen der individuellen Begleitung und Beratung sind folgerichtig.

8 Konstruktivistische Lehr-Lernansätze: »Lernen ist ein aktiver und konstruktiver Prozess. Die in diesem Rahmen gemachten Erfahrungen sind ausschließlich subjektive Interpretationen von dynamischer und multidimensionaler Qualität, an deren Ende stets Prozesse des Sinnmachens stehen. [...] Aus diesem Grunde werden multisensorische Unterrichtsverfahren favorisiert, um die neuen Informationen möglichst mit allen Sinnen begreifbar und in die vorhandenen Wissenskontingente ›einbaubar‹ zu machen. Vom Lerner wird erwartet, dass er Lernstrategien und metakognitive Fähigkeiten entwickelt und dass er möglichst ohne

1.4 Einflüsse der Neurowissenschaften

1.4.1 Neurowissenschaftliche Grundlagen

Konstruktivistische Erkenntnistheorien korrespondieren gut mit Forschungsergebnissen und Einsichten in der Neuropsychologie. Die Annahme, wonach jedes Individuum ein Unikat der Welt in sich trägt, ist empirisch gut belegt. Die unterschiedlichen Weltinterpretationen basieren auf biografischen Erfahrungen und individueller Wahrnehmung. Datenquellen sind die Sinnesreize, die wir über die dafür vorgesehenen Wahrnehmungsrezeptoren (Seh- und Hörzellen, Propriozeptoren etc.) aufnehmen und an die Verarbeitungszentren im Gehirn weiterleiten. Dort werden die Daten, in Abhängigkeit bereits vorhandenen Wissens über die Welt, interpretiert, decodiert und mit bestehenden Gedächtnisinhalten verknüpft. Da jeder Mensch über unterschiedlich reagierende Sinnesorgane verfügt und außerdem über je unterschiedliche Erfahrungen mit unzähligen Dingen und Situationen, kann davon ausgegangen werden, dass in der Begegnung zwischen zwei Menschen zwei differierende Perspektiven der Welt zusammentreffen (vgl. Ayan, 2012, S. 66 f.). Dabei spielt das Gedächtnis für komplexe Wahrnehmungen eine wichtige Rolle[9]. Vor dem Hintergrund bisheriger Erfahrungen bildet das Gehirn Hypothesen »über Gestalten, Zusammenhänge und Bedeutungen der Welt« (Roth, 2003, S. 84) und steuert so ein Großteil der Aktionen und Reaktionen des Organismus – passend zu aktuellen Anforderungen der Umgebung. Nur ein Bruchteil der im Gehirn verarbeiteten Informationen gelangt jeweils ins Bewusstsein.

Spätestens seit den 1990er-Jahren liefern die Neurowissenschaften teils spektakuläre Belege für die regelgeleitete Vernetzung und die plastische Organisation der unterschiedlichen Strukturen im Gehirn (vgl. z. B. Kandel, 2009; Roth, 2003). Im Verlauf des Heranwachsens bilden sich – beeinflusst durch die genetische Anlage und vor dem Hintergrund einer Millionen Jahre alten Entwicklungsgeschichte unserer Sinnessysteme – Wahrnehmungen, Einsichten und Erkenntnisse in neurologischen Strukturen ab. Die Verknüpfungsmuster – Netzwerke synchron getakteter

explizite Anleitung durch den Lehrer komplexe Aufgaben zu lösen imstande ist. Der Lehrer bleibt im Hintergrund, ist eher begleitend und beratend tätig. Die Lernumgebungen sollten Wahlmöglichkeiten für die Lerner bereitstellen, damit diese zu Selbstinitiativen ermutigt werden. Dabei spielen soziale Prozesse eine große Rolle. Die Lerner sind gefordert, im Kontext sozialer Beziehungsgefüge interaktiv, dialogisch, reflektierend und vor allem selbsttätig zu sein. Falls nötig, bietet der Lehrer seine Hilfe an, zieht sich im Normalfall aber allmählich zurück, um zu beobachten, positiv zu verstärken, aber auch zu trösten und zu ermuntern« (Meixner & Müller, 2004, S. 245 f.).

9 »Wir können ohne Übertreibung sagen, dass bei komplexen Wahrnehmungen unser Gedächtnis das wichtigste Wahrnehmungsorgan ist« (Roth, 2003, S. 84).

Neuronalzellen – unterscheiden sich in ihrer Feinstruktur von Mensch zu Mensch und bilden die Grundlage des subjektiven Erlebens und Verhaltens sowie des Gedächtnisses (vgl. Damasio, 2011, S. 265 f.; Roth, 2002, S. 43; Roth, 2003, S. 84 ff.; Siegel, 2012). Jedes Individuum entwickelt auf diese Weise eine Eigenart des In-der-Welt-Seins und der Weltwahrnehmung. Die persönliche Weltinterpretation basiert unter anderem auf Erfahrungen im Austausch mit dem familiären und sozialen Umfeld. Dies hat etwa einen Einfluss darauf, wie der Einzelne auf bestimmte Äußerungen und Aktionen in seinem Umfeld reagiert und diese interpretiert und umgekehrt. Die Erinnerungen und Erfahrungen steuern den Organismus auf markante Weise durch den (sozialen) Alltag. Dies erfolgt zumeist automatisiert, wie Antonio Damasios Hypothese der Somatischen Marker[10] nahelegt (vgl. 1997) und wie weitere aktuelle Forschungsergebnisse vermuten lassen (vgl. Ayan, 2018, S. 18). Im Gehirn entstehen nach und nach eine Vielzahl von Verknüpfungen von Fakten, Bildern, Geschichten, emotionalen Befindlichkeiten oder Verhaltensmustern, welche wiederum die Voraussetzung für unwillkürliche Reaktionen des Organismus sind. Dieser hoch individualisierte Schatz an Erfahrungen erklärt neben der genetischen Eigenart die teilweise sehr ungleichen Reaktionen verschiedener Menschen auf dasselbe Ereignis. Mitunter bewirken solche »festgeschriebenen« Verhaltensmuster überdauerndes Vermeidungsverhalten (»Ich kann nicht zeichnen«, »Ich habe ein schwaches Musikgehör«) beziehungsweise positive Einstellungen (»Beim Zeichnen vergesse ich mich und bin jeweils sehr entspannt«).

Übertragen auf die Lehr-Lernsituation bedeutet dies, dass Lehrpersonen von ihrem eigenen Erleben und Empfinden nie 1:1 auf die Wahrnehmungen und Befindlichkeiten der Lernenden schließen können. Gewisse (unerwartete, eigenartig anmutende) Reaktionen von Lernenden sind ihrer Biografie geschuldet. Verständigung setzt in der Folge forschende Neugier (Zuhören und Fragen) und erläuternde Beschreibungen der eigenen Weltinterpretation voraus (»Ich sehe es so!«).

1.4.2 Eine Haltung der Unvoreingenommenheit

Leuchten die Theorien der Konstruktivisten ein, kommt man als Lehrperson nicht umhin, die eigene Sichtweise in eine angemessene Relation zu den Überlegungen der Lernenden zu stellen. Als einfache Strategie erweist sich dabei *neugieriges Interesse*. Um dem Werk oder der Problemstellung eines Lernenden möglichst unvoreingenommen begegnen

10 Somatischer Marker: Nach Damasio (1997) die neuronale Koppelung von Ereignisinformationen mit der zugehörigen vorherrschenden emotional-körperlichen Befindlichkeit, welche in vergleichbaren Situationen ein unwillkürliches Annäherungs- bzw. Vermeidungsverhalten steuert.

zu können und um nicht in die »Falle« des simplen Ratschlagens zu tappen, wird von verschiedenen Autoren eine Position des *Nicht-Wissens* vorgeschlagen (vgl. Radatz, 2000, S. 49; Schmidt, 2000, S. 17; Palmowski, 2011, S. 112). Gemeint sind damit in der Regel ein unbefangener Zugang zur Problemstellung des Ratsuchenden und die Annahme, dass die Sichtweisen und Problemlösungen der Beraterin in Form von Ratschlägen nicht bzw. nur bedingt zielführend sind für die Fragestellung. Mit anderen Worten: Insbesondere bezogen auf die gestalterische Ausarbeitung eines Werks weiß der Lernende am besten, wann es stimmig wird und wann etwas »aus der Klemme« hilft. Hier werden erfahrene Lehrpersonen widersprechen mit Verweis auf mangelnde Erfahrung oder ein lückenhaftes gestalterisches Verhaltensrepertoire der Novizen. Das trifft zu und könnte zu lernzielorientierten Vorgehensweisen verleiten (vgl. Möller, 1997). Gergen und Gergen (2009) beziehen sich bei ihrer Erläuterung auf Goolishian und Anderson und beschreiben »Nicht-Wissen« seitens des Beraters als eine intensive Neugier bezüglich dessen, was die Ratsuchenden mitzuteilen haben und wie sie ihre Welt konstruieren. Das bedeutet nicht, dass »nicht-wissende« Coaches das eigene Wissen ignorieren sollen (vgl. S. 54). Vielmehr geht es darum, präsent und mit echtem Interesse die Überlegungen, Absichten und Schwierigkeiten des Ratsuchenden zu erkunden. Ziel ist der Nachvollzug dessen, was den Lernenden umtreibt, welche Problemlösestrategien er aktiviert und welche Lösungswege er in Betracht zieht. Damit einher geht der aktive Verzicht auf direktives Vorgeben von Lösungswegen, um dem Ratsuchenden die Chance für Entdeckungen zu geben. Die Kompetenz der Fachperson ist nötig, um die Dimensionen einer Problemstellung zu überblicken. Das Expertenwissen braucht es, um die passenden und unterstützenden Fragen zu stellen und technischen Support zu leisten.

Die Position des Nicht-Wissens erfordert also eine Unvoreingenommenheit gegenüber dem, was der Lernende vorträgt oder präsentiert. Das stellt große Anforderungen an die Lehrperson. Sie muss einen hohen Grad an Selbstkontrolle entwickeln und beispielsweise eigene Assoziationen und Ideen bewusst zurückhalten.

Tatsächlich bilden wir als Zuhörer einer Schilderung fortlaufend Hypothesen zum Gehörten (vgl. Kapitel 4.1.4). Wir konstruieren unwillkürlich Ursachen, Absichten und Lösungsschritte des Erzählenden, sei es zu den Phasen einer Projektentwicklung, zu dem Stand der Konzeption oder zu einem Werk. Wir glauben zu wissen oder zu ahnen, worauf der Bericht hinauslaufen wird und machen uns »einen Reim« auf das Gehörte. Instinktiv neigen wir dazu, den Erzählenden zu unterbrechen und ihm die eben aufkeimende Vermutung zu präsentieren: »Ich blicke durch, erkenne, was dein Problem ist und kann dir eine Lösung anbieten…« Es kostet Anstrengung, die Einfälle für sich zu behalten, insbesondere wenn die Situation des Lernenden als belastend und blockierend erlebt wird.

Manchmal hilft es, wenn man sich bewusst macht, dass eigene Lösungswege oft ungeeignet sind, das Problem des Gegenübers zu lösen.

Schmidt (2000), der dezidiert davon ausgeht, dass der Ratsuchende für die Entwicklung passender Antworten zuständig ist, meint mit einem »Aber«, dass die totale Abstinenz der Lehrperson bzw. der Beraterin der ratsuchenden Person kaum weiterhilft. Er betont: »Zum Zeitpunkt der Beratung ist es wohl eher die Regel, dass sie [die Ratsuchenden] sich gerade in einem aus ihrer eigenen Sicht eher ungünstigen Bewusstseins- (oder Fokussierungs-)Zustand befinden« (S.19). Er argumentiert mit der Metapher des »Röhrenblicks« und der Wirkung der »Problem-Trance«, einem Zustand des Verharrens in der Unbeweglichkeit, in festgefahrenen Mustern (ebda.). Es ist nachvollziehbar, dass der Lernende in einer solchen Situation von der Lehrperson einen wirkungsvollen Ratschlag erwartet: »Sag mir, was ich tun soll, um mit dem Problem fertig zu werden!« Tatsache ist aber auch, dass im Austausch mit Lernenden meistens Themen besprochen werden, die nicht existenzielle Fragen berühren, sondern eben gestalterische Entscheidungen.

Die neugierige Position des Nicht-Wissens bedeutet für die Lehrperson, das Selbstverständnis als umfassend wissende Expertin zu hinterfragen. Coaching ermöglicht einen kontinuierlichen – in regelmäßigen Intervallen organisierten – Blick auf den Stand der Arbeit und sollte nicht nur dann stattfinden, wenn die gestalterische Arbeit in der Sackgasse steckt. Wenn in gestalterischen Fächern davon ausgegangen werden kann, dass Lösungen für die beabsichtigte Zielsetzung, das Werk und seine Teile im Lernenden vorliegen, unterstützt der Coach durch spezifische Methoden der Gesprächsführung, mögliche Vorgehensweisen und inhaltliche Vorstellungen aufzudecken sowie Entscheidungen zu treffen. Er wird sich ungeachtet dessen, was er als Experte in einem Fachgebiet weiß, neugierig, staunend und überrascht zeigen gegenüber dem Werk des Novizen und Offenheit für Entdeckungen signalisieren.

1.5 Einflüsse der Humanistischen Psychologie

1.5.1 Grundlagen der Humanistischen Psychologie

Carl Rogers, einer der bekanntesten Vertreter der *Humanistischen Psychologie* und Begründer der Klientenzentrierten Therapie und Beratung, hat sich mit der Frage beschäftigt, was in der therapeutischen und der pädagogischen Begegnung einen Veränderungsprozess in Gang setzt und im Verlauf trägt (vgl. Rogers 1988). Im Theoriegebäude des klientenzentrierten Konzepts wird ein einziges Prinzip als Axiom vorausgesetzt: die Aktualisierungstendenz. Gemeint ist die Annahme, dass jedes Lebewesen »eine inhärente Tendenz zur Entfaltung aller Kräfte besitzt, die der Erhaltung oder dem Wachstum des Organismus dienen« (Rogers, 1992, S. 41). Somit ist die Selbstaktualisierung das grundlegende Motiv für das Tätigwerden des Menschen sowie für die Entwicklung und Aufrechterhaltung des Selbstkonzeptes. Rogers geht in seiner Vorstellung von Entwicklung davon aus, dass Selbsterfahrungen nur in Interaktion mit anderen Menschen in das Selbstkonzept integriert werden können (vgl. ebda., S. 17). Somit wird der Dialog zur tragenden Struktur. Übertragen auf Lehr-Lernsituationen bedeutet dies, Lernende zu ermutigen, sich so autonom wie möglich mitzuteilen. Der Berater verfolgt solche Schilderungen aufmerksam und interessiert und verzichtet darauf, die Richtung oder den Inhalt der Aussage zu beeinflussen (Rogers, 1985, S. 123). Rogers (1988) geht zudem davon aus, dass Lernende »nach Erfüllung und nach Selbstverwirklichung streben«. Diese Tendenz wird bestärkt durch ein Lehrerverhalten, das auf die Energie und die Motivation der Lernenden vertraut. Wird dies gewährleistet, wird Rogers' Hypothese wahrscheinlich, »dass Schüler, die wirklich in Kontakt mit für sie relevanten Problemen sind, lernen und sich entfalten wollen, dass sie zu entdecken suchen, sich etwas zu meistern bemühen, schöpferisch tätig sein wollen und von selbst Disziplin entwickeln« (S. 116). Solche Annahmen treffen umso mehr auf Lernende an Hochschulen und Gymnasien zu.

Rogers (1988) unterstreicht die Etablierung einer tragfähigen Beziehung, welche er als zentrale Bedingung für psychische Entwicklung und Lernen betrachtet (vgl. S. 107 ff.). Diese Überzeugung wird nachvollziehbar, wenn man das zugrunde liegende Menschenbild kennt. In der *Humanistischen Psychologie* beschreiben Davison, Neale und Hautzinger (2007, zitiert nach Montada & Kals, 2013, S. 216) den Menschen als:

- ein nach Erklärungen, nach Sinn und Verstehen suchendes Wesen, das Überzeugungen und Theorien bildet
- einen Sinn- und zielorientiert handelnden Akteur, nicht nur als Objekt innerer und äußerer Kräfte
- einen intelligenten, kreativen Erfinder

- einen Schöpfer von Kulturen und normativen Ordnungen, nicht nur als deren Geschöpf
- einen Gestalter seiner eigenen Entwicklung
- ein Selbst und eine reflektierte Identität bildendes Wesen
- ein zur kritischen Reflexion eigner Überzeugungen, Ziele und Theorien und ein zu Wahlen und Entscheidungen fähiges Subjekt, im Guten und im Bösen, folglich als ein zur Verantwortung zu ziehendes Subjekt

1.5.2 Der Wunsch nach Selbstentfaltung

Aus Sicht kreativ-gestalterischer Lernprozesse sind weitere Annahmen von Rogers (1988) von Bedeutung. Er war aufgrund seiner langjährigen therapeutischen und Lehrerfahrung überzeugt, dass Menschen ein natürliches Potenzial zum Lernen besitzen. Sie sind neugierig, wissbegierig und entwicklungsbereit. Für ihn war klar, dass signifikantes Lernen dann stattfindet, wenn der Lerninhalt vom Lernenden als für seine eigenen Zwecke relevant wahrgenommen wird. Intensives und nachhaltiges Lernen gelingt, wenn es in einem wohlwollenden Umfeld erfolgt, wenn es selbstinitiiert und selbstverantwortet ist. Signifikantes Lernen geschieht oft handelnd und in Kooperation mit anderen (vgl. 169 ff.). Schon in den 1960er-Jahren hat Rogers die Haltung vertreten, dass Lernende spätestens auf Hochschulstufe selber am besten wissen, welcher Lernstoff ihren Möglichkeiten und Interessen am besten entspricht (vgl. 182 f.).

Geleitet durch solche Annahmen können Lehrpersonen davon ausgehen, dass Lernende prinzipiell an Erkenntnisgewinn und geistiger Entwicklung interessiert sind und dies zielgerichtet anpacken. Insbesondere wenn ein reichhaltiges, breites Angebot an Möglichkeiten und Informationen die Eigeninitiative unterstützt (vgl. Motschnig-Pitrik, 2004, S. 240).

Dass die innere Bereitschaft der Lernenden und auch die Verfügbarkeit geeigneter Problemlösestrategien in der schulischen Praxis nicht immer offensichtlich sind, können Lehrende bestätigen. Die Ursachen für mangelndes Interesse und zurückhaltende Kooperation sind vielfältig. Sie sollen an dieser Stelle nicht weiter diskutiert werden.

1.5.3 Das Klima der Begegnung

Als zentrales, unterstützendes Element für die Entwicklung des Klienten beziehungsweise des Lernenden erachtete Rogers das *Klima der Begegnung* im Hier und Jetzt. Ein der persönlichen Entwicklung förderliches Klima bietet dem Ratsuchenden Erfahrungen der Akzeptanz und des Verstandenwerdens durch ein Gegenüber, das überzeugend in Erscheinung tritt: Was er tut und wie er seine Kompetenzen einsetzt, erfährt eine positive Resonanz. Dies schließt die kritische Betrachtung des Geschehens oder die Bewertung des Produkts nicht aus. Im Lehr-Lernprozess schafft das prinzipielle Wohlwollen der Lehrperson eine Vertrauensbasis, die lobende und kritische Reaktionen gleichermaßen beinhaltet. Nach Bülter und Meyer (2004) wird Unterrichtsklima im Wesentlichen bestimmt durch den jeweiligen Grad der Selbstachtung, des wechselseitigen Respekts und der Kooperationsbereitschaft von Lehrperson und Lernenden. Diese Anforderungen werden in der Interaktion unter anderem erfüllt durch Gerechtigkeitsverhalten, Regeleinhaltung, Begeisterungsfähigkeit und Humor (vgl. 31 ff.).

Auch Iris Leitz (2015) gibt Aufschluss über den Zusammenhang zwischen Unterrichtsatmosphäre, der Beziehungsgestaltung und der Motivation zur aktiven Mitwirkung am Unterricht (Leistungsbereitschaft, Fleiß). Aufgrund ihrer Untersuchungen in der Primarstufe stellt sie fest, dass die Atmosphäre im oben beschriebenen Sinne eine untergeordnete Rolle spielt (vgl. S. 202 f., S. 216). Hingegen erweist sich die motivationsfördernde Wirkung der Beziehungskompetenz als empirisch signifikant. Lernende zeigen dann Leistungsbereitschaft und Ausdauer, wenn sie sich mit der Lehrperson in Kontakt erleben (Sehen und gesehen werden, ebda., S. 75), wenn ein gegenseitiges Interesse daran besteht, die Absichten der jeweils anderen Seite zu verstehen (Verstehen von Motiven und Absichten, vgl. ebda., S. 82) und wenn eine gemeinsame Aufmerksamkeit auf den Lerngegenstand entsteht (vgl. ebda., S. 76 f., S. 80). Leitz betont: »Wer als Lehrperson motivationale Energie freisetzen will, muss beziehungskompetent unterrichten« (S. 216).

In eigenen, nicht repräsentativen Untersuchungen im Studiengang Art Education an der Zürcher Hochschule der Künste haben wir bei Studierenden auf Diplomstufe vergleichbare Beobachtungen gemacht. Die Studierenden erachten es einstimmig als wichtig, dass die Dozierenden verstehen, worum es ihnen in der Arbeit geht und dass sie dieser mit Interesse begegnen (Truniger & Zimmermann, 2016, S. 76). Das Gesprächsklima in den Mentoraten nehmen die Studierenden insgesamt als »angenehm und wertschätzend« wahr, was für einen fruchtbaren gestalterischen Begleitprozess grundlegend ist. Die empfundene Wertschätzung schmälert sich nicht durch den Umstand, dass die Studierenden noch vermehrt Aspekte der *Personzentrierten Gesprächsführung* begrüßen würden.

Die geschilderten Befunde bestätigen, was Rogers in den 1970er-Jahren für Lehr-Lernsituationen propagiert hat (vgl. 1988) und in aktuellen Untersuchungen für therapeutische, supervisorische und Coaching-Settings als besonders relevanter Faktor bestätigt wird (vgl. Roth & Ryba, 2016, S. 326): Die Beziehungsgestaltung spielt in einer entwicklungsbezogenen Zusammenarbeit eine zentrale Rolle. Es ist davon auszugehen, dass das über den ganzen Lebensverlauf konstant bleibt.

1.5.4 Grundlagen der Begegnung

Eine im Sinne der *Humanistischen Psychologie* formulierte Haltung in der Begegnung mit Lernenden und Ratsuchenden erfordert als drei zentrale Werte die uneingeschränkte *Wertschätzung* des Gegenübers (bedingungslose Akzeptanz), die Bereitschaft der Lehrperson zur *Einfühlung* in die lernende Person (Empathie) sowie die *Echtheit* des eigenen Auftretens (alternative Begriffe Kongruenz/Real-Sein). Diese drei Aspekte sind grundlegend und entscheidend für lernfördernden Unterricht (Rogers, 1988, S. 117–124), insbesondere für Lehrpersonen in gestalterischen Fächern, in welchen emotionale Anteile der Persönlichkeit besonderer Aufmerksamkeit bedürfen.

Die von Carl Rogers propagierten und erläuterten Haltungsaspekte und Verhaltensweisen bilden meines Erachtens die Basis für jede Art von zugewandter, interessierter und produktiver Interaktion zwischen zwei oder mehreren Personen. Sowohl im therapeutischen als auch im pädagogischen Kontext baut die Beziehung zum Gegenüber auf den drei genannten Faktoren.

Wertschätzung

Wertschätzung wird unter anderem in Form von Aufmerksamkeit, Zuwendung, Lob, Kritik oder Humor zum Ausdruck gebracht. Rogers (1988, S. 120 f.) verwendet mehrere Begriffe, um dieses komplexe Einstellungsphänomen zu erfassen:

> In dieser Einstellung liegt für mich eine Wertschätzung des Lernenden, seiner Gefühle, seiner Meinungen, seiner Person. Sie besteht darin, sich um den Lernenden zu kümmern, ohne dabei Besitz von ihm zu ergreifen. Sie ist verbunden mit Anerkennung dieser anderen Persönlichkeit als einer selbständigen Person, die es wert ist, ihr eigenes Recht zu haben. In dieser Einstellung liegt grundlegendes Vertrauen – die Überzeugung, dass dieser andere Mensch irgendwie von Grund aus vertrauenswürdig ist.

Diese Haltung ist gekennzeichnet durch den tief verwurzelten Glauben des Humanistischen Psychologen an den guten Kern des Menschen (vgl. Rogers, 1992; Montada & Kals, 2013, S. 216). Laut Grawe (1996, zitiert nach Bamberger, 2010, S. 170) wirkt Wertschätzung beim Ratsuchenden deshalb motivierend, weil dies sein Bedürfnis nach Selbstwerterhöhung und sozialer Akzeptanz erfüllt.

Wie bereits ausgeführt, wird in pädagogischen Diskursen diesbezüglich auf die Bedeutung des Unterrichtsklimas hingewiesen. Dieses basiert unter anderem auf gegenseitiger Rücksichtnahme und Toleranz, wechselseitigem Respekt und der Wahrung der Selbstachtung (vgl. z.B. Bülter & Meyer, 2004). Das Gefühl, von der Lehrperson geschätzt und respektiert zu werden, wirkt in hohem Maße motivierend und führt bei den Lernenden nachweislich zu besseren Leistungen (vgl. Untersuchungen zu Unterrichtsatmosphäre/Klima, z.B. Landwehr & Steiner, 2010). Die empirische Erfassung dieser atmosphärischen Komponente erweist sich laut Bülter und Meyer (2004) als schwierig. Zwar werden entsprechende Phänomene von Lehrenden und Lernenden erlebt und berichtet, jedoch bleiben die Beschreibungen wissenschaftlich unscharf. Die beiden Autoren bestehen trotz des marginalen Nachweises auf der Bedeutung entsprechender Wirkfaktoren (vgl. S.35).

Empathie

Empathie, also die Bereitschaft, sich in eine andere Person, ihr Erleben und ihre Empfindungen bzw. Reaktionen einzufühlen, ist eine wichtige Voraussetzung, um die Vorgehensweise und die Intentionen von Lernenden zu verstehen oder diese nachvollziehen zu können. Empathiefähigkeit dient der Beziehungsgestaltung insofern, als Signale vertrauensbildend wirken, die vermitteln: »Ich kann nachvollziehen, wie es dir ergangen ist, als du das eben Erzählte erlebt hast!« Es fällt leichter, sich gegenüber einem Menschen zu öffnen, der mir zuhört, der sich meine Freude, Erleichterung oder Not vorzustellen versucht, als jemandem, der mir mit Gleichgültigkeit oder Desinteresse begegnet.

Empathische Einfühlung ermöglicht der coachenden bzw. der begleitenden Person, ein Geschehen, einen Gegenstand mit den Augen des oder der Gestaltenden zu sehen. Dies drückt sich in Formulierungen aus wie: »Ich kann mir vorstellen, dass dich dies… irritiert.« Oder: »Ich versuche zu verstehen, wie dir bei… zumute ist.« Mittels solcher Wendungen wird der Perspektivenübernahme bzw. der Empathie sprachlich Ausdruck verliehen (vgl. Rogers, 1988, S.23). Für den Perspektivenwechsel, wie er in der systemischen Beratung angewendet wird (vgl. Kapitel 2.4 und 4.3.3), ist die Fähigkeit zur Einfühlung in das Befinden anderer Personen eine wichtige Voraussetzung. Eine spezielle Art des Fragens wird dort verwendet, um unterschiedliche Sichtweisen auf eine Problemstellung sichtbar zu machen. Unter anderem mittels aktiven Zuhörens (vgl. Gordon, 1981) erhält man nach und nach ein umfassendes Bild vom Erleben der anderen Person.

Der Anspruch, die eigenen Befindlichkeiten und Gefühle in Bezug auf die Arbeit und die Äußerungen des Gegenübers authentisch zu vermitteln, ist die Basis für eine vertrauensvolle Zusammenarbeit, ohne die keine Wertschätzung und Empathie möglich ist. Es gibt Grund zur Annahme, dass dies die gestalterische Entwicklung fördert: Die Lehrperson teilt mit der nötigen Sorgfalt mit, was sie empfindet, wie sie denkt, wie sie einen Sachverhalt einschätzt und verzichtet auf Gemeinplätze, Schönfärberei und pauschale Kritik (vgl. Rogers, 1992). Sie wird damit zum authentischen Gegenüber, dessen Stellungnahmen, Kommentare und Hinweise Akzeptanz finden. Rogers bezeichnet dies auch als Real-Sein (1988, S. 117) und beschreibt es wie folgt: »Er [der Lehrer] kann begeistert oder gelangweilt sein, sich für seine Schüler interessieren, ärgerlich oder sensibel und verständnisvoll sein. Da er diese Gefühle als die seinen anerkennt, hat er es nicht nötig, sie seinen Schülern anzulasten« (ebda., S. 118). Wichtig ist dabei die Fähigkeit zur Introspektion, dem Vermögen also, sich selber zu beobachten und zu erkennen, wer man ist. Wer seine Stärken und Schwächen kennt, ist eher davor gefeit, Fehlleistungen bei anderen zu suchen bzw. auf diese zu projizieren. Authentizität zeigt sich beispielsweise darin, dass ein Zuhörer, wenn er bei sich mangelnde Konzentration oder Motivation feststellt, mitteilt, dass er nicht aufmerksam zuhören kann: »Ich bin momentan nicht voll konzentriert« (vgl. Satir, 1990, S. 103).

Virginia Satir verwendet zur Beschreibung einer integer kommunizierenden Person den Begriff *Kongruenz*. Bei kongruentem Verhalten gehen alle Anteile einer Botschaft in dieselbe Richtung: »Die Worte passen mit dem Gesichtsausdruck, der Körperhaltung und dem Stimmausdruck zusammen« (S. 131). Die kongruente Persönlichkeit ist mit sich, den eigenen Merkmalen, den Verhaltensweisen und Gedanken im Einklang. Sie akzeptiert sich selber in einer ausgewogenen Weise, ohne sich zu überhöhen oder abzuwerten. Kongruent sein wird u. a. behindert durch Überlegungen, man könnte etwas falsch machen, das eigene Verhalten könnte jemandem missfallen, man könnte kritisiert oder als unfähig taxiert werden (vgl. ebda., S. 135). Selbstzweifel und entwertende Gedanken verleiten eine Person zu widersprüchlichen, inkongruenten Verhaltensweisen. Satir rät in diesem Fall zu Gelassenheit und einer angemessenen Realitätsnähe: Fehler gibt es immer und sie dürfen passieren, insbesondere in neuartigen Situationen. Es gibt meistens andere, die die eigene Meinung nicht teilen. Da bekanntlich »viele Wege nach Rom führen«, haben die anderen möglicherweise ebenfalls recht. Wenn ich von jemand abgewertet werde, hat es (oft mehr) mit dem Selbstbild der anderen Person zu tun. Ein gesunder Selbstschutz hilft, solche Kritik zu ignorieren beziehungsweise zu verarbeiten.

1.6 Fazit

Ich erlaube mir abschließend und zusammenfassend, ein idealtypisches Menschenbild für den pädagogisch-didaktisch kompetenten Umgang mit erwachsenen Lernenden in kreativ-gestalterischen Prozessen zu entwerfen.

Die Lehrperson trifft auf ein Gegenüber, das die Welt auf eine individuelle Art wahrnimmt und das Geschehen darin auf typische Weise decodiert. Ein Gegenüber, das selbstverantwortlich lernt, dabei jene Inhalte aus dem Angebot auswählt, die in seiner inneren Logik anschlussfähig sind und Sinn machen. Die Lehrperson sollte ihre Angebote als wohlüberlegte, aus ihrer Sicht passende Optionen betrachten und nicht erstaunt sein, wenn Lernende das anders sehen. Als Lehrperson kann man den Lernenden dabei unterstützen, behindernde Annahmen und Setzungen zu hinterfragen und in eine viable Richtung zu entwickeln. Im Bewusstsein darum, dass eine wohlwollende Beziehung das Lehr-Lerngeschehen positiv beeinflusst, begegnet sie dem Lernenden mit Wertschätzung, sie versucht dessen Wahrnehmungs- und Denkweisen nachzuvollziehen und sie bleibt dabei in ihrem Auftreten authentisch. Sie vertraut auf die Entwicklungsbereitschaft des Lernenden und darauf, dass er ein Gefühl dafür hat, in welche Richtung die Reise gehen soll.

Im vorliegenden Fall gehe ich von Lernenden aus, die selbstbewusst erkundend und entdeckend an gestalterische Aufgabenstellungen herangehen. Von Lernenden also, die Verantwortung für den Aneignungsprozess und die Kompetenzerweiterung übernehmen und selbstständig nach spezifischen Aspekten eines Untersuchungsgegenstands suchen. Dies setzt weiterhin die Annahme voraus, dass sie bei einer künstlerischen Thematik eine (vage) Ahnung davon haben, wie sie diese in eine persönliche Ausdrucksform bringen wollen. Dies schließt, wie bereits betont, die reine Instruktion technisch-verfahrensbezogener Aspekte durch die begleitende Fachperson nicht aus. Auch nicht Hinweise auf Details, Betrachtungsweisen oder Zugänge, die die lernende Person außer Acht lässt. Die Notwendigkeit der Autonomie lässt sich auf eine überschaubare Anzahl Situationen bewusster gestalterischer Entscheidungen, Analysen, Ordnungs- und Strukturierungsprozesse begrenzen. Diese sind für die persönliche Entwicklung jedoch wesentlich, weil sie das gestalterische Selbstbewusstsein stärken. Bei jeder Art von Autonomieanspruch bleiben Verunsicherung, Zweifel und Zeiten der Ratlosigkeit, und damit verbunden Momente der Hilfsbedürftigkeit. Im dritten Kapitel werden Beratungsansätze vorgestellt, die in solchen Situationen angemessene Analysen und Interventionen ermöglichen. Einerseits, weil sie erlauben, den sozialen Kontext einzubeziehen, und andererseits, weil sie gezielt nach Auswegen und Lösungen forschen.

Es ist nachvollziehbar, dass die Lehrperson autonomen Lernenden mit einer Haltung des Respekts begegnet. Die konstruktivistisch motivierte Einsicht, wonach jeder Mensch eine individuelle Perspektive der Welt in sich trägt, legt nahe, den Intentionen und Lösungsideen der Lernenden Raum zu geben. Dies insbesondere innerhalb einer Community, in der das Besondere, das Neu- oder gar Einzigartige einen hohen Stellenwert genießt. Hier gilt es ganz explizit, die Individualität und das Selbstbewusstsein zu stärken. Dies gelingt unter anderem dann, wenn eigenes Handeln und Reflektieren von wichtigen Bezugspersonen positiv gewertet und unterstützt wird (vgl. z.B. de Shazer, 1995, S.113; Walter & Peller, 1996, S.72f.).

2

Das Lehr-Lernsetting im Kontext des Gestaltungsprozesses

Nachdem im vorangegangenen Kapitel Einstellungen und Werthaltungen vorgestellt wurden, die der Begegnung und dem Dialog mit Lernenden generell dienlich sind, widmet sich das folgende Kapitel einigen Analyseinstrumenten für die »Verwicklungen«, die im Rahmen gestalterischer Prozesse zwischen Lehrperson und Lernendem typischerweise entstehen können. Nicht selten stehen an deren Beginn »Probleme«, die der Lernende in seinem gestalterischen Prozess empfindet. Weil Erkenntnisse und Entwicklungsschritte in einem kreativ-gestalterischen Projekt durch einen hohen Grad an Autonomie und individuellen Vorstellungen hinsichtlich des Projekts gekennzeichnet sind, ist die zuständige Lehrperson manches Mal als Fachperson gefordert, welche ihr Wissen zur Verfügung stellt. Ein anderes Mal geht es im Sinne der im vorangegangenen Kapitel postulierten beratungsorientierten Haltung darum, eine Position einzunehmen, die dem Lernenden größtmögliche gestalterische Freiheit zugesteht bei gleichzeitiger Unterstützung und Bekräftigung. Zuletzt steht die Lehrperson vor der Herausforderung, regelmäßig in die Rolle als Bewerterin zu wechseln.

Manchmal wird eine Situation oder ein Zustand von mehreren Beteiligten als »problematisch« empfunden. In diesem Fall erhält das Problem eine systemische Bedeutung und kann entsprechend analysiert werden.

2.1 Gestalterisches Handeln in der Erwachsenenbildung

Junge Erwachsene an Gymnasien oder in der Berufsbildung und Erwachsene in Studiengängen oder in Weiterbildungskursen, die sich dort mit künstlerischen und gestalterischen Fragen und Aufgabenstellungen beschäftigen, erwarten eine Lehre, die auf individuelle Lern- und Entwicklungsvoraussetzungen reagiert. Sie gehen davon aus, dass Lehrpersonen und Kursleiterinnen persönliche Begabungen und Fertigkeiten, Lerntempi, gestalterische Vorlieben, Vorstellungen und Zielsetzungen wahrnehmen und in ihrem didaktischen Handeln berücksichtigen. Die entsprechende Lehrperson erwartet idealerweise aufgeweckte, engagierte Lernende, die sich ernsthaft und vertieft auf gestalterische und künstlerische Fragestellungen einlassen. Lernende, die bereit sind, technische und gestalterische Herausforderungen anzunehmen. Lernende, die Ideen mitbringen und eigene Vorstellungen entwickeln, wie sie ein gestalterisches Werk ausarbeiten möchten. Die Beteiligten treten somit in eine Art Aushandlungsprozess, in welchem die Vorstellungen beispielsweise der Teilnehmenden an einem Kurs eine hohe Priorität genießen und die Lehrperson in unterschiedlichen Rollen Unterstützung bietet. Eine besondere Bedeutung kommt der Beratung zu. Die hier vorgeschlagene Form der Beratung ist deutlich an psychologischen Beratungsformen orientiert, in denen es darum geht, individuelle, für den Ratsuchenden viable Problemlösungen zu entwickeln. Das heißt, die Lösungen sind weitgehend vom Ratsuchenden erdacht, entworfen und ausgearbeitet. Genau das sollte meines Erachtens in der künstlerischen Arbeit von erwachsenen Lernenden ermöglicht werden. Die Lehrperson begleitet den von ihnen eingeschlagenen Weg als kritisch-konstruktive Fachperson. Sie achtet darauf, dass sich die Teilnehmenden innerhalb einer funktionalen Bandbreite ausdrücken können und letztlich Arbeiten abliefern, die ihrem gestalterischen Können und ihrer Ausdrucksweise sowie den Vorstellungen möglicher Ergebnisse entsprechen.

Die vorgeschlagene und diskutierte Beratungsmethodik eignet sich außerdem für die Begleitung von weniger motivierten, störrischen sowie blockierten oder ratlosen Lernenden. Auch sie gehören bekanntlich zum Alltag der Lehrtätigkeit. Die Verfahren erlauben einen personzentrierten Zugang zum Individuum bei gleichzeitiger Berücksichtigung des unmittelbaren sozialen Umfelds, etwa der Mitlernenden. Dies ermöglicht, den Einfluss von sozialen Wechselwirkungen zu untersuchen, der in gestalterischen Prozessen nicht zu unterschätzen ist.

2.2 Lernende vor dem Hintergrund eines Gestaltungsprozesses

Gestalterisch-künstlerische Entwicklungsprozesse sind durch spezifische Vorgehensweisen und Arbeitsformen charakterisiert. Häufig werden prototypische Werke oder Unikate geschaffen. Normalerweise handelt es sich dabei nicht um lineare Herstellungsabläufe – von einer ersten Idee über die Planung zur Ausführung und schließlich zum Objekt, zum Bild, zur Installation, zur Choreografie etc. – sondern um verzweigte, vorwärts- und auch rückwärtslaufende, sogenannte iterative Entwicklungen. Gestaltungsprozesse beinhalten eine Vielzahl an Suchläufen, Entscheidungs- und Auswahlsituationen, Hindernissen, aber auch Hochgefühlen. Gestalterische Prozesse weisen eine Parallele auf zu Modellen kreativer Problemlösung. Unterschieden werden dort unter anderem produktive (z.B. Exploration, Elaboration) und abwartend-passive Phasen (z.B. Inkubation, Latenz) (vgl. Csikszentmihályi, 1997; Edelmann & Wittmann,

2012, S.185; Schmitt, 2002, S.8 f.), was wiederum den unregelmäßig-nichtlinearen Verlauf solcher Vorgehensweisen bestätigt.

Insbesondere Lernende sehen sich auf Grund ihrer Ungeübtheit im Umgang mit gestalterischen Prozessen fortlaufend mit neuartigen Fragestellungen und Herausforderungen konfrontiert. Sie stoßen wiederholt an die Grenzen ihres Wissens und ihrer Kompetenzen. Sie treffen auf bisher unbekannte Hürden oder verlieren sich in der Fülle der Optionen und Möglichkeiten – Umwege werden erforderlich. Diese Unterbrechungen von Ideenfluss und Handeln aufgrund von Ratlosigkeit, unerwartet (schwierigen) Herausforderungen und scheinbar unüberwindbaren Hindernissen kann der Lernende als »Problem« wahrnehmen. Für unzählige Alltagsanforderungen und Fragestellungen verfügen Menschen über bewährte Handlungsmuster und zweckmäßige Lösungsstrategien. Sie können Herausforderungen und Hindernisse in der Regel rasch und reibungslos meistern beziehungsweise beseitigen. Von einem Problem ist dann die Rede, wenn zwischen einem gewünschten Zielzustand und der aktuellen Ausgangslage ein Hindernis besteht, für das unmittelbar keine Lösungsstrategien zur Verfügung stehen. Zu beachten ist die Unterscheidung eines Problems von einer Aufgabe. Das Lösen einer Aufgabe kann mitunter zu einem Problem werden, dann nämlich, wenn sich die angewendeten Lösungswege als nicht zielführend erweisen. Von Schlippe und Schweitzer (1997) definieren ein Problem als etwas, »das von jemandem einerseits als unerwünschter und veränderungsbedürftiger Zustand angesehen wird, andererseits aber auch als prinzipiell veränderbar« (S.103).

Zur Bearbeitung solcher Situationen schlagen Psychologen und Pädagogen eine Reihe von Vorgehensweisen vor. Diese reichen von Problemlösen durch *Versuch und Irrtum* über Methoden des *Umstrukturierens* und der systematischen *Anwendung heuristischer Regeln* bis hin zu *kreativen Strategien* (vgl. Csikszentmihályi, 1997; Edelmann & Wittmann, 2012). Je nach Routine, Selbstwirksamkeitserwartung (vgl. Bandura, 1994) und Wille der betreffenden Person ermöglichen diese Vorgehensweisen die Weiterarbeit.

Von außen und vor allem mit den Augen des Experten betrachtet mögen viele Probleme von Lernenden unbedeutend oder gar banal erscheinen. Aus Sicht der betroffenen Person ist es aber zweifellos eine besondere und oftmals schwierige Situation. Für Radatz (2000) ist jedes Problem einzigartig. Es wird vom Betroffenen wahrgenommen und ist für diesen im Moment wirklichkeitsbestimmend: »Probleme sind Konstrukte, die zeit- und situationsabhängig nur von den betroffenen Personen in ihrer Wirklichkeit wahrgenommen werden« (S.47). Entsprechend plädiert sie dafür, dass die Beraterin jedem Problem mit Akzeptanz und Wertschätzung begegnet (ebda., S.50). Nach Bamberger (2010) besteht ein Problem dann, wenn jemand den aktuellen Zustand mit einem – aus welchen Gründen auch immer – anders gearteten Sollzustand vergleicht. Das Problem nimmt zu, je attraktiver dieses Soll eingeschätzt wird und wenn die Versuche, von Ist nach Soll zu kommen, scheitern. Die Aufmerksamkeitsfokussierung auf das Problem kann zu einer Verallgemeinerung führen: Alles wird zum Problem!

Wie im vorangegangenen Unterkapitel gezeigt, tragen Lernende für den Großteil ihrer Problemstellungen passende Lösungen in sich. Dies trifft für kreativ-gestalterische Prozesse, in denen der Lernende mehr oder weniger reife Vorstellungen davon hat, wohin die »Reise« gehen soll, ebenso zu wie für therapeutisch-beraterische Themen, z.B. persönliche Befindlichkeiten, Stärken, Zweifel und Entwicklungsziele. Für technische oder kognitive Problemstellungen hingegen trifft diese Annahme seltener zu: Ein Anfänger in Mathematik wird in sich selbst kaum die Lösungen einer Differenzial-Aufgabe suchen und finden. Es ist Sache der Lehrperson, die Bedeutsamkeit einer Problemstellung zu erkennen.

Weiterhin darf nicht unberücksichtigt bleiben, dass es im Kunst- und Gestaltungsunterricht mehr als in anderen Fächern um Befindlichkeiten, den Umgang mit der eigenen Gefühlswelt und um den schöpferischen Ausdruck geht. Gestalterisches Erleben und Handeln ist – ein ernsthaftes Anliegen vorausgesetzt – stark von Gefühlen und Stimmungen begleitet. Nachvollziehbar ist diese Tatsache, wenn man sich vergegenwärtigt, dass kreativ-gestalterisches Arbeiten ein Aneinanderreihen von Entscheidungen ist. Um ein Werk in seine gültige Form zu bringen, braucht es Einsatz und Ausdauer sowie Ambiguitäts- und Frustrationstoleranz. Das Ringen um die richtige Lösung – und damit das Vollziehen vieler einzelner Entscheidungen – ist begleitet von emotionalem Auf und Ab. Diese Gefühls-Achterbahn wird zusätzlich strapaziert, wenn als Inhalt *biografische* oder *aktuelle persönliche* Fragestellungen bearbeitet werden. In den Gestaltungs- und Kunstfächern ist das häufig der Fall. Die Lernenden sind von der Thematik berührt oder direkt betroffen und beschäftigen sich unter Umständen eingehend mit Aspekten der eigenen Persönlichkeit. Besonders anspruchsvoll ist die Auseinandersetzung mit Traumatisierungen, mit Aspekten des eigenen Körpers, mit der Geschlechtsidentität oder mit Krankheiten.

Emotionale Spannung resultiert auch aus kognitiven Komponenten einer Arbeit, etwa den technischen oder verfahrensbezogenen Seiten eines Themas. Diese sind teilweise herausfordernde Grenzgänge. Die Lernenden haben eine Vorstellung von der Materialisierung des Endprodukts, ohne bereits die Tücken der technologischen Umsetzungen zu kennen.

Es leuchtet ein, dass es bei selbstbezogenen Themen oder fixen Vorstellungen des Endprodukts zu Spannungen und Konflikten zwischen dem persönlichen Anliegen *und* der gestalterischen Fragestellung kommen kann. Der eigene qualitative Anspruch oder auch die Erwartungen des Lehrenden können sich diskrepant verhalten zur gestalterischen Umsetzung des Themas. Diesbezüglich braucht es seitens der Lehrperson besonderes Geschick bei der Besprechung von Arbeiten. So geht es unter anderem darum, zu unterscheiden zwischen Rückmeldungen zum Vorgehen oder zu der Verarbeitung *und* Kommentaren zu inhaltlichen Aspekten.

2.3 Lehrende in wechselnden Rollen

Den Lernenden steht eine fachlich kompetente Lehrperson zur Seite, die je nach Stufe bzw. Setting den Titel Lehrerin, Dozent, Professorin trägt. Innerhalb dieser beruflichen Funktion erscheint die Lehrperson je nach inhaltlicher Anforderung in unterschiedlichen Rollen. Diese lassen sich grob in drei Kategorien unterscheiden: Zum einen tritt sie im Fach Kunst oder Design proaktiv als Expertin oder Instruktorin – im Sinne von Künstlerin/Designer/Musiker/Tänzerin/... – in Erscheinung, welche den Lernenden ihr Fachwissen zur Verfügung stellt. In dieser Rolle referiert, instruiert, erläutert sie und führt zum Beispiel ein Verfahren exemplarisch vor. Zugleich verfügt sie als Beraterin oder Coach neben dem elaborierten inhaltlichen Wissen über methodisch-didaktische Strategien und Modelle sowie über Metawissen zu Lernen. Hierbei benötigt sie zusätzlich Beratungskompetenzen, etwa die Bereitschaft, präzise zuzuhören, die Problemstellung fragend zu erkunden oder Zurückhaltung zu üben in Bezug auf eigene Lösungsideen. Das Selbstverständnis als Lehrperson pendelt unter dieser Voraussetzung zwischen der wissenden Expertin, der Mediatorin/Vermittlerin zwischen Stoff und Erkenntnis beim Lernenden sowie der Moderatorin von Lernprozessen und damit der Dialogpartnerin des Lernenden (vgl. Stebler, Reusser, & Pauli, 1994, S. 251 f.). Die Art der Kommunikation verändert sich hin zu einem fragegeleitet-forschenden Gespräch. In der Begegnung zwischen der Lehrperson und den Lernenden stehen das gemeinsame Erkunden und Entdecken, die Einsicht und das Aufzeigen von Möglichkeiten im Vordergrund. Zuletzt tritt die Lehrperson regelmäßig in der Funktion als Kritikerin und als Bewertungsinstanz in Erscheinung.

Idealerweise pendeln Lehrende zwischen diesen Rollen auf eine transparente Weise. Sie weisen gegenüber den Lernenden mehr oder weniger deutlich aus, ob sie aktuell als Fachexpertin, als (nicht wissende) Beraterin oder als wertende Kritikerin mit Blick auf die Benotung argumentieren. Eine solche Transparenz führt zu einer differenzierteren Lehr-Lernbeziehung, welche letztlich dazu beiträgt, dass Lernende nicht das realisieren, was sie spekulieren, dass es die Lehrenden von ihnen erwarten ... Die drei wesentlichen Rollenanforderungen sollen an dieser Stelle noch weiter differenziert werden.

2.3.1 Experte, Lehrender, Instruktor

Das Begleiten gestalterischer, schöpferischer und kreativer Prozesse ist eine anspruchsvolle Tätigkeit innerhalb von Lehr-Lernsettings. Die produzierende Person erhebt für sich den Anspruch, eigene Ideen zu realisieren, eine Urheberschaft zum Ausdruck zu bringen und die Verantwortung zu tragen für das entstehende Werk. Die begleitende Lehrperson versteht sich als Expertin mit breitem Wissenshorizont. Sie ist offen und bereit, ihre Kenntnisse und Kompetenzen in den Dienst des Lernenden und dessen Produkts zu stellen. Sie kann und will Wissen beisteuern, Hinweise zu Produktionsweisen, Materialeigenschaften und technischen Verfahren liefern und ist bereit, mit dem Lernenden gestalterische Prinzipien und Strategien zu erörtern.

Zum einen werden Techniken erklärt, Verfahrensweisen angeleitet, gestalterische Prinzipien erläutert oder spezifisches Fachwissen vermittelt (vgl. Truniger, 2017, S.80). Typische Formen sind hier die Instruktion, z.B. in Form von Modelllernen (vgl. Bandura, 1991, S.50), die Unterweisung, das Lehr- oder Fachgespräch und das Referat.

Übertragen auf die klassische Lehrsituation im gestalterisch-künstlerischen Bereich bedeutet das, dass die Lehrperson auf didaktisch unterschiedliche Weise direkt und unmissverständlich erläutert, wie eine Technik funktioniert oder wie vorzugehen ist, um ein bestimmtes Resultat zu erzielen. In dieser Tradition wird sehr viel Inhalt effizient vermittelt. Viele Lehrpersonen vertreten nach wie vor die Haltung, den Stoff, den sie vermitteln, beherrschen zu müssen. Dieser Anspruch des Expertentums ist wertvoll und wichtig. Er basiert auf einem elaborierten Fachwissen und entsprechenden Umsetzungs- und Transferkompetenzen. Derart integrierte Kenntnisse weisen ein beträchtliches Motivationspotenzial auf in Form von Begeisterungsfähigkeit für die vermittelten Inhalte: Wo ich viel weiß, kenne ich die Zusammenhänge und verfüge über Anekdoten und spezifische Tricks. Die eigene Faszination wird spürbar und überträgt sich auf die Lernenden (vgl. Spitzer, 2002, S.194).

Die Kehrseite der Expertise ist die Verlockung, das Wissen permanent zu präsentieren und damit Lösungswege vorwegzunehmen, vorschnell mit Hinweisen aufzuwarten oder Verstehensprozesse durch Offenlegung von Teillösungen abzukürzen. Dies aber hindert den Lernenden, sich eigene Überlegungen zu machen oder die Verantwortung für die gestalterische Realisierung zu übernehmen. Und es verwehrt den individuellen Denkprozessen die benötigte Zeit. Großzügig zur Verfügung gestelltes Fachwissen und der Anspruch, ein eigenständiges Werk zu realisieren, führt zu Reibungseffekten.

Die Lernende ist angewiesen auf fachliche Unterstützung und dankbar für technische Anleitungen, welche die Realisierung ihrer Ideen befördern. Hingegen wird die Einmischung in gestalterische Überlegungen oft als unangenehm oder störend erlebt. Die bereits erwähnte Untersuchung im Bachelorstudiengang Art Education der Zürcher Hochschule der Künste hat gezeigt, wie wichtig den Studierenden der Nachvollzug von Inhalt und Absicht durch die coachenden Dozierenden ist. Sie wünschen sich, dass die Lehrenden respektvoll mit den Ideen, Entwürfen und Produkten umgehen. Weiter beanspruchen sie die Verantwortung für entscheidende Entwicklungen ihrer Arbeit (vgl. Truniger & Zimmermann, 2016, S. 76 f.).

Die Einmischung der Lehrperson wird als unangenehm empfunden, wenn diese ihr Wissen unaufgefordert preisgibt und die Ideen und Überlegungen des Lernenden kaum beachtet bzw. ignoriert. Dies geschieht etwa dann, wenn eine studentische Frage mit mehreren Problemlösungsvarianten beantwortet wird. Wahrgenommen wird das ganz klar als eine Form der Bevormundung bzw. der Beeinflussung (ebda., S. 4). In der Regel steht dahinter eine wohlwollende Absicht: Die Lehrperson ist vom aktuellen Resultat nicht überzeugt und will dem Werk des Lernenden zum Durchbruch verhelfen oder ihm zusätzliche Qualität verleihen. Das ist gut gemeint und wird von den einen Lernenden geschätzt, von anderen ignoriert oder (mindestens gedanklich) zurückgewiesen.

Um die Übernahme von Verantwortung zu unterstützen, muss die Lehrperson Spiel- und Denkraum gewähren. Konkret bedeutet es, dass sie den Mitteilungsimpuls kontrolliert und das Expertenwissen sehr gezielt und dosiert zur Verfügung stellt. Dazu gibt es in der Regel genügend Gelegenheiten und Plattformen, etwa bei Einführungen in Themen, bei der Instruktion von Verfahren oder beim Aufzeigen von Zusammenhängen über die Grenzen der eigentlichen Aufgabenstellung hinweg. Die Anregungen und Inputs der Lehrperson bekommen so den Charakter von Möglichkeiten, wie man die Aufgabe lösen kann (vgl. *Facilitator* bei Rogers, 1988). Was damit geschieht, liegt im Ermessen des Lernenden.

2.3.2 Facilitator, Berater, Mentor, Coach, Mediator

Mit *Facilitator* bezeichnet Rogers (1988) die Rolle der Lehrperson, welche sich im Sinne eines Lernhelfers versteht (vgl. S. 117 ff.). Gemeint sind damit Aktivitäten und didaktische Methoden, die Lernende dabei unterstützen, einen spezifischen Inhalt den eigenen Möglichkeiten entsprechend und mit einem hohen Maß an Selbstverantwortung zu erarbeiten. Der Facilitator sorgt für ein lernfreundliches Klima und ein anregendes Umfeld, ermutigt und unterstützt bei der Wahl geeigneter Lernziele, Lernwege und Lernressourcen sowie bei der Entscheidungsfindung. Er bringt sein Vertrauen in die Fähigkeiten und Fertigkeiten sowie in den Lernwillen des Lernenden zum Ausdruck und bietet dort inhaltliche Hilfestellung, wo diese nachgefragt wird. Als Persönlichkeit steht der Facilitator authentisch im Leben und zeigt sich offen und interessiert für jede Art von Anregung und Äußerung seitens des Lernenden (vgl. S. 176 ff.).

Das von Rogers entworfene Ideal einer unterstützenden Kraft wird bestätigt in der Forderung von Krause (2003), wonach Beratung im pädagogischen Kontext immer Hilfe zur Selbsthilfe sein muss und zum Ziel hat, sich selbst überflüssig zu machen (vgl. S. 24). Aufgaben pädagogischer Beratung sind demnach u. a. die Unterstützung bei der Gestaltung der individuellen Lernprozesse (Sicherheit und Vertrauen schaffen, Selbstwertstärkung unterstützen, Ausnahmen fördern, Neues einbeziehen), das Entdecken, Aktivieren und Entwickeln von Ressourcen des Ratsuchenden (Stärken hervorheben, zur Erprobung ermutigen, Deutungsmöglichkeiten erweitern) sowie der Einbezug des Umfelds bzw. von Elementen des gemeinsamen sozialen Systems in Dienste des Lernprozesses (Beeinflussungen und Abhängigkeiten erkennen, Unterstützung identifizieren) (vgl. ebda., S. 25 ff.).

Hilfe zur Selbsthilfe unterstützt die Entwicklung von Fähigkeiten, Problemstellungen zu erkennen, erreichbare Ziele zu definieren, reflektierte Entscheidungen zu treffen, Handlungspläne zu entwerfen, Ressourcen zu entdecken und zu nutzen und eigene Handlungen und Verhaltensweisen zu evaluieren (vgl. Krause, 2003, S. 28).

Übertragen auf die Coachingsituation im gestalterisch-künstlerischen Bereich bedeutet dies für Lehrpersonen, dass sie neben dem Selbstverständnis als Fachexperten und inhaltlich Wissende eine Haltung des Beobachtens, Zuhörens, Abwartens und Erforschens entwickeln müssen. Sie sollen eine respektvolle Neugier hinsichtlich der Überlegungen, Ideen und Fantasien der Lernenden entfalten und Verhaltensweisen zeigen, die diese bei der Präzisierung ihrer Absichten unterstützen. Damit verbunden ist eine Dominanz des Fragens gegenüber des Referierens. In der Folge werden gestalterische Hinweise und das Einbringen eigener Hypothesen zu Lösungswegen reduziert. Die Mentorin fokussiert durch das Formulieren von Fragen auf die Überlegungen und Logiken des Lernenden (vgl. Truniger, Wettstein, & Zimmermann, 2016, S. 110 f.).

Ein Konflikt kann dadurch entstehen, dass die konsequente Übertragung von Verantwortung für den Entwicklungs- und Lernprozess an die Lernenden bei denselben nicht nur auf Begeisterung stößt und auch nicht selbstverständlich ist. Dies hat wiederum die Untersuchung im eigenen Bachelorstudiengang an der Zürcher Hochschule der Künste gezeigt: Eine Minderheit von Studierenden hat es als hilfreich geschildert, wenn sie durch Dozierende mit konkreten Ratschlägen und Lösungsideen unterstützt werden. Dies steht im Widerspruch zu Aussagen, die einen respektvollen Umgang mit den Ideen der Studierenden einfordern (Bericht 2013, S. 29). Der Befund weist darauf hin, dass mit der Verantwortung für die eigene Leistung gleichzeitig der Erfolgsanspruch der Studierenden wächst. Dieser kann in gewissen Fällen von einer Herausforderung zur Überforderung werden. Im Unterrichtsalltag fällt es den Lehrpersonen, wie die Untersuchung im Bachelorstudiengang Art Education gezeigt hat, schwer, den Lernenden mit ihren Einfällen den Vortritt zu lassen. Sie weisen einen tendenziell hohen Gesprächsanteil auf. Dies kann als Hinweis darauf gelesen werden, dass eine Haltung des Fragen-Wollens nicht selbstverständlich ist (Truniger & Zimmermann, 2016, S. 77). Möglich wäre auch, dass die Lehrperson selber vom Bild des Meisters geprägt wurde und sich deshalb mit dieser Lehrhaltung identifiziert.

Eine beraterische Position und entsprechendes Handeln sind angezeigt, wenn ein Lernender mit implizit oder explizit formulierten Fragen zur gestalterischen Arbeit an die Lehrende herantritt in der Absicht, von dieser Unterstützung zu erbitten. Anlass kann auch eine Beobachtung der Lehrperson sein, die diese als diskussionswürdig erachtet. Ebenso, wenn es in einem Coachinggespräch um einen fachlichen Austausch geht. Laut Palmowski (2011) besteht die zentrale Aufgabe des Beraters darin, »relevantes Wissen der Klienten (durch ›angemessen ungewöhnliche Fragen‹) zu explizitem Wissen zu machen, weil es nur hierdurch freigegeben werden kann für seine Bearbeitung und Veränderung« (S. 23).

Für die Lehrperson bedeutet dies, dass sie gemeinsam mit der gestalterisch Handelnden nach deren implizit vorhandenen Lösungsoptionen sucht und bei der Realisierung Unterstützung bietet. Implizites Wissen ist unscharf und vorbewusst, deshalb nicht unmittelbar zugänglich und abrufbar. Das durch Zurückhaltung geprägte Vorgehen erfordert seitens der Lehrperson Disziplin und ein gesundes Selbstvertrauen (vgl. Palmowski, 2011, S. 41, S. 138). Eigene Lösungswege und Einfälle kann der Coach als zusätzliche Optionen oder Alternativen zu den Lösungsideen des Lernenden anbieten und damit den Möglichkeitsraum[11] erweitern.

2.3.3 Prüfer, Bewerter, Kritiker

Die Lehrperson muss in regelmäßigen Intervallen eine zusätzlich distanzierte Rolle einnehmen, dann nämlich, wenn sie von der interessierten und wohlwollenden Begleiterin zur Kritikerin und zur Bewerterin der Arbeit wird. In schulischen Kontexten sind Lehrende in der Regel verpflichtet, die Arbeiten der Lernenden abschließend nach bestimmten Qualitätskriterien zu beurteilen. Dies tun sie – deutlich aus ihrem Selbstverständnis als fachliche Expertinnen heraus – vor dem Hintergrund

11 Mit Möglichkeitsraum wird die Auswahl an Alternativen bezeichnet, die eine Person für die Lösung einer bestimmten Problemstellung zur Verfügung hat. Diese Sichtweise ist orientiert an der von von Foerster formulierten Zielrichtung systemischen Denkens und Handelns, dem ethischen Imperativ: »Handle stets so, dass du die Anzahl der Möglichkeiten vergrößerst« (zitiert nach von Schlippe & Schweitzer, 1997, S. 116).

eines künstlerischen beziehungsweise designorientierten Blickwinkels. Es ist nicht von der Hand zu weisen, dass sie dies beeinflusst durch eine bestimmte gestalterische Sozialisation und durch typische Vorlieben tun. Das beeinflusst naheliegenderweise die Wahrnehmung und Einschätzung von Werken. So ist gerade bei der Teilnahme an künstlerischen Kolloquien zu beobachten, dass die Einschätzungen und Bewertungen der begutachteten Arbeiten teilweise sehr divergent ausgefallen. Die anwesenden Dozierenden widersprechen sich in Einzelfällen manchmal diametral. Wo ein Kollege das Werk als innovativ und erfinderisch, originell und technisch eigenständig einschätzt, bewertet es eine andere Kollegin als oberflächlich, ohne Kontextbewusstsein und technisch mangelhaft ausgeführt. Im Hintergrund solcher Differenzen stehen Überzeugungen sowie unterschiedliche künstlerische Erfahrungen und Auffassungen. Zweifellos lassen sich Fragen wie »Was ist eine überzeugende gestalterische Arbeit?« oder »Was ist gute Kunst?« nie endgültig klären. Verhindert wird eine homogene Definition durch den individuellen Werdegang von Kunstschaffenden und die heterogenen künstlerischen Tätigkeitsfelder. Diese Tatsache spitzt sich zu in aktuellen Diskursen zu den fachlichen und handwerklichen Voraussetzungen für künstlerisches Handeln. Davon geben Lehrangebote Zeugnis mit Titeln wie »Amateure, Dilettantinnen, Laien« (Vorlesungsverzeichnis ZHdK HS 17 DKM).

Letztlich bleibt es dem jeweiligen Ausbildungsanbieter überlassen, die eigenen Bewertungs- und Beurteilungsverfahren kontinuierlich zu hinterfragen und gegebenenfalls zu revidieren. Inwieweit so viablere oder gar objektivere Beurteilungen zustande kommen, ist eine Sache der Erprobung.

Der Rollenwechsel von Berater oder Experte zu Bewerter kann mitunter zu unangenehmen Rollenkonflikten führen. Hat man als Berater Verständnis gezeigt für Momente der Stagnation und der Unentschlossenheit, beurteilt man als Bewerter das Ergebnis des »Krampfs« später im Quervergleich mit anderen Lernenden als mangelhafte Leistung. Im Vergleich mit früheren eigenen Arbeiten erscheint die besagte Arbeit gar als schwaches Ergebnis. Ist einem der Lernende sympathisch, fällt das schwerer als bei einem desinteressierten, aufsässigen Lernenden …

Um den genannten Ansprüchen zu genügen, bedarf es besonderer Kompetenzen in der Gestaltung von Gesprächssituationen. Lehrpersonen in den künstlerischen und designorientierten Fächern sind herausgefordert, spezifische Formen der Gesprächsführung und des Dialogs zu erproben, welche auch Hinweise auf einen Rollenwechsel, also eine Veränderung der Sichtweise, beinhalten. Solche Transparenz braucht etwas Übung. Der Rollenwechsel fällt dann leichter, wenn am Ausgangspunkt der Aufgabenstellung klare, unmissverständliche Kriterien für das Erfüllen der Anforderungen formuliert wurden. Die Lehrperson stellt damit klar, dass sie Ansprüche an die Qualität der Arbeit hat und abschließend eine Bewertung vornehmen wird. Sie kann sich in den Beratungsphasen auf die gesetzten Kriterien berufen und mindestens nachfragen, wie der Lernende diese berücksichtigt. Weicht dieser von den vorgegebenen Setzungen ab, ergeben sich interessante Gespräche. Eine überzeugende Begründung für die Nicht-Beachtung oder Veränderung von Kriterien wird von der Lehrperson unter Umständen als Zeichen der Reife und des Qualitätsbewusstseins des Lernenden wahrgenommen. Im folgenden Text werden Themen wie Feedback (vgl. etwa Kapitel 4.1.5), Umgebungsbedingungen (vgl. etwa Kapitel 4.3.1 oder 4.3.2), Beteiligte (vgl. etwa Kapitel 3.2.4) noch ausführlicher betrachtet.

2.4 Das Miteinander von Lehrenden und Lernenden

Neben einem Verständnis für die Lernenden, ihre Bedürfnisse und Nöte, aber auch für die Prozesse ihrer gestalterischen Tätigkeit einerseits, und neben einem Bewusstsein für die unterschiedlichen Rollen und Funktionen als Lehrperson andererseits, kann es bereichernd für Lehrende sein, das Miteinander als ein wechselseitiges Verhältnis näher zu betrachten.

Vordergründig drehen sich dic Kommunikationen künstlerisch tätiger Lernender mit ihren Coaches und Lehrpersonen im Wesentlichen um gestalterische, interpretierende Fragen und handeln von künstlerischen Konzepten, kompositorischen Strukturen, Produktionsprozessen, Materialeigenschaften oder Ähnlichem. Am Ausgangspunkt steht in der Regel eine Aufgabe, eine Problem- oder Fragestellung. Die dadurch ausgelöste Interaktion ist komplex: Der kommunikative Austausch zwischen den Beteiligten wird beeinflusst durch Gesprächsregeln, Beziehungsmuster, das individuelle Selbstverständnis, gegenseitige Abhängigkeiten und gestalterisch-künstlerische Haltungen und Prinzipien. Nicht selten kommt es hierbei zu Irritationen, Missverständnissen, Fehlverhalten oder Verweigerungen – ein problematischer Zustand, der mehrere Personen betrifft. Führt man dieses Phänomen nun auf das Zusammenwirken eines sozialen Gefüges – also zweier oder mehrerer interagierender Menschen – zurück, und nicht mehr ausschließlich auf das Fehlverhalten einer einzelnen Person – etwa eines Lernenden X –, erweitert und differenziert sich die Sicht auf das Kommunikationsgeschehen.

Neuartige Beobachtungs- und Erklärungsperspektiven liefert hier das systemische Denken, das im vorliegenden Text insofern interessiert, als es Ereignisse, Phänomene und Handlungen in bestimmten Bereichen oder Feldern (z.B. Beratung, Therapie, Bildung) aus systemtheoretischer Perspektive erklärt oder begründet (Simon, 2006, S.13). Sie werden dadurch auf eine veränderte Weise beschreib- und erklärbar: Verhaltensweisen und Äußerungen eines Individuums können in einen kollektiven Kontext gestellt und daraus begründet werden. Der soziale Kontext einer

Störung, eines Problems wird in die Bearbeitung einbezogen (vgl. von Schlippe & Schweitzer, 2010, S.7). Probleme sind dann nicht länger Wesensmerkmale *einer* Person – die Perspektiven auf die Begebenheit werden erweitert. Dabei wird oft deutlich, dass die in die Thematik Involvierten beispielsweise die Brisanz des Problems verschieden einschätzen. Unterschiede in der Einschätzung der Bedeutung können in der Folge für die Bearbeitung des Problems genutzt werden.

Die folgenden Unterkapitel sollen einen Einblick in systemisches Denken ermöglichen, als Voraussetzung für die Nutzung entsprechender Methoden (vgl. insbesondere Kapitel 4.3). Systemische Interventions- und Frageverfahren werden dann interessant und nutzbar, wenn man die dahinterliegenden Theorieansätze nachvollziehen kann oder versteht.

2.4.1 Nutzen und Funktionsweise systemischen Denkens

Systemisches Denken in sozialen und bildungsbezogenen Kontexten ist eine Variation und Entwicklung von Auffassungen verschiedener Wissenschaftsdisziplinen zur Erklärung von Komplexität und zum Umgang damit. Simon (2006) spricht von einer Neukonzeption von Kausalität. Je nach Disziplin werden dafür Begriffe wie Kybernetik, Systemtheorie, Kommunikationstheorie, Chaostheorie etc. verwendet (vgl. S.12). Gemeint sind Prozesse, die regelkreisartig geschlossen sind und auf Rückkoppelung reagieren. Dies trifft auf eine ganze Reihe von biologischen, physikalischen und technischen Prozessen zu, etwa den Blutkreislauf oder ein thermostatgesteuertes Heizsystem. Solche Systeme funktionieren in Abgrenzung von ihrer Umwelt, sind aber gleichzeitig in einem mehr oder weniger folgenreichen Austausch mit dieser. So funktioniert der menschliche Blutkreislauf in unserem Organismus autonom. Seine Beinflussbarkeit, etwa durch die Wahrnehmung, wird dann deutlich, wenn wir vor Angst blass werden oder vor Scham erröten. Vergleichbare Annahmen treffen auch auf soziale Systeme, also Konstellationen gegenseitig interagierender und abhängiger Individuen zu. Eine Familie oder eine Schulklasse funktionieren über weite Strecken autonom. Sie unterscheiden sich etwa aufgrund typischer Muster und Regeln von anderen Systemen in der Umgebung (andere Familien, Schulklassen etc.). Auch bei solchen Systemen findet ein reger Austausch mit ihren jeweiligen Umwelten statt. Die Umwelt wirkt mehr oder weniger anregend, irritierend oder störend auf das soziale System, die Familie oder die Klasse ein. So kann eine private Begebenheit die Konzentration auf eine aktuelle künstlerische Arbeit beeinflussen oder die intensive Recherche für ein Designprojekt bringt die Freizeitaktivitäten durcheinander.

Regelkreise können einen unterschiedlichen Komplexitätsgrad aufweisen, abhängig davon etwa, ob sich die Systeme in einem Gleichgewicht befinden, ob sie belebte oder unbelebte, materielle oder immaterielle Elemente enthalten und ob sie sich selber reproduzieren können (vgl. Simon, 2006, S. 17). Simon definiert systemisches Denken in Anlehnung an die Systemtheorie: »An die Stelle geradlinig-kausaler treten zirkuläre Erklärungen, und statt isolierter Objekte werden die Relationen zwischen ihnen betrachtet« (ebda., S. 13). Etwas einfacher ausgedrückt, in den Worten von Radatz (2000), bedeutet zirkulär-kausal denken *im Kreis denken*: »Alles ist mit allem vernetzt, alles hat auf alles einen Einfluss« (S. 64). Dies führt logischerweise zu sehr komplexen, nicht vorhersagbaren Interaktionen und Abhängigkeiten. Wichtige Exponenten für die Entwicklung des systemischen Ansatzes sind unter anderen Gregory Bateson, Heinz von Foerster und Umberto Maturana zusammen mit Francisco Varela (vgl. Simon, 2006, 2014)[12]. Es war der Soziologe Niklas Luhmann, der die ursprünglich naturwissenschaftlichen Modelle in den sozialen Kontext transferiert hat. Somit haben sie auch für Bildungsszenarien eine Bedeutung: Lehrende und Lernende stehen in einem komplexen Abhängigkeitsverhältnis, sind kontinuierlich im kommunikativen Austausch, es gibt unzählige eingespielte Muster und Strukturen.

Der Fokus systemischer Analyse liegt einerseits auf der Unterscheidung eines Systems von seiner jeweiligen Umwelt (vgl. Kneer & Nassehi, 2000, S. 66). Dabei geht es um die Frage, was in der besonderen »Welt des Systems X« anders ist als in seiner Umgebung bzw. was eine Abgrenzung gegenüber anderen Systemen ermöglicht. Andererseits richtet sich das Interesse auf die Beziehungen sowie die komplexen gegenseitigen Abhängigkeiten und Beeinflussungen der verschiedenen Beteiligten – systemtheoretisch »Elemente« – wie die Lehrenden und Lernenden im System »Schulklasse« (vgl. u. a. Simon, 2006, 2014). Die Beteiligten oder Elemente wirken im Sinne von Organisationseinheiten zweckdienlich und funktional zusammen und bilden dadurch ein operational geschlossenes Ganzes. In der Konstellation »Gruppe von Lernenden mit Lehrperson« wird durch das gemeinsame Erarbeiten von Wissen und Fertigkeiten sowie die spezifische Förderung von Fähigkeiten Sinn generiert. Dieses Geschehen kann von außerhalb beobachtet werden.

12 Fritz B. Simon führt auf verständliche Weise in die Systemtheorie und in die (System-)Theorie der Beratung ein (vgl. Literaturverzeichnis, Simon, 2006/2014).

2.4.2 Systeme und ihre Operationsweise

Das soziale und das psychische System

Niklas Luhmann stellte in den 1980er-Jahren eine Betrachtungsweise von sozialen Systemen zur Diskussion, die den Menschen als Element ausschloss und stattdessen operational geschlossene Umwelten definierte, die sich voneinander abgrenzen lassen und sich gegenseitig anregen bzw. perturbieren, was mit »verstören«, »irritieren« übersetzt werden kann: das soziale, das psychische und (unter anderem) das biologische System. Hierbei nutzt Luhmann (1987) das soziale System, um die komplexe Organisation von *Kommunikation* zu beschreiben.

Als zweites wichtiges System grenzte Luhmann die Vorgänge im Bewusstsein eines Menschen ab: das psychische System. Gedanken und innere Bilder können nicht gelesen werden, bleiben Außenstehenden also weitgehend verborgen. Er schlägt vor, individuelle Bewusstseinsvorgänge als operational geschlossene, selbstorganisierte Einheit zu betrachten. Berghaus (2011) erklärt so: »Alles, was sich im Bewusstsein abspielt, sei es wahrnehmen, denken, fühlen, wollen und Aufmerksamkeit schenken, gehört zum psychischen System und ist damit grundsätzlich nicht Teil der Kommunikation« (S. 67). Damit wird die Abgrenzung zum sozialen System deutlich. Es bestehen über die Systemgrenzen hinweg gewisse Verbindungen zur Umwelt und es findet ein Informationsaustausch statt. So baut ein soziales System auf den Austausch der Bewusstseinsströme der darin kommunizierenden Individuen. Maturana und Varela (1987) sprechen in diesem Fall von struktureller Koppelung (vgl. S. 85 ff.).

Anregende Umwelten und Selbstorganisation

Strukturell gekoppelte Systeme sind aufeinander angewiesen, gleichzeitig bleiben sie jedoch füreinander Umwelt (vgl. Kneer & Nassehi, 2000, S. 62 f.). Berghaus (2011) betont: »Kommunikation kann nicht ohne Bewusstsein existieren« (S. 69). Die gesamte menschliche Existenz ist gekennzeichnet durch die gegenseitige Abhängigkeit und Koordination psychischer und sozialer Systeme: »Die beiden Systemtypen ergänzen sich komplementär. So können Bewusstseinssysteme – in struktureller Kopplung mit Gehirn und Nervenzellen – die Welt sinnlich wahrnehmen. Soziale Systeme vermögen das nicht« (ebda., S. 71). Luhmann präzisiert: »Alles, was kommuniziert wird, muss durch den Filter des Bewusstseins in der Umwelt des Systems laufen« (zitiert nach Berghaus, 2011, S. 71). Gemeint ist das individuelle Bestreben, die eigenen Belange in Koordination mit dem jeweiligen Umfeld sinnvoll bzw. viabel zu gestalten.

Derartige Prozesse organisieren sich, wie gesagt, selbst. Umberto Maturana und Francisco Varela haben dafür in den 1980er-Jahren den Begriff Autopoiese eingeführt. Dieser kann auch mit Selbstaktualisierung übersetzt werden (vgl. Maturana & Varela, 1987, S. 51). Kneer und Nassehi (2000, S. 48 f.) beschreiben es so:

> Autopoetische Systeme sind lebende Gebilde, die sich selbst herstellen und erhalten. Das geschieht, indem sie die Komponenten und Bestandteile, aus denen sie bestehen, selbst produzieren und herstellen, indem sie also durch ihr Operieren ihre eigene Organisation fortlaufend erzeugen. Dies muss man sich derart vorstellen, dass die Komponenten in einem zirkulären Prozess miteinander interagieren und dass dabei die Komponenten ständig erzeugt werden, die zur Erhaltung des Systems notwendig sind.

Beim Bewusstsein ist Autopoiese als Prozess zu verstehen, in welchem sich kontinuierlich ein Gedankengang an den anderen reiht. Jeder Gedanke wird durch einen nächsten abgelöst und kann kein zweites Mal auf dieselbe Weise gedacht werden. Jeder neue Gedanke ist das Produkt des bereits Vorhandenen bzw. Dagewesenen.

Das psychische System existiert aufgrund der Aneinanderreihung von Gedanken ebenso wie das soziale System aufgrund einer Abfolge von Kommunikationen. Einzelne Kommunikationen werden als Elemente des Systems bezeichnet. Nach Luhmann lassen sich Personen als Teilnehmer an Kommunikationen identifizieren. Als solche machen sie Mitteilungen bzw. praktizieren Kommunikation als Form von Handlung (vgl. Berghaus, 2011, S. 65). Er betont jedoch: »Wir gehen davon aus, dass die sozialen Systeme nicht aus psychischen Systemen, geschweige denn aus leibhaftigen Menschen bestehen. Demnach gehören die psychischen Systeme zur Umwelt sozialer Systeme« (Luhmann, 1987, S. 346). Mit der starken Gewichtung der Autopoiese liegt ein besonderes Augenmerk auf Stabilität und Homöostase, also dem Gleichgewicht der physiologischen Körperfunktionen (vgl. Kriz, 1990, S. 98).

Sinn produzieren

In Bezug auf die Überfülle an Möglichkeiten menschlichen Erlebens und Verhaltens sind es das Bewusstsein und die Kommunikation, die Sinn produzieren. Sinn kann definiert werden als das Herstellen von Ordnung durch *die aktive Auswahl* bestimmter Möglichkeiten. Anders gesagt wird das zur Verfügung stehende Angebot an Möglichkeiten nach Sinnkriterien selektioniert (vgl. von Schlippe & Schweitzer, 1997, S. 72). Gedanklich und sprachlich generiert etwa das gestalterisch-künstlerische

Lehr-Lernkonglomerat Sinn, indem sich Lehrende und Lernende kontinuierlich über gestalterische Verfahren, Prinzipien und Ausdrucksweisen austauschen und gleichzeitig darüber nachdenken. Nach und nach bilden sich so individuelle Prioritäten und Haltungen heraus.

Kommunikation im Luhmannschen Sinne kommt zustande, wenn drei »Selektionspunkte« zu einer Einheit synthetisiert sind: die *Information* (Welche Information wird ausgewählt?), die *Mitteilung* (mündlich, schriftlich, nonverbal) und das *Verstehen* (Wie wird die Information verstanden?) (vgl. Kneer & Nassehi, 2000, S. 81). Von Kommunikation ist also dann die Rede, wenn eine bestimmte kommunikative Äußerung beim Adressaten so ankommt, dass er darin einen Sinn erkennt und mit einer weiteren Kommunikation darauf reagieren kann. Mit dieser Sicht weist Luhmann u. a. auf die Schwierigkeit gegenseitiger Verständigung hin und hinterfragt die Zuverlässigkeit des sozialen Austauschs. Bei jedem der drei Selektionspunkte kann es nämlich zu Störungen kommen.

2.4.3 Schlussfolgerungen für den Unterrichtsalltag

Interaktion mit Hindernissen

Das Modell von Luhmann ist für den vorliegenden Text relevant, weil deutlich wird, dass die Lehr-Lernkommunikation an Grenzen stößt: Die Gedanken des Kommunikationspartners sind nicht lesbar, sondern höchstens zu erahnen. An der Schnittstelle zwischen dem System »Bewusstsein« bzw. Gedankenstrom und dem System »Kommunikation« werden verschiedene Problematiken des sozialen Austauschs offensichtlich. Aufgrund der strukturellen Koppelung (vgl. Maturana & Varela, 1987) von Gedanken und Kommunikationen kann man durch präzises Zuhören und geschicktes Fragen einen begrenzten Einblick in die Denkprozesse des Gegenübers gewinnen. Denken ist variabel und mehrdeutig. Dafür wird der Terminus »Kontingenz« verwendet. Luhmann (1987, S. 152) definiert:

> Kontingent ist etwas, was weder notwendig ist noch unmöglich ist; was also so, wie es ist (war, sein wird), sein kann, aber auch anders möglich ist. Der Begriff bezeichnet mithin Gegebenes (Erfahrenes, Erwartetes, Gedachtes, Phantasiertes) im Hinblick auf mögliches Anderssein; er bezeichnet Gegenstände im Horizont möglicher Abwandlungen. Er setzt die gegebene Welt voraus, bezeichnet also nicht das Mögliche überhaupt, sondern das, was von der Realität aus anders möglich ist.

Kontingenz bedeutet demnach, dass etwas so sein kann oder anders. Äußerungen einer Person sind oft mehrdeutig. Sie enthalten die Gefahr des Missverständnisses und öffnen gleichzeitig Raum für eine stärkende oder positive Interpretation und Variation.

Diese Definition kann direkt auf das Wesen künstlerischer und gestalterischer Arbeit übertragen werden: Kunst ist vieldeutig, kann so sein oder anders. Abgesehen von Grenzen der Materialität und der Produktionsmittel sind es mentale Bedingungen, die den Gestaltungsspielraum einschränken oder ausweiten (Fantasie, Einfälle, Moral, Ethik, politische, religiöse Haltungen etc.). Im Coaching von Lernenden eröffnet dies einen kreativen Möglichkeitsraum. Künstlerische Ideen und Anliegen können in Variation gedacht werden und anschließend in Richtung dieser gedanklichen Entwürfe entwickelt werden.

Kommunikation mit Hindernissen

Jürgen Kriz legt mit seiner *Personzentrierten Systemtheorie* einen Ansatz vor, der Luhmanns gekoppelte Systeme als dem Menschen inhärente Aktivitäten beschreibt (vgl. Kriz, 1990, S. 97). In beraterischen Prozessen, so die Annahme, interessieren vor allem die Interaktion zwischen Denk- und Kommunikationsprozessen und das darin enthaltene Veränderungspotenzial für die betreffende Person. Kriz macht so den Menschen zum Akteur im sozialen System (ebda., S. 98). Er fokussiert die psychischen und physiologischen Aspekte von Kommunikation und dabei insbesondere die beobachtbaren Regelmäßigkeiten (Muster/Strukturen). In Interaktionen wird laut Kriz immer auch etwas über den persönlichen Ausdruck der beteiligten Individuen sichtbar. Er unterscheidet (vgl. ebda., S. 98 f.) drei Bereiche von Kommunikationen[13]:

- Kommunikative Handlungen: die Gesamtheit an verbalen und nonverbalen Ausdrucksmöglichkeiten einer Person, das was sie mitteilt
- Wahrnehmungen: alle Eindrücke einer Person, wobei Wahrnehmung als aktiv gestalteter Prozess anzunehmen ist
- Gedanken, Gefühle und Körperwahrnehmungen: eine Person führt einen kontinuierlichen inneren Dialog

Menschen im Wachzustand sind getragen von den Aktivitäten dieser drei Bereiche: Sie nehmen Dinge wahr, kommunizieren mit der Umwelt und machen sich Gedanken zum Geschehen. Kriz (1990) betont diesbezüg-

13 Kriz (1990) unterscheidet zwischen efferenter (kommunikative Handlungen), afferenter (Wahrnehmungen) und selbstreferenter (Gedanken, Gefühle, Körperwahrnehmungen) Kommunikation.

lich die Bedeutung des Selbstkonzepts, von Normen und Werten und von Rollenvorstellungen sowie eine zeitliche Dimension. In das Gegenwartserleben fließen immer auch Erinnerungen (z.B. an ein Scheitern) und Vorahnungen (z.B. an die nächste Prüfungssituation) ein. Weiter weist er auf bewusste und unbewusste Einflüsse der physiologisch-körperlichen Befindlichkeit hin, etwa auf Spannungszustände (Muskeln, Blutwerte, Wach-Schlaf-Rhythmen etc.) (vgl. S.100 ff.).

Im Modell der *Personzentrierten Systemtheorie* treffen die drei Kommunikationsaspekte einer Person X in einem sozialen System auf die Handlungen, Wahrnehmungen und Gedanken von anderen Akteuren.

Übertragen auf ein Lehr-Lernsetting ergeben sich komplexe Interaktionen zwischen den Beteiligten: Lehrende und Lernende machen mehr oder weniger gefilterte Mitteilungen, geben vorsichtige oder provozierende Kommentare ab, distanzieren sich gedanklich möglicherweise in markanter Weise von dem, was ausgesprochen wird. Alles, was sie tun oder sagen, ist begleitet von einschränkenden, erweiternden oder hinterfragenden Gedanken. Gleichzeitig beobachten sie das kommunikative Geschehen, um Wirkungen ihrer Aussagen zu erkennen und zukünftige Ereignisse und Entwicklungen zu erahnen. Die ganzen Prozesse werden zusätzlich von körperlichen Befindlichkeiten der betreffenden Person beeinflusst, also ob sie beispielsweise ausgeschlafen, übernächtigt, in einem Stimmungshoch oder verkatert ist.

Ähnlich sehen es Barthelmess (2001, vgl. S.82 f.), der davon ausgeht, dass Handlungen als Bindeglied zwischen psychischem und sozialem System aufgefasst werden können, sowie König und Volmer (1999, S.31) wenn sie festhalten:

> [Es] gilt, dass Beratung sozialer Systeme zunächst einmal Beratung der dort handelnden Personen ist. Das bedeutet, dass aus der Perspektive von Beratung, Therapie, aber auch von Erwachsenen- und Weiterbildung die entscheidenden ›Elemente‹ sozialer Systeme eben nicht einzelne Kommunikationsereignisse oder sonstige Faktoren sein können, sondern die in diesem System handelnden Personen.

Alle Beteiligten agieren immer vor dem Hintergrund von biografischem Potenzial und Ballast einerseits und in unmittelbarer Anpassung an und in Reaktion auf reale und vermeintliche Erfordernisse des sozialen Umfelds.

2.5 Fazit

Wie in diesem Kapitel diskutiert wurde, stellt das Lehr-Lernsetting im künstlerischen und gestalterischen Feld hohe Anforderungen an die Beteiligten. Aufgrund der oftmals offenen Art der Frage- und Aufgabenstellungen sind Lernende auf besondere Weise herausgefordert. Sie erkunden ungewohntes Terrain, in welchem zuverlässige Strategien und vorhandene Ressourcen oft nicht ausreichen. Verbunden mit dem Anspruch, künstlerisch zu handeln, besteht der Anspruch, neuartige Lösungen zu erarbeiten und nicht einfach bestehende Ideen zu multiplizieren. Für diesen Prozess wollen sie Verantwortung übernehmen. Als Gegenüber und Dialogpartner brauchen sie Lehrpersonen, die ihnen Freiräume gewähren und Resonanz bieten, ihren Ideen mit Vertrauen begegnen und, wo nötig, zuverlässige Hilfestellung leisten. Im fremdartigen Land der Innovation lauern Problemstellungen, die eigene Lösungsstrategien überfordern. Hier braucht es eine Lehrperson, die das Problem empathisch nachvollzieht und den Lernenden zum Beispiel durch eine ungewöhnliche Frage auf eine aussichtsreiche Fährte führt. Auf diese Weise unterstützt sie die Lernenden nachhaltiger als mit einem konkreten Lösungsvorschlag. Sie löst einen Denkprozess aus, der möglicherweise zu einer wertvollen Erkenntnis führt.

Im Kapitel wird deutlich, dass Lehren und Lernen ein hochgradig vernetztes, in alle Richtungen wirkendes Geschehen ist. Das soziale Mit-, Für- und manchmal auch Gegeneinander trägt – zusätzlich zu den didaktischen Mitteln – maßgeblich zum Gelingen oder Scheitern gestalterischer und kreativer Arbeit bei. Hier ist wiederum die Lehrperson auf- und herausgefordert: Auf unterschiedlichen Ebenen blickt sie auf das Geschehen und muss abschätzen, wann sie ein Missverständnis aufklärt, eine Runde in den (kollektiven) Denkprozess einbezieht, eine Sache aus einer anderen Perspektive beleuchtet, die eigene Rolle hinterfragt oder sich selber auf die Finger klopft. Jede Form von Transparenz ist diesem Prozess dienlich: Sei es, indem den Lernenden jederzeit klar ist, ob die Lehrperson gerade als Expertin, als Coach oder als Beurteilende auf das Werk blickt, oder sei es, indem die Lehrperson das soziale Geschehen als Faktor für Ermutigung, für gemeinsames Reflektieren, für Kritik sowie als Ursache für ein Durchstarten oder für Frustration und Rückzug deutlich zu machen und daraus Energie für das Lehr-Lerngeschehen zu ziehen vermag.

3

Zwei Ansätze der Lernberatung: ihre Begründung, Funktion und Ausgestaltung

In Lehr-Lernsettings der Erwachsenenbildung hat Lernberatung eine mittlerweile langjährige Tradition. Die Funktion von Beratung variiert von Hinweisen, wie effizient und nachhaltig gelernt werden kann, bis hin zur Beratung bei der Stoffaneignung und der individuellen Lösungssuche in themenbedingten Problemstellungen. Dass sich dafür die konstruktivistische Erkenntnistheorie als angemessene Perspektive erweist, um individuellen Lernwegen und Lernstrategien gerecht zu werden und um entsprechende didaktische Prinzipien und Handlungsmuster zu begründen, ist nachvollziehbar.

Dem vorliegenden Entwurf zur Organisation und Begleitung von Lehr-Lernsituationen liegt ein systemisch-konstruktivistisches Denk- und Theoriekonzept zugrunde, und damit verbunden die Überzeugung, dass sich Lernprozesse nicht allein durch Methoden steuern und regulieren lassen (vgl. Siebert, 2010, S. 12). Das pädagogische Handlungsrepertoire wird in der kreativ-künstlerischen Lehre durch angemessene Formen der begleitenden Beratung deutlich erweitert. Dabei geht »es nicht um ein durch Lehre zu gewährleistendes Verfolgen von außen vorgegebener Lernanforderungen«, sondern um die Unterstützung und Förderung individueller Lernprozesse (vgl. Klein, 2016, S. 277). Lehr-Lernberatung in der hier propagierten Form fokussiert zum einen auf die Förderung von Lernkompetenzen, Lernhaltungen und Lernstrategien, andererseits auf das Erkunden, Erarbeiten und Präzisieren individueller gestalterischer Problemlösungen sowie entsprechender eigenständiger Ideen und Ausdrucksweisen.

Die erprobte Praxis zeigt, dass sich Methoden der systemischen sowie der lösungs- und ressourcenorientierten Beratung in der Begleitung von lernenden Erwachsenen bewähren. Im Zentrum der systemischen Sichtweise steht das Individuum mit einem eigenen, entwicklungsfähigen Potenzial, einem breit gefächerten Fundus an Ressourcen und einem wechselwirkenden, sozialen Umfeld. Die dabei stattfindenden Interaktionen und Kommunikationen stellen für die Beteiligten eine mehr oder weniger große Herausforderung dar. Dies, weil es sich bei gestalterischen

Arbeiten um schöpferische Tätigkeiten und Prozesse handelt. Individuelle Begabungen, der Ehrgeiz, das Maß an technischen und verfahrensbezogenen Fertigkeiten sowie persönliche Befindlichkeiten oder die Belastbarkeit spielen eine wichtige Rolle. Entsprechend groß sind die Sensibilität und die Verletzlichkeit – oft verdeckt, manchmal offensichtlich. Der systemische Beratungsansatz ermöglicht – je nach Bedarfslage – ein eher explorierend-analytisches Vorgehen, mit der Absicht, eine Problemstellung zu durchleuchten und etwa Mehrdeutigkeiten, Denkroutinen oder behindernde Zirkularitäten zu hinterfragen. Der lösungsorientierte Ansatz hingegen erlaubt darüber hinaus eher pragmatische, handlungsorientierte Interventionen und Problembearbeitungen. Nachfolgend werden – nach einer einleitenden Orientierung an und einer Abgrenzung von Lernberatungsansätzen in der Erwachsenenbildung – die beiden Beratungsformen vorgestellt und entlang ihrer Verfahrensprinzipien erläutert.

3.1 Lehr-Lernberatung und ihre Konzepte

Im Zuge eines Perspektivenwechsels in der Erwachsenenbildung rücken Konzepte von »Lernberatung« seit den 1990er-Jahren verstärkt in den Fokus des Diskurses. Weiterbildung wird zunehmend als lebenslanges Lernen verstanden, die Lernenden werden in ihrer Biografie begriffen und das Verständnis vom Lehrenden entwickelt sich dabei vom *Wissensvermittler* zum *Berater* – oder schlagwortartig amerikanisch ausgedrückt: »more learning – less teaching« (Siebert, 2001, S. 18 ff.). In der Nomenklatur wird der Paradigmenwechsel unter anderem deutlich durch die Verwendung des Begriffs *Ermöglichungsdidaktik* anstelle von *Vermittlungsdidaktik*.

Einen wichtigen Beitrag haben dabei konstruktivistische Theorien geleistet. Basierend auf der Überzeugung, dass Lernen individuell wirklichkeitskonstruierend und in einem selbstreferenziellen System stattfindet, werden behavioristische Reiz-Reaktionstheorien und vergleichbare Input-Output-Modelle dem Verständnis von Lernprozessen nicht mehr gerecht (Siebert, 1998, S. 36). Das konstruktivistische Lernberatungskonzept von Siebert ist eng mit dem Begriff des *Selbstgesteuerten Lernens* verbunden. Zentral ist dabei die Sicht des Ratsuchenden bzw. des Lernenden auf das Problem und dessen Bearbeitung. Lehrende werden folglich zu Begleitern im Lernprozess, den Lernende aktiv steuern (Siebert, 2001, S. 97 ff.).

Seit Ende des 20. Jahrhunderts wurden eine Reihe unterschiedlicher Lernberatungskonzepte ausdifferenziert, die sich unter anderem bezüglich des Spektrums und der Definition des Begriffs »Lernberatung« unterscheiden. Bei Pätzold (2004), Kossack (2015) oder Forneck et al.

(2005) etwa liegt der Fokus auf dem Austausch in Form des Beratungsgesprächs, genauer auf der »zeitlich befristeten Interaktion zwischen einem Berater und einem Ratsuchenden mit dem Ziel, in einem bestimmten Problem- oder Handlungsbereich Lösungen und Strategien zu entwickeln« (Pätzold, 2004, S. 52). Andere Autoren wie Klein und Reutter (2005) oder Dietrich (2001) beziehen sich auf ein breiteres didaktisches Konzept, welches etwa Lernumgebung, Zeitmanagement und Arbeitsmaterialien in das Selbstlernsetting einbezieht und damit über die Lernberatung als Zusatzangebot hinausgeht. Klein und Reutter verstehen die Lernberatungskonzeption als »ein Orientierung und Struktur gebender Gestaltungsrahmen für die Ermöglichung von selbstorganisiertem Lernen in einer (neuen) Lern-/Lehrkultur« (2005, S. 12).

Neben den vorhandenen Unterschieden und zugrunde liegenden theoretischen Differenzen sind auch Übereinstimmungen der Ansätze erkennbar. Gemeinsam ist den verschiedenen Konzepten etwa, dass die Lernberatung in einem direkten Zusammenhang mit dem Lernprozess steht, mit dem Subjekt im Zentrum. Wichtig sind Freiwilligkeit und Verantwortungsübernahme. Den Beratenden kommt eine unterstützende Funktion zu.

Der vorliegende Beitrag zur Lehr-Lernberatung in gestalterischen Prozessen stützt sich auch auf Erkenntnisse und Ansichten der erwähnten Lernberatungsmodelle. Jener Aspekt des Beratens, wie man effizient und nachhaltig lernt, ist dabei zweitrangig. Im Vordergrund steht die Unterstützung bei der Entwicklung eigenständiger kreativer Problemlösungen, also das Finden eines persönlichen gestalterischen Ausdrucks in der Regel in Form künstlerischer Werke. Auch dies gilt es als einen Lernprozess zu verstehen. Außerdem gibt es einige weitere Ausprägungen und Schwerpunkte. Anders als in den meisten Beratungskonzepten wird an dieser Stelle dafür plädiert, Lernberatung nicht hauptsächlich in der Weiterbildung anzusiedeln, sondern auch das didaktische Potenzial für die schulische Bildung anzuerkennen. Der Ansatz stützt sich zudem maßgeblich auf psychologische Beratungstraditionen, insbesondere die systemische und die lösungsorientierte. Dies kann aufgrund offensichtlicher Parallelen zwischen künstlerischen und beraterisch-therapeutischen Problemlösungen gerechtfertigt werden. In beiden Fällen geht es um eine subjektiv erwünschte Zielsetzung, deren Ergebnis für die betreffende Person von besonderer Bedeutung ist – sei dies die Umsetzung einer künstlerischen Idee oder die Bearbeitung einer persönlichen Herausforderung oder Problemstellung. Jetzt liegt es im Ermessen des Ratsuchenden, welche Lösung als angemessen bewertet wird, die Beraterin unterstützt bei der Differenzierung des Lösungswegs und der Auswahl geeigneter Strategien. Es geht also weniger um die Aneignung von Wissen und Kompetenzen als vielmehr um die hinterfragende Begleitung von Strukturierung, Entscheidung und um die bewertende Einschätzung von

Teilschritten im iterativen Prozess einer Werkentwicklung. An diesem Punkt wird deutlich, dass Beraten in einem didaktischen Sinne zusammengeführt wird mit einem psychologischen Beratungsverständnis. Dies insbesondere, weil es in gestalterisch-künstlerischen Prozessen immer auch um introspektive Erkundungen und Erkenntnisse sowie um Selbstverwirklichung gehen kann. Insofern unterstützt der vorliegende Beratungsansatz ein Bewusstsein für und eine Aufmerksamkeit auf inneres Erleben: »Ich realisiere, dass ich auf besondere Weise wahrnehme und erlebe… und mich dies berührt«.

Mit dem erweiterten Begriff »Lehr-Lernberatung« wird auf die Tatsache verwiesen, dass es sich zum einen um eine wechselseitige Anregung handelt, da auch die Lehrenden von den Überlegungen der Lernenden profitieren, und zum anderen um ein eng verflochtenes Changieren zwischen technischer und verfahrensbezogener Anleitung und inhaltlich abstinenter beraterischer Begleitung. Insgesamt also ein äußerst anspruchsvoller Dialog entlang der Entwicklung des Werks der Lernenden.

Zusammenfassend eignet sich Lernberatung nach Siebert (2001, S. 93) als strategisches und didaktisches Mittel für die Ermöglichung von selbstorganisiertem, selbstgesteuertem Lernen. Ein Teil der Verantwortung für die Erarbeitung des vorgesehenen Stoffs liegt bei der Lernenden. Die Lehrperson unterstützt den Lernprozess durch:

- die Bereitstellung von Quellen-Material zur Thematik
- Hinweise zu relevantem Wissen
- Hilfe bei der Unterscheidung von Wichtigem und Unwichtigem
- das Aufzeigen von Zusammenhängen, Vernetzungen und Unterscheidungen
- Hinweise auf die Grenzen des Wissens

Als Coach nimmt die Lehrperson eine mehrperspektivische metakognitive Position ein: Sie beachtet bzw. weist hin auf personale Aspekte (emotionale, physiologische Befindlichkeiten etc.), aufgabenbezogene Aspekte (Schwierigkeitsgrad, Problemtiefe, Interdisziplinarität, Vorläufigkeit von Wissen etc.), strategische Aspekte (Lernwege, Art der Informationsbeschaffung, Medieneinbezug etc.) (ebda., S. 108 ff.) und unterstützt damit die Effektivität und die Flexibilität des Denkens der Lernenden (ebda., S. 112).

Wie bereits in Kapitel 2.4 einführend erläutert, werden bei einer systemischen Perspektive Menschen nicht isoliert betrachtet. Sie und damit ihre Verhaltensweisen, Befindlichkeiten etc. werden beobachtet bzw. wahrgenommen als Teil einer größeren Einheit und damit im Kontext von Mitmenschen. Im vorliegenden Fall ist das beispielweise ein Jugendlicher in einer Lehr-Lerngruppe im Bereich Kunst und Design. Das Augenmerk liegt auf den zwischen den Lernenden sowie den Lernenden und der Lehrperson stattfindenden Interaktionen, auf Mustern, Strukturen, Beeinflussungen und Abhängigkeiten. Die systemische Perspektive interessiert einerseits, um die Komplexität der Interaktion in einer solchen Gruppe bewusst zu machen, und andererseits ganz konkret, um behindernde und störende Muster und Interaktionen zu erkennen, aufzudecken und zu bearbeiten. Gemeint sind alle Störeinflüsse, welche einzelne Lernende daran hindern, ihr Potenzial auszuschöpfen. Die systemische Perspektive eröffnet bei selbstkritischen oder schädigenden Einschätzungen, Bewertungen und Deutungsmustern durch Lernende die Möglichkeit der gezielten Suche nach unterstützenden Strategien. Dies geschieht unter anderem mittels zirkulärer Fragen, durch die Untersuchung des Gewinns, den eine Person durch die Aufrechterhaltung eines schädigenden Musters erzielt, durch die gezielte Irritation oder Verstörung einer Verhaltensroutine oder durch die Veränderung einer negativ konnotierten biografischen Erzählung.

Systemisches Denken nutzt ein zentrales Merkmal des Menschseins: Menschen sind gesellige Wesen mit einer Tendenz, die Gesellschaft anderer Personen zu suchen, unabhängig davon, welche Gefühle man ihnen entgegenbringt (Jonas, Stroebe, & Hewstone, 2007, S. 330 ff.). Der bewusste Austausch mit anderen, die gegenseitige Bezugnahme, kooperatives Arbeiten und die spontane Konversation inklusive Klatsch und Tratsch bestimmen unseren Alltag. Das gilt auch für Lehr-Lernsettings, in welchen sich die Lernenden in einem kontinuierlichen Dialog mit Kolleginnen und Lehrpersonen befinden. Sie nehmen sich gegenseitig wahr, machen sich Gedanken über Äußerungen, Absichten und Reaktionen, es bilden sich Erklärungshypothesen und Kausalattributionen[14] dazu. Eigene Überlegungen, Vorgehensweisen und Produkte werden mit denen von anderen verglichen. In diesem komplexen »Tauschgeschäft« ist ein Großteil der Themen und Inhalte *offen*-sichtlich und sprachlich fassbar. Gleichzeitig bleibt vieles unausgesprochen, widersprüchlich und

14 Kausalattribution: Durch allgemeines Vorwissen geformte Erklärungen und Ursachenzuschreibungen zu eigenem und fremdem Verhalten sowie zu beobachteten Umweltereignissen. Merkmalszuschreibungen in der Absicht, das Geschehen zu begreifen und zu kontrollieren (vgl. Jonas et al., 2007, S. 108, S. 587).

missverständlich. Diese Tatsache macht die Interaktion zur störanfälligen und anspruchsvollen Aufgabe und hier setzen systemische Verfahren an.

3.2.1 Zur Geschichte systemischer Beratungsansätze

Systemische Beratungsansätze wurden im Verlauf der 1950er- bis 1980er-Jahre aus und in der therapeutischen Arbeit mit Familien und Paaren entwickelt. Es gab und gibt eine ganze Reihe unterschiedlicher Vorgehensweisen und methodischer Richtungen, welche mittlerweile auch in der Beratung von Teams, Gruppen und Organisationen zur Anwendung kommen. Arist von Schlippe und Jochen Schweitzer (1997) geben in ihrem Lehrbuch der systemischen Therapie und Beratung einen zusammenfassenden Überblick zu Ausrichtung, Entwicklung und Anwendungsgebieten der Verfahren (vgl. S. 20 ff., S. 24).

Entscheidende Impulse aus Sicht des vorliegenden Textes gehen auf das *Mailänder Modell* zurück. Die Forschergruppe im *Centro per lo Studio della Famiglia* mit Selvini Palazzoli, Boscolo, Cecchin und Prata konzentrierte sich u. a. auf die in einem System geltenden Regeln und Muster, also das gemeinsame »Spiel« der Beteiligten. Die Therapeutinnen und Therapeuten initiierten Veränderungen durch das Hinterfragen und Stören von schädigenden Mustern. Dies erreichten sie durch konsequente Anwendung der drei Prinzipien Zirkularität, Hypothetisieren und Neutralität. So steht denn auch die Mailänder Gruppe maßgeblich für die Einführung des *Zirkulären Fragens* in der systemischen Therapie und Beratung. Charakteristisch waren auch Interventionen in Form von Verschreibungen, also von »Hausaufgaben«, was als Hinweis auf die gezielte Einflussnahme durch den Therapeuten zu verstehen ist (vgl. von Schlippe & Schweitzer, 1997, S. 31 f.).

Mit dem Ansatz des *Reflecting Teams*, in welchem zwei bis drei Therapeutinnen und Ko-Therapeuten gemeinsam dem Geschehen beiwohnen und im Rahmen einer Unterbrechung der Sitzung ihre Eindrücke und Hypothesen zum Geschehen austauschen, wurde die machtvolle Beeinflussung durch die Therapeutin relativiert und reduziert. Die kooperative Problemlösung gewann damit an Gewicht. Die Wirkung des Belauschens (durch die Klienten) der Beobachtungen der Therapeuten verweist auf die Bedeutung alternativer Sichtweisen und externer Ressourcen sowie die Mehrdeutigkeit eines Geschehens und damit auf die Möglichkeit, Dinge neu zu interpretieren (vgl. von Schlippe & Schweitzer, 1997, S. 38 f.).

Die narrativen Ansätze in der systemischen Beratung machen sich die Möglichkeit der Dekonstruktion von Mustern und Regeln zunutze, indem beispielsweise nach Brüchen, Widersprüchen oder Auslassungen in den biografischen Erzählungen geforscht wird. Durch leichte Verschiebungen der Akzentuierung sprachlicher Bedeutungsmuster sowie durch die Neuinterpretation und Rekonstruktion von Familien-, Paar- und

Team-Geschichten wird es möglich, behindernde Glaubenssysteme und Muster zu verändern (vgl. von Schlippe & Schweitzer, 1997, S. 39 ff.). Die entsprechenden Verfahren werden ausführlich in den Kapiteln 3.2.4 und 4.3 erörtert.

3.2.2 Anwendungsgebiete

Aktuell sind systemische Beratung, Therapie und Supervision in der Arbeit mit Familien, (beruflichen) Teams, Gruppen und Organisationen weit verbreitet. Dies gilt insbesondere für den Bildungsbereich.

Im konkreten Unterrichtsalltag muss davon ausgegangen werden, dass bezogen auf ein bestimmtes Vorkommnis oder Phänomen mehrere parallele Sichtweisen, Erklärungen und damit auch Problematisierungen sowie Optionen für die Lösung eines Problems existieren. Im einzelnen Fall muss geklärt werden, wer aus welcher Perspektive ein Ereignis, einen Vorfall beschreibt, kommentiert oder bewertet. Oder auch, wer aus welchen Gründen bestimmte Dinge nicht anspricht und gewissen Themen ausweicht. Sehr oft gibt es keine eindeutige Erklärung und für eine Fragestellung nicht die eine richtige Lösung!

3.2.3 Aufgabe der Beratungsperson

Der systemische Beratungsansatz basiert auf einigen grundlegenden Setzungen, welche sich letztlich in den entsprechenden Methoden und dem beraterischen Handeln spiegeln. Zentral ist die Annahme, dass es sich bei »Problemen« um individuelle Konstruktionen handelt, welche unter anderem durch Kontextbedingungen und Bezugspersonen beeinflusst sind. Weil sie konstruiert sind, können sie mit Unterstützung durch die Beraterin dekonstruiert und verändert werden. Von Zirkularität ist die Rede, wenn kleine Veränderungen eines problemrelevanten Musters, z. B. in der Kommunikation, einen Entwicklungsprozess in Gang bringen. Der Berater macht durch den (gedanklichen) Einbezug aller Beteiligter Abhängigkeiten und Beeinflussungen erkennbar und bewirkt so die Modifikation des Problemmusters in ein Lösungsmuster. Die Tatsache, dass der Berater im Moment seiner Beteiligung Teil des Systems wird, wird als Kybernetik zweiter Ordnung bezeichnet. Er kann deshalb das Problem nicht in objektiver Weise analysieren und sollte auf Diagnosen und Ratschläge verzichten. Vielmehr geht es darum, »sich offen, neugierig und wertschätzend auf wirkliche Begegnung einzulassen« (vgl. Bamberger, 2010, S. 63). Wichtig ist dabei auch die Beobachtung des eigenen Verhaltens. Im Vordergrund steht das aufrichtige Interesse an den Ideen und Überlegungen des Lernenden sowie die Absicht, dessen Such- und Denkprozesse entsprechend zu unterstützen. Ziel des Austauschs sind die Prüfung und damit die Erweiterung von Wahlmöglichkeiten (z. B. Problemwahrnehmung, Verhalten), das Erkennen hilfreicher Ressourcen (bzw. Stärken, bewährte Handlungsmuster, Kontakte) und die Stärkung des Vertrauens in die eigene Problemlösefähigkeit (vgl. ebda., S. 42 ff.).

Mit einer systemischen Werthaltung, verzichtet die Lehrperson auf Kategorien wie richtig-falsch, funktional-dysfunktional und insgesamt auf eindeutige Ursache-Wirkung-Erklärungen. Dies erlaubt im didaktischen Alltag, die Grenzen der Einflussnahme auf Lernende anzuerkennen und zu akzeptieren, dass Missverständnisse und Unausgesprochenes zur Normalität gehören. Lehrende können das »System Lernende« maximal »anstoßen, anregen oder in Eigenschwingung versetzen« (vgl. von Schlippe & Schweitzer, 1997, S. 51). Die daraus resultierenden Lernereignisse lassen sich jedoch nur bedingt planen oder steuern. »Instruktive Interaktion« wird dann hinfällig (ebda., S. 69). Es impliziert weiter, dass die Lehrperson anerkennt, dass in einem kreativ-schöpferischen Prozess Dinge mehrdeutig und interpretationsbedürftig sind und bleiben.

In kritisch-vermittelnden Situationen strebt die Lehrperson eine Position der Allparteilichkeit an, das heißt sie macht sich jeweils zur Anwältin der beteiligten Parteien und deren Sichtweisen. Sie tut dies in der Absicht, die verschiedenen Perspektiven auf ein Phänomen transparent zu machen bei gleichzeitigem Verzicht, einseitige Wertungen vorzunehmen (vgl. ebda., von Schlippe & Schweitzer, 1997, S. 119; Simon, 2014, S. 85).

Die Aneignung systemischer Handlungskompetenzen benötigt Zeit. Im Vordergrund steht die Verinnerlichung der eingangs referierten Einstellungen und Werte. Die Nutzung der methodischen Werkzeuge und Mittel basiert in der Regel auf längerfristigen Weiterbildungen. Hubrig und Herrmann (2012) betonen, dass es sich um ganzheitliches Lernen handelt, »welches die Person des Lehrers insgesamt involviert« (S. 95).

3.2.4 Verfahren – Ansatzpunkte, Ziele und Wirkungen systemischer Intervention

Im Folgenden werden wichtige Aspekte des systemischen Ansatzes hervorgehoben und in einen Zusammenhang mit dem kunstbezogenen Unterrichtsgeschehen und Coaching gestellt. Es soll nachvollziehbar werden, inwiefern sich das Innen und Außen oder das System und seine Umwelten im Unterricht bemerkbar machen und welche Konsequenzen für das Lehrerverhalten daraus resultieren. Es folgen Überlegungen zur Mehrdeutigkeit der Lehr-Lerninteraktion und zu den Wirkungen der Zirkularität. In einem nächsten Schritt wird das Phänomen der Autopoiese auf ihre Bedeutung im Unterrichtsgeschehen und damit die Frage der Sinnproduktion beleuchtet. Schließlich wird das System als Pool an Ressourcen fokussiert, unter anderem hinsichtlich der Bedeutung für biografische Erzählungen.

Wenn man sich eine Gruppe von Lernenden mit ihrer Lehrperson im Gestaltungsunterricht vorstellt, imaginiert man ein soziales System im Sinne von Kriz (1990): Komplex strukturierte, organisierte und wahrnehmende Individuen verfolgen eine gemeinsame Zielsetzung und interagieren dazu im und rund um den Unterricht. Nimmt man dieses Setting als Betrachtungsebene, ist eine Umwelt vorstellbar, die beispielsweise die betreffende Schule, die Freunde und Familien der Lernenden und Lehrenden, den Kunstbetrieb oder die Designwirtschaft beinhaltet. Man kann sich all diese Faktoren als mehr oder weniger wirksame Einflussgrößen für das Geschehen in der Lerngruppe vorstellen: Eltern freuen sich über Erfolge ihrer Kinder, Lernende möchten sich in der Klasse behaupten, die Schule möchte nicht, dass der Schulhof verspray wird, die Lehrperson spielt in der regionalen Kunstszene eine Rolle.

Eine andere systemische Betrachtungsebene ist jene der beteiligten Individuen – umgeben von Mitlernenden und der Lehrperson. Im Sinne Luhmanns stellt jeder Mensch bzw. dessen persönliche Gedankengänge ein geschlossenes, autopoietisch organisiertes System dar. Vereinfacht gesagt: »ein Kopf« mit einer persönlichen Vorstellung der Welt und einer individuellen Art des Erlebens und Reflektierens. Im vorliegenden Zusammenhang sind dann die anderen »Köpfe« relevante Umwelten. Lernende und die Lehrperson bevölkern das betreffende Lehr-Lernsetting und ermöglichen die stattfindenden Kommunikationen.

Eine Frage, die es zu klären gilt, ist die Bedeutung der Lehrperson in diesem Geschehen. Als Lehrerin ist man Teil des bereits skizzierten Lehr-Lernsystems. Wenn man als Lehrperson eine Aussage zum unterrichtlichen Geschehen macht, erzeugt das Wirkungen bei allen Beteiligten. Wenn sie das Werk einer bestimmten Lernenden positiv oder negativ hervorhebt, indem sie lobt oder kritisiert, betrifft das zuerst die Urheberin der Arbeit. Die anderen Lernenden lässt es aber nicht unberührt. Ausformuliert oder insgeheim freuen sie sich, ärgern sich, lassen sich inspirieren oder grenzen sich bewusst ab. Die Reaktionen der betreffenden Lernenden und ihrer Kolleginnen wirken wiederum auf die Lehrperson zurück. Sie wird ihre Kritik bzw. ihr Lob ein nächstes Mal vielleicht vorsichtiger oder deutlicher vortragen. Aus systemischer Perspektive spricht man in diesem Falle von Zirkularität und von gegenseitiger Verstörung (vgl. Simon 2014, S. 41 f.). Die Beteiligten regen sich an bzw. irritieren sich gegenseitig auf mehr oder weniger heftige Weise und fordern dadurch zu Reaktionen heraus. Bei diesen Reaktionen kann es sich um Routinen handeln oder aber um neuartige Reaktionsweisen, welche Ausgangspunkt für Veränderungen sind. Bei Zustandsveränderungen, die ein Ergebnis von Interaktionen sind, spricht man von Perturbation (vgl. Maturana & Varela, 1987, S. 27, S. 108).

Möchte man als Lehrperson die Energie des Systems nutzen, muss man als Beobachter 2. Ordnung das interaktive und wechselseitige Geschehen mit Sorgfalt überblicken. Das erfordert, neben der Aufmerksamkeit auf das gestalterische Geschehen, die Beobachtung und Analyse der Gespräche und des nonverbalen Ausdrucksverhaltens unter allen Beteiligten.

Auf diese Weise wird dominantes, zögerliches, verletztes, aufmüpfiges Verhalten erkennbar, was Ausgangspunkte liefert für Interventionen und Erkundungen im Unterrichtsgeschehen. Das hilft beim Aufspüren von Hindernissen welche der Entfaltung des Potenzials im Wege stehen: »Mir fällt auf, dass du in letzter Zeit sehr zurückhaltend arbeitest…« Oder: »Deine äußerst kritische Reaktion auf den Auftrag erstaunt mich. Kannst du mir diesbezüglich einen Hinweis geben?« Und auch: »Ich habe den Eindruck, dass du aktuell nicht mit der üblichen Konzentration und Begeisterung am Werk bist… Kann ich dich in irgendeiner Weise unterstützen?«

Mehrdeutigkeit und Kontingenz

Kontingenz charakterisiert ein konstituierendes Merkmal psychischer und sozialer Systeme. Wie an anderer Stelle bereits erläutert (vgl. 1.3.3 *Missverständnisse sind nicht ungewöhnlich*), bedeutet Kontingenz Mehrdeutigkeit, etwa von Denkprozessen, beobachtbaren Situationen und Alltagsphänomenen. Was auch immer wir denken oder äußern, vermögen wir auch in moderater Abwandlung oder Verschiebung zu sehen.

Bezogen auf gestalterisches Planen und Handeln bedeutet es, dass jede kommunikative bzw. jede gestalterische Äußerung anders formuliert, inhaltlich anders gewichtet oder mit einer anderen Dringlichkeit hinterlegt werden kann. Entscheidend an dieser Tatsache ist, dass jederzeit ein gewisser Variations- und Interpretationsspielraum besteht und somit in kritischen Situationen ein »Notanker« zur Verfügung steht. Dies bedeutet, dass schädigende, behindernde Einschätzungen und Wahrnehmungen auch anders betrachtet werden können. »Was ist das Gute am Schlechten?« Und: »Was nützt das Behindernde für die Entwicklung des Werks?« Dabei hilft die Selbstreferenzialität von Denkprozessen. Selbstreferenz bedeutet laut von Schlippe und Schweitzer (2010, S. 8):

> […] dass jemand sozusagen der eigene Beobachter werden kann und so über mehr Wahlmöglichkeiten verfügt, indem er oder sie ein Bewusstsein dafür entwickelt, selbst für den eigenen Anteil am Kommunikationsmuster, für die eigene Tradition der Geschichtenerzählung verantwortlich zu sein. Hilfreich ist dabei die Nutzung der Beobachtungen anderer (Fremdreferenzen), die dem sich selbst Beobachtenden angeboten werden.

Selbstreferenzialität beinhaltet gleichzeitig die Gefahr von Paradoxien und der Ausblendung alternativer Erklärungs- und Sichtweisen (vgl. Efran, Lukens, & Lukens, 1992, S. 48, S. 51). Die letzte Aussage ist wichtig, denn auf Feedbacks aus der Umgebung zu achten, schützt vor selbstverschuldeten Fehleinschätzungen.

Sind Systeme stark in ihren Mustern, Regeln und Inhalten verhaftet, stagniert deren Entwicklungsfähigkeit. Wenn ein Lernender bzw. seine selbstreferenziell funktionierenden Denkprozesse zu sehr mit sich selber beschäftigt sind, entsteht die Gefahr der Betriebsblindheit.

Fallbeispiel Filmstudent

> *Ein Filmstudent nimmt sich im Rahmen einer Seminararbeit vor, einen Videoclip zu produzieren, in dessen Verlauf sich die Wände eines Raums zunehmend verengen und das Mobiliar nach und nach »verschlucken«. Ohne die spezifische und komplexe Software zu beherrschen, verliert er sich in Details der Programmierung und Animation und reicht am Ende ein unfertiges Produkt ein. Er kann das Projekt nicht in der zur Verfügung stehenden Zeit und mit den vorhandenen Mitteln realisieren. Die Enttäuschung über das Scheitern des Projekts zeigt unter Umständen eine nachhaltige Wirkung. Im belegten Fall überlegt sich der betreffende Student den Abbruch des Studiums und zögert die Realisation der nächsten filmischen Aufgabenstellung über längere Zeit hinaus.*

Diese einengende Art der Selbstbezogenheit wird in Lehr-Lernprozessen sichtbar und kann zum Ausgangspunkt für eine Intervention werden.

Handlungs- und Denkroutinen

Grundlage menschlicher Denkprozesse ist die unvorstellbar komplexe Vernetzung der Neuronalzellen. Sie erlaubt für eine bestimmte Aufgabenbearbeitung Variationen und Sonderlösungen. Aufgrund der assoziativen Struktur des Gedächtnisses (vgl. Shaw, 2018, S. 94 f.) kann der Einzelne auf einen Impuls X variabel reagieren. Dabei ist die konkrete Reaktion häufig nicht linear erklärbar. Der Abruf passender Erinnerungen erfolgt über eine Reihe assoziativ ansteuerbarer Relais (Knoten), die weit verzweigt sind und damit Variationsmöglichkeiten eröffnen: *Seerosenteich – Monet – Impressionismus – Farbenrausch* bzw. *Seerosenteich – Monet – Grauer Star – abnehmender Detailreichtum (Bildunschärfe).* Dieser Spielraum der Reaktionen macht Menschen im Alltag handlungs- und leistungsfähig. Sie tragen für viele Anforderungen Lösungsansätze und Handlungsroutinen in sich. Kompetenzen werden abhängig von der Problemstellung situativ und reaktiv eingesetzt. Meist kennen wir mehr als einen Ausweg aus einer aktuellen Not (vgl. Kapitel 1.2.4). Im Alltag erfolgt die Auswahl eines passenden Lösungsmusters meist reibungslos und spontan. Kritisch wird es, wenn die üblichen Reaktionsroutinen versagen. Dies kann an der Neuartigkeit der Problemstellung liegen oder auf Ursachen wie Übermüdung, Stress und psychische Belastung zurückgeführt werden.

Im künstlerisch-schöpferischen Prozess liegt es quasi in der Natur der Sache, dass Handlungs- und Denkgewohnheiten gebrochen werden, um neuartige Lösungswege verfolgen zu können. Es ist nicht ungewöhnlich, dass Lernende »in Not« geraten und sich beispielsweise auf einem Nebenschauplatz des Vorhabens verirren. An diesem Punkt kann oder soll eine Lehrperson, ein Kursleiter beratend eingreifen und den Fortgang des Geschehens (z.B. lösungsorientiert) unterstützen.

Fallbeispiel Filmstudent (Fortsetzung)

> *Die Lehrperson hätte in einem vertiefenden Gespräch in der Planungsphase aufzeigen können, dass die technische Seite des Vorhabens höchst anspruchsvoll und angesichts des eingeschränkten Zeitbudgets nur mit intensiver Unterstützung entsprechender Fachpersonen umsetzbar ist. Dies hätte mit hoher Wahrscheinlichkeit frühzeitig zu einer alternativen Lösung derselben Idee geführt.*

Als erstes gilt es eine Vorstellung davon zu entwickeln, welche Faktoren das Problem beeinflussen und aktuell wirksam sind. Weiter ist es hilfreich, zu untersuchen, wie der betreffende Lernende die problematische Situation erlebt und interpretiert. Diese Exploration dient dazu, einen Einblick in dessen operational geschlossenes System der Wahrnehmungs- und Denkprozesse zu erhalten, um so nach »heilenden« Deutungsmustern zu suchen.

Zirkularität

Eine Grundlage systemischer Modelle ist die Annahme von Prozessen, die zirkulär, also kreisförmig organisiert sind. Die stattfindenden Aktivitäten sind demnach rückgekoppelt: Alles wirkt und reagiert mit allem. Entsprechend wird ein bestimmtes Geschehen bei zirkulärem Denken als Kreislaufprozess gedeutet. Lehrpersonen mit einer systemischen Einstellung betrachten die Lernenden – im Verbund mit sich selbst – als selbstreferenziellen, operational geschlossenen Kreis von Personen, die sich gegenseitig zum Nachdenken und Handeln anregen. Angesichts dieser Zirkularität des Prozessgeschehens kann man davon ausgehen, dass es für die stattfindenden Interaktionen jedes Mal »am Rande beteiligte« Beobachterinnen gibt.

Fallbeispiel Laura

> *Nehmen wir als Beispiel an, Laura äußert vor versammelter Klasse gegenüber Sabine, dass sie Sabines Arbeit als die beste der Klasse taxiert. Stefan, scheinbar berührt oder angeregt durch diese Einschätzung, reagiert mit einem Losprusten, was Sabine umgehend verunsichert. Sabine vermutet, Stefan hätte Lauras Würdigung als ironische Bemerkung aufgefasst und würde sie, Sabine, nun verhöhnen. Laura wiederum begründet ihre Feststellung, was von einem vierten Mitschüler, Pascal, bekräftigt wird. Die Lehrperson interveniert mit der Aufforderung an Stefan, sich zu überlegen, was in Sabine und Laura vorgeht, wenn er sich lustig macht. Stefan klärt auf, dass das Lachen auf eine unglückliche zeitliche Verkettung von zwei Ereignissen zurückzuführen sei. Er habe nämlich just in dem Moment eine SMS mit einer witzigen Mitteilung erhalten, sein Lachen habe nichts mit dem Lob von Laura an Sabine zu tun. Sabine ist erleichtert, die anderen nehmen das wahr.*

Die zirkuläre Sichtweise erweitert die Informationsmenge und -qualität bezogen auf ein beliebiges Ereignis: Beziehungs- und Verhaltensmuster werden beleuchtet, es gibt verschiedene Interpretationen und Außenperspektiven, Fehleinschätzungen werden aufgedeckt (vgl. von Schlippe & Schweitzer, 1997, S.118, S.138 ff.). Die Struktur entsprechender (zirkulärer) Fragen zielt nicht auf direkte Antworten wie die Frage »Weshalb lachst du, Stefan?«. Vielmehr erfassen zirkuläre Fragen ein Geschehen indirekt unter Einbezug des Kontexts: »Was denkst du, bewirkt dein Losprusten bei der Kollegin Sabine? Was löst es beim Rest der Klasse aus (Laura, Pascal etc.)?« Auf diese Weise können Rückkopplungen und bedeutsame Wirkungen von Kommunikation reflektiert und aufgedeckt werden (vgl. Reich, 1997, S. 237).

Bezogen auf das Lehr-Lernsetting kann prinzipiell davon ausgegangen werden, dass zwischen Lehrenden und Lernenden ein hierarchisches Verhältnis besteht, was zu Abhängigkeiten und Beeinflussungen führt. Solche existieren und wirken auch innerhalb der Peergruppe, also zwischen den Lernenden. Diese Tatsache ist im Hintergrund verantwortlich für eine Vielzahl problematischer systemischer Phänomene. Um die Bedeutung zu verstehen, muss man sich wie im vorangegangenen Beispiel gedanklich in die Situation einer Lernenden in einem künstlerischen Fach versetzen. Diese ist Teil einer Gruppe von Mitlernenden und Kolleginnen. Sie bewegt sich damit in einem inhaltlichen und sozialen Umfeld, das emotional stark fordert. Neben dem Aspekt der gegenseitigen Inspiration und Bekräftigung wirken immer auch kompetitive Kräfte, die zu qualitativen Vergleichen führen und häufig Neid, Missgunst und Schadenfreude mit sich bringen. Meist sind diese Muster nicht offensichtlich, trotzdem verbreiten sie eine Wirkung, die mitunter Zweifel und Unbehagen verursachen. Die unmittelbare Verunsicherung von Sabine im Beispiel zeigt das.

Fallbeispiel Laura (Fortsetzung)

> *Das vermeintliche Ausgelachtwerden schwächt das geäußerte Lob von Laura empfindlich, was wiederum auf erhebliche Selbstzweifel von Sabine schließen lässt. Die Lehrperson – als Teil des Systems – reagiert sorgfältig, indem sie Stefan zur Perspektivenübernahme auffordert. Sabine dankt es mit einem Signal der Erleichterung.*

Operationale Geschlossenheit und Autopoiese

Wenn wir mit anderen Menschen zusammen sind, arbeiten, diskutieren, spielen oder ähnliches, gelingt die Entschlüsselung der ausgetauschten Botschaften ausreichend gut. Ein übereinstimmender oder gemeinsam vereinbarter Code, z.B. der gleiche Dialekt, ein Fachjargon oder eine Gestensprache, gewährleisten die alltägliche Verständigung. Im Verlauf des Heranwachsens üben und begreifen wir Reaktionsweisen und Erwartungen im sozialen Umfeld. Konkret erlernen wir, neben der Sprache, eine Vielzahl nonverbaler Signale zu äußern und zu deuten: Mimiken, Gesten, Körperhaltungen oder die Proxemik, den Tonfall der Stimme oder Gesten. Das ist im sozialen Austausch entscheidend, wird doch viel Information auf diese Weise übermittelt. So sind etwa basale emotionale Befindlichkeiten unmittelbar an der Mimik, aber auch an bestimmten Gesten oder der Köperhaltung ablesbar (vgl. Argyle, 2002, S. 203 ff., S. 246 ff., S. 261; Ekman & Friesen, 2003). Der sprachliche Austausch wird nonverbal markant unterstützt.

Grundsätzlich sind Menschen gut für den Austausch mit anderen gerüstet. Trotzdem kann nie zweifelsfrei vorausgesagt werden, wie die Reaktion einer Person auf einen bestimmten Impuls oder in einer bestimmten Situation ausfallen wird.

Bisher ist es nicht möglich, Einblick in die Denk- und Vorstellungsprozesse eines anderen Menschen zu erhalten. Auch modernste neuronale Scanverfahren und das Messen von Hirnströmen und Aktivitäten erlauben das präzise »Lesen« von Gedanken und Vorstellungen nicht (vgl. Bor,

2011, S. 15 f.; Wolf, 2018, S. 53). Jedoch können wir anhand von sprachlichen und nonverbalen Reaktionen ansatzweise und indirekt erschließen, wie das Gegenüber eine Aussage aufgenommen und interpretiert hat. Wenn also überprüft werden soll, wie eine andere Person erlebt und denkt, bleiben in der Regel nur differenziertes Zuhören und gezieltes Nachfragen (vgl. Smith, 2013, S. 429 f.). Wenn Lehrpersonen nachvollziehen wollen, was in den Köpfen der Lernenden vor sich geht, müssen sie Wege finden, einen Einblick in das operational geschlossene System zu finden. Dabei ist zu bedenken, dass Denkprozesse, Überlegungen, Entscheidungen meist nicht stereotyp und linear verlaufen. Sie sind situativ variabel und reich an Optionen. Vieles, was sich Lernende überlegen und vorstellen, bleibt verborgen. Interaktion in Lehr-Lernsituationen bedeutet demnach streckenweise Blindflug.

Als Lehrperson kann man die Einstellung vertreten, dass es für den Lernprozess nebensächlich ist, im Detail zu verstehen, was sich die Lernenden überlegen. Dieser Sichtweise möchte ich bedingt beipflichten, etwa dann, wenn es sich um einen unproblematischen, selbstbewussten Prozess handelt. Anders sehe ich es hingegen dort, wo Lernende in ihrer gestalterischen Entwicklung frustriert und gebremst werden, weil sie festgefahren, von der Komplexität der Aufgabe überfordert sind oder sich in Nebensächlichkeiten verheddern. Hier kann die Lehrperson tatsächlich Unterstützung bieten, wenn es ihr gelingt, nachzuvollziehen, was den Lernenden bremst oder blockiert.

Im Alltag äußert sich die autopoietisch-geschlossene Struktur etwa darin, dass Irritationen in der Wahrnehmungsverarbeitung unmittelbar in eine mehr oder weniger plausible Logik überführt werden. Das geschieht etwa, wenn wir ein ungewöhnliches Phänomen beobachten, für welches wir aktuell keine logische Erklärung finden. Wir neigen dann dazu, Deutungen zu konstruieren, die eine Stimmigkeit ergeben. Diese mutet mitunter abenteuerlich an. Ein schönes Beispiel für die konstruktive Fantasie unseres Gehirns liefert Oliver Sacks in seinem Buch »Der Tag, an dem mein Bein fortging« (vgl. Sacks, 1991). Er beschreibt darin, wie er nach einem Unfall sein eigenes Bein über eine gewisse Zeit als einen im Bett liegenden Fremdkörper wahrnahm und sich verschiedene Begründungen für dieses Dilemma konstruierte. Unser Bewusstsein hält Ungereimtheiten nur schlecht aus und ist so strukturiert, dass es stimmige Ordnungen konstruiert, teilweise unter Ausschaltung der Vernunft. Als Lehrperson trifft man gelegentlich auf Lernende, welche ein offensichtliches gestalterisches Talent aufweisen, jedoch permanent vom Gegenteil überzeugt sind. Sie führen mit Nachdruck Argumente für ihr bildnerisches Unvermögen an. Die Ursachen liegen verborgen in biografischen Ereignissen, etwa einer unverhältnismäßigen Kritik oder übertriebenen Erwartungen seitens wichtiger Bezugspersonen. Oft sind den betreffenden Lernenden die Gründe der Selbstzweifel kaum oder nicht bewusst. Sie würden von einer Lehrperson profitieren, die bereit ist, derartige Fehleinschätzung genauer zu untersuchen und ins Positive zu wenden.

Sinndimensionen

Im System »Lernende und Lehrende im Fach Kunst« handeln Kommunikationen von künstlerischen Problemstellungen und Kriterien, gestalterischen Verfahren und Wirkungen, aber auch von Beziehungs- und Interaktionsmustern der involvierten Personen. Zweck des Austauschs und der gemeinsamen Arbeit ist die Entfaltung der gestalterischen Energie, das Entwickeln künstlerischer Ideen und dabei das Erkennen von Sinnhaftigkeit im eigenen Handeln. Die Sinnstiftung des Systems erfolgt entsprechend entlang von Themen wie Bild- und Formfindung, Farbgebung, Komposition, Authentizität und Originalität sowie von kontextuellen Bezügen. Zentral sind auch die Akteurinnen und ihre Urheberschaft. Dieser Sinn generierende Erkenntnisprozess dient unter anderem der Unterscheidung zu und der Abgrenzung gegenüber anderen Systemen.

Im Lehr-Lernprozess besteht ein Auftrag der Lehrperson darin, das Sinnkonstrukt des jeweiligen Lernenden nachzuvollziehen oder zu erahnen: »Was hat der Lernende im Sinn?«, »Was möchte er zum Ausdruck bringen?«, »In welchem Zusammenhang steht eine einzelne Arbeit?« Und auch: »Welches sind Stärken, Schwächen, persönliche Vorlieben?« Dem gegenüber sollte der Lernende einen Zugang zu den Absichten und Zielen der Lehrperson finden: »Wie ist die Aufgabenstellung zu verstehen?«, »Welche Erkenntnis möchte sie mir vermitteln?« Oder: »In welchem Zusammenhang steht das aktuelle Vorhaben zu bereits Gelerntem?« Übergeordnete Absicht dieses Ensembles ist die Ermöglichung eines wechselseitigen Wissenstransfers innerhalb eines didaktisch angelegten Settings. Es geht um das Kreieren von Werken und darum, Kunst als ein Kommunikationsmittel bzw. eine Kommunikationsweise zu begreifen und auch als gesellschaftliches und kommerzielles Phänomen. Das ist nicht selbstverständlich. Allzu oft können Lernende nur erahnen, worum es der Lehrperson mit einem Auftrag geht. Wenn sie die curriculare Zielsetzung nicht oder nur annähernd verstehen, lernen Schüler »mechanisch« und unreflektiert, etwa die Inhalte für eine zugehörige Prüfung. Anschließend vergessen sie den Stoff rasch. In diesem Abarbeitungsprozess spielen übergeordnete Zusammenhänge und Kontextualisierung eine Nebenrolle.

Auf der anderen Seite machen sich Lehrpersonen selten die Mühe, Details über die (Selbstbildungs-)Absichten und Beweggründe der Lernenden zu erfahren. Inhaltliche Orientierung sind die Lehrpläne. Sie geben vor, was die Schüler »wissen« und folglich lernen müssen und lassen nur bedingt Spielraum für Experimente und Exkurse. Individuelle

Lernabsichten spielen unterhalb der Tertiärstufe eine bescheidene Rolle. Seitens der Lehrpersonen bestehen vielleicht Hypothesen dazu, was Lernende umtreibt, etwa dass ihr Hauptinteresse darin bestehe, einen genügenden Notendurchschnitt zu erreichen? Nur von wenigen begabten und am jeweiligen Fach interessierten Schülern wird mehr erwartet.

Für die Kommunikation in der Lernberatung sind, orientiert an Luhmann (1987, S.112 ff.), drei Dimensionen der Sinnstiftung wichtig. Zum einen geht es um gestalterische Fakten und die relevanten Themen des Lernenden, bei Luhmann die *Sachdimension*: Welche künstlerischen Kriterien sind dem Lernenden wichtig, wo sieht er Stärken und Defizite oder welche Ziele setzt er sich? Es geht hier um den Sinn, den Lernende dem künstlerisch-kreativen Denken und Handeln abgewinnen.

Luhmann nennt als zweite Sinndimension die *Zeit* und fokussiert damit auf Veränderungen in einem chronologischen Verlauf: Sind arbeitsbehindernde Befindlichkeiten immer gleich oder gibt es Zeiten, in denen sie nicht vorkommen? Nimmt die Lernende ihren technischen Fortschritt im vergangenen Halbjahr wahr? Es gibt zu vielen Ereignissen und Erlebensweisen eine Vorgeschichte. Auch lohnt es sich bei manchen Entwicklungen, einen Blick in die Zukunft und damit auf Erwartungen und Hoffnungen des Lernenden zu werfen.

Schließlich können Sinnfragen hinsichtlich der wahrgenommenen oder vermuteten Beziehungsstrukturen betrachtet werden, bei Luhmann die *Sozialdimension*: Wie erlebt sich die Lernende im Kontext ihrer Mitschüler? Wie selbstständig und selbstbewusst oder wie abhängig bewegt sich die Lernende gestalterisch in der Gruppe? Es geht hier aber auch um die Art der gemeinsamen Suche nach Lösungen und Wirkungsweisen: Wie erlebt die Lernende die Unterstützung der Lehrperson – als Einmischung oder als Resonanz?

Simon (2014) betont, dass aus systemtheoretischer Sicht »systemische Beratung« immer dreidimensional sein, also die Fragestellung hinsichtlich der drei Sinndimensionen durchleuchtet werden soll (S.35 f.).

Die Sach- und die Sozialdimension Luhmanns findet eine teilweise Entsprechung beim Inhalts- und Beziehungsaspekt im kommunikationstheoretischen Ansatz von Watzlawick et al. (vgl. 2000, S.53 ff.). Im zweiten Axiom, »Jede Kommunikation hat einen Inhalts- und einen Beziehungsaspekt, derart, dass letzterer den ersteren bestimmt und daher eine Metakommunikation ist« (S.56), betonen die Autoren die Bedeutung der sozialen Komponente: Die Qualität der Beziehung ist entscheidend für die Interpretation eines Sachverhalts.

Was sich einmal mehr zeigt: Für das Generieren von Sinn ist die Perspektive des jeweiligen Beobachters von zentraler Bedeutung (vgl. Simon, 2006, S.99). Ein und derselbe Sachverhalt mag in dem einen Kontext klar sinnstiftend, in einem anderen Umfeld bedingt bedeutungsvoll und in einem dritten Zusammenhang ohne Relevanz sein. Inwieweit ein Verhalten oder eine Sichtweise sinnhaltig ist, hängt vom Individuum ab. Die persönlich erlebte Sinnhaftigkeit einer Handlung, eines Verhaltens oder einer Überzeugung kann sich entscheidend auf den Selbstwert und die Motivation auswirken.

In der Lehr-Lernsituation muss die Sinnhaftigkeit des Tuns austariert werden zwischen den persönlichen Wertungen des Lernenden, den Ansichten und Einschätzungen der Lehrperson und den Interessen des Ausbildungsträgers. Die verschiedenen Sinn-Komponenten stimmen selten überein. Vielmehr sollen sie im Verlauf der Ausbildung ausgehandelt und erstritten werden. Dies ist Teil der Sozialisation und der Meinungsbildung auf dem Weg zur beruflichen Identität. Für den Austausch mit Lernenden kann abgeleitet werden, dass es nicht selbstverständlich ist, wenn ein Konsens besteht. Reagiert der Lernende aus Sicht der Lehrperson unangemessen, übermäßig oder verhalten, hängt das wahrscheinlich mit divergierenden Sinndimensionen zusammen und ist in der Regel Ausgangspunkt für fruchtbare Diskussionen.

Ressourcen mobilisieren

Fallbeispiel Ursula

> *Ursula trifft sich mit der verantwortlichen Lehrperson zu einer Besprechung, um den Stand der Recherche und der Ideenentwicklung zu besprechen. Sie hat sich in Brockenhäusern drei alte Wintermäntel besorgt, um sie im Sinne eines Upcycling in ein neues Produkt umzuarbeiten. Anwesend sind außerdem zwei Mitstudierende. Die Dozentin erhält rasch den Eindruck, dass die Studentin zwei aussichtsreiche und originelle Ansätze verfolgt. Ursula äußert die Schwierigkeit, eine definitive Wahl zu treffen. Sie kann sich weder für die eine noch für die andere Idee entscheiden, denn beide Themen sind interessant genug, um sie weiterzuverfolgen. Die Dozentin möchte ihr die Entscheidung nicht abnehmen. Sie fordert die zwei anwesenden Mitstudentinnen auf, zu berichten, welche Assoziationen ihnen im Verlauf von Ursulas Erläuterungen durch den Kopf gegangen sind. Dabei sollten sie darauf achten, keine Wertungen hinsichtlich der beiden Projektideen vorzunehmen. Ursula wiederum bittet sie, zuzuhören und sich Notizen zu machen. In der Folge äußert eine Mitstudentin die Assoziation: »Ich habe grad so ein Bild gesehen von einem Ärmel, der sich als Taschenriemen bei mir einhängt, so wie man es manchmal bei der besten Freundin tut...« Anknüpfend kommt es zu einer spielerischen Aneinanderreihung weiterer Assoziationen zu »ein-, um-,*

> *ab- und aufhängen«, die das Thema von Ursula weitertreiben. Durch die Gedankenverknüpfungen entwickelt sie ein konkretes Bild im Kopf, das sie nachhaltig beeindruckt, und aus der Entscheidungsschwierigkeit ist Klarheit geworden.*

Das Beispiel verweist auf die Bedeutung des Kollektivs und den damit verbundenen Austausch: Mehrere komplexe und inhaltlich kompetente Wesen koordinieren ihre Interaktion entlang einer Aufgabenstellung hin zu einem gemeinsamen Ziel. Durch den Dialog entsteht rund um die Thematik eine teilweise Übereinstimmung der Sichtweisen und Meinungen. Im beschriebenen Fall entwickelt sich eine kreative Stimmung, die die Entscheidungsfindung unterstützt. Kenneth Gergen (2002) (vgl. Kapitel 1.3.4) würde in diesem Fall von einer gemeinsam konstruierten Wirklichkeit sprechen. Durch die immensen Kombinationsvarianten individueller Lösungsstrategien besteht bei vielen Fragestellungen ein hohes Bearbeitungspotenzial. Vorstellen kann man sich das so: Die Lösungsideen von Person A werden potenter und wirkungsvoller in Kombination mit Ideen von Person B. Eine Idee von Person C bringt zudem eine bedenkenswerte Wendung. Das Beispiel zeigt den Nutzen des Systems als Ressource. Eva Sturm (2008, S. 88), auf die Zusammenarbeit von Deleuze und Guattari Bezug nehmend, beschreibt etwas Ähnliches:

> Es handelt sich weniger um ein kommunikatives Hin und Her zwischen Personen mit scharfen Rändern, denn um eine Art ›wechselseitiges Einfangen‹ mit wechselseitigen Verschiebungen. Angebote werden gemacht, Einladungen ausgesprochen, Worte stecken an, Methoden und Materialien tauchen auf, zur Benutzung freigegeben. Man weiß nicht, wer an welcher Stelle wie einsteigt und was sich dabei fortsetzt. Man hofft, dass etwas passiert, worauf man nicht gefasst war.

Deutungsmuster und Glaubenssysteme

Stimmt die Annahme, dass jedes Individuum ein tendenziell geschlossenes System bildet, hat dieses eine spezifische und fokussierte Perspektive auf relevante Phänomene: Ich betrachte und beurteile Dinge und Ereignisse – selbstreferenziell – auf meine persönliche, bestimmte Weise. Das dient einerseits der Identitätsbildung (»So bin ich, so (re)agiere ich«), andererseits besteht die Gefahr des Beharrens auf einseitigen Deutungsmustern (»Ich weiß, wie es ist, wie es funktioniert – es ist, wie es ist!«). Solche, auch als Glaubenssysteme bezeichnete Überzeugungen oder Setzungen, erweisen sich als funktional oder dysfunktional. Das psychische System ist also auf interne Kontrollorgane, auf einen kontinuierlichen Bezug zur Umwelt und auf Beobachtungen 2. Ordnung angewiesen.

Es liegt im Interesse des Systems, stark »introvertierte« Sichtweisen zu hinterfragen und alternative Perspektiven zuzulassen. Die systemische Beratungsperspektive ist darauf ausgelegt, behindernde, dysfunktionale Muster zu erkennen, zu revidieren und wenn möglich zu ersetzen bzw. zu beseitigen. Dies unter anderem dadurch, dass eine persönliche Erzählung neu interpretiert wird.

Wie im Kapitel zum psychischen System (vgl. Kapitel 2.4.2) bereits ausgeführt, reiht das wache Individuum einen Gedanken an den anderen. Dieser stete Denkfluss verläuft nicht gleichmäßig und in eine Richtung. Er variiert kontextabhängig. Eine bestimmte Überlegung kann in Varianten gedacht werden und bisweilen die Bedeutung ändern. Um etwas Gedachtes zum Ausdruck zu bringen, bedienen wir uns der Sprache. Beim Aussprechen zeigen sich die Qualitätsunterschiede formulierter Gedanken rasch: Es spielt eine Rolle, ob man eine Person im Unterricht als »schlechten Lerner« bezeichnet oder als jemanden, der »aktuell sehr unkonzentriert arbeitet« (vgl. Palmowski, 2011, S.111). Palmowski spricht in diesem Zusammenhang von binärer Logik (S.109), aus welcher Klassifikationen abgeleitet werden können. Diese schaffen jeweils Wirklichkeiten, die sich in ihren Konsequenzen deutlich unterscheiden. Im gestalterischen Bereich wäre das etwa die Unterscheidung »Er/sie ist ein untalentierter Gestalter« vs. »Er/sie liefert eine uninspirierte Arbeit«.

Einen Sonderfall systemisch-konstruktivistischer Beratungsarbeit stellt der narrative Ansatz dar. Die Erkundung, Dekonstruktion und Neuinterpretation biografischer Ereignisse entlang von Geschichten ist anspruchsvoll für den Ratsuchenden wie auch für die Beraterin (vgl. Palmowski 2011, S.92 f., S.111). Die Bedeutung der Sprache wird offensichtlich, wenn die persönlichen Geschichten und Erzählungen unter die Lupe genommen werden. In ausgewählten Situationen erweist es sich als klärend und hinsichtlich der persönlichen Entwicklung als unterstützend, die dazugehörigen Erzählungen zu überprüfen. Geschichten spielen für unser Selbstverständnis eine wichtige Rolle – das unterstreicht die folgende Aussage von Gergen und Gergen (2009, S.50):

> Wir begreifen unser Leben weitgehend als eine Ansammlung von Geschichten, in denen wir die Hauptcharaktere sind – Geschichten über das Aufwachsen, das Sich-Verlieben, das Finden eines Karriereweges und so weiter. Es sind Erzählungen über unsere guten und weniger guten Taten, Erfolge und Niederlagen.

Es kann sich durchaus lohnen, in bestimmten Fällen nach solchen Erzählungen zu fragen oder eine angedeutete Geschichte als Faden für das weiterführende Gespräch aufzunehmen. Um die Freiwilligkeit des Berichtens zu unterstreichen, erkundigt sich die Lehrperson, ob es hilfreich ist, mehr zu erzählen. Die Geschichte dient als Ausgangspunkt für das

Erforschen alternativer Interpretationsweisen: Unfähigkeit wird dann vielleicht zu Lustlosigkeit, fehlender Instruktion, mangelnder Ausdauer oder Motivation – und wird damit überwindbar.

3.2.5 Fazit

So betrachtet ist das Lehr-Lerngeschehen ein mehrfach anspruchsvolles Geschäft, das von der Lehrperson ein hohes Maß an Präsenz erfordert. Es stellt neben dem Auftrag, Inhalte vorzubereiten und zu organisieren, Infrastrukturen und Materialien bereitzustellen sowie notwendige Instruktionen anzubieten, die Anforderung, mit allen Sinnen das soziale Geschehen zu betreuen. Nicht zu vergessen ist die Selbstbeobachtung, weil Lehrende ja wechselwirkend teilhaben an den ablaufenden Prozessen. Vielleicht doch etwas zu viel des Guten und insgesamt eine Überforderung?! Im Alltag läuft Unterricht weitgehend reibungslos, sodass ausreichend Aufmerksamkeit auf besondere Vorkommnisse und spezielle Ereignisse gerichtet werden kann. Lehrpersonen im Bereich Kunst und Design dürfte bekannt sein, dass dort besonderes Fingerspitzengefühl notwendig ist, wo sich Lernende thematisch zum Beispiel mit biografischen, körper- und beziehungsbezogenen Inhalten beschäftigen. Solche emotional aufgeladenen Themen hängen oftmals eng mit Persönlichkeitsmerkmalen der Person zusammen, entsprechend verletzlich sind die Protagonisten. Wichtig ist meines Erachtens das Bewusstsein, dass systemische Phänomene eine Wirkung entfalten.

3.3 Ressourcen- und lösungsorientierte Beratung

Der lösungs- und ressourcenorientierte Beratungsansatz ist getragen von mehreren pragmatischen Erwartungen und Setzungen hinsichtlich der Wahrnehmung und des Umgangs mit Problemsituationen: Konkret hält sich die Lehrperson nicht lange damit auf, zu analysieren, weshalb ein bestimmter Prozess schiefläuft. Stattdessen fokussiert sie auf Ressourcenaktivierung und Lösungsfindungen. Hierzu fragt sie etwa beim Lernenden, welcher darüber grübelt, ob er seine Arbeit noch weiterführen soll, nach funktionierenden Alternativen, nach unterstützenden Maßnahmen und Personen, macht ein Kompliment und fordert auf zum Blick in die Zukunft. Sie deutet an, dass es sich bei der Idee des Scheiterns um eine persönliche Konstruktion des Lernenden handelt und dies möglicherweise eine Frage der Perspektive ist. Sie übermittelt, dass sie ihm zutraut, das Problem in den Griff zu kriegen, Schritt für Schritt, in der zur Verfügung stehenden Zeit.

Die Vorgehensweise – die auf grundlegenden Haltungen und Prinzipien basiert – garantiert nicht die Weiterführung der problematischen

Arbeit, erhöht jedoch die Wahrscheinlichkeit, dass der betreffende Lernende sein Projekt nicht verwirft und neue Zugänge für die Wiederaufnahme der Arbeit findet.

3.3.1 Zur Geschichte des Ansatzes

Die lösungsorientierte Methode und Praxis wurde seit den späten 1960er-Jahren parallel von verschiedenen Forschergruppen in den USA und in Italien entwickelt. Alle wurden angeregt von der Arbeit Milton Ericksons, der unter anderem festgestellt hat, dass Ratsuchende auf der Basis ihrer Ressourcen und Erfolge in der Lage sind, Problemlösungen selber zu entwickeln. Er traute ihnen zu, festzulegen, welche Probleme sie lösen und welche Ziele sie erreichen wollen (vgl. Berkling, 2010, S.26). Laut Krause (vgl. 2003, S.135) gründet der lösungsorientierte Ansatz auf humanistisch-psychologischen (vgl. Kapitel 1.5), systemischen (vgl. Kapitel 2.4) und konstruktivistischen Theorien (vgl. Kapitel 1.3). Für die Differenzierung des Ansatzes waren in der Folge drei Forscher- und Therapeutenteams von Bedeutung. John Weakland, Richard Fisch, Paul Watzlawick und Arthur M. Bodin bauten Mitte der 1970er-Jahre das Brief Therapy Center im kalifornischen Palo Alto auf. Ihr Schwerpunkt lag auf der Frage, weshalb trotz der Lösungsbemühungen der Klienten deren Probleme oftmals bestehen blieben (vgl. Berkling, 2010, S.16 f.). Die Mailänder Gruppe um Mara Selvini Palazzoli inspirierte unter anderem durch ihre Annahme, dass ein therapeutisches Verfahren kurz sein und trotzdem eine nachhaltige Veränderung herbeiführen kann. Schließlich wurde in dieser Zeit das Brief Family Therapy Center in Milwaukee gegründet von de Shazer, Berg, Lipchik, Nannally, Molnar und weiteren Mitarbeitenden. Basierend auf verschiedenen Schwerpunkten und Fokussen entwickelten sich unterschiedliche Schulen und Formen der systemischen Kurztherapie (vgl. Bamberger, 2010, S.23 f.).

Steve de Shazer, Insoo Kim Berg und ihre Mitarbeitenden experimentierten mit therapeutischen Kurzformen und konnten mittels Analyse von Gesprächsprotokollen und Videos bestätigen, dass wirkungsvolle und originelle Lösungsoptionen oft von den Klienten selbst entwickelt und ins Spiel gebracht wurden. Sie stellten zudem fest, dass sich die gleiche Intervention *in unterschiedlichen Situationen* als tauglicher Impuls für Veränderung erwies. Ein relativ überschaubarer (multifunktionaler) »Methodenkoffer« konnte so eine breite Wirkung entfalten. Die Arbeit des Teams um de Shazer konzentrierte sich auf die Suche nach solchen »therapeutischen Dietrichen« (vgl. Bamberger, 2010, S.24).

3.3.2 Anwendungsgebiete

Der ressourcenorientierte Ansatz eignet sich insbesondere als *Kurzzeitintervention* bzw. als *zeitlich begrenzte Beratung*, da er laut Bamberger (2010) darauf abzielt, innerhalb der Dialogsequenz Anregungen und Anstöße zu geben »für die eigentlichen Entwicklungs- und Veränderungsprozesse, die sich ja im Alltag des Klienten vollziehen« (S. 23). De Shazer betonte anlässlich einer Konferenz Ende der 1990er-Jahre in Winterthur, dass im Prinzip jede Therapiesitzung zum erwünschten Ergebnis und damit zum Abschluss der externen Unterstützung führen kann. Dies macht lösungsorientierte Verfahren attraktiv für die Beratung im Bildungsbereich, wo das Zeitbudget für Einzelgespräche limitiert ist.

Hilfreich ist die Intervention für Lernende, die im Zustand des Grübelns verharren, in der Hinterfragung des aktuellen Handelns gefangen sind, resignieren, verstummen oder scheitern. Es existieren lautmalerische Metaphern für den Zustand des »Gefangenseins« im Problem. Da ist von »Problemhypnose« (vgl. Bamberger, 2010, S. 33), »Problemtrance« (Peichl, 2012, S. 181 f.; von Schlippe & Schweitzer, 2010, S. 119) oder von »Notenge« die Rede (vgl. Eberhart & Knill, 2009, S. 41; Knill, 2003, S. 8). Der Handlungsspielraum des Problemträgers ist derart eingeschränkt, dass der Problemlöseprozess zum Stillstand kommt. Hinweise dafür sind das Verharren in gedanklichen Endlosschlaufen oder die Unfähigkeit, weder die aktuelle Befindlichkeit noch die Weiterarbeit am Werk in Worte zu fassen.

3.3.3 Aufgabe der Beratungsperson

Die Beraterin löst die Probleme der Ratsuchenden nicht, das wurde auch schon an anderer Stelle betont. Sie unterstützt und begleitet auf der Suche nach geeigneten Strategien. Dies tut sie, indem sie ein Klima für Veränderungen schafft, brisante Themen erkennt und benennt, Denkanstöße gibt beziehungsweise aussichtsreiche Strategien hervorhebt. Sie bleibt an den wichtigen Themen dran und insistiert auf deren vertiefter Untersuchung. Wenn innerhalb einer Sitzung diese Intensität erreicht wird, ist die Wahrscheinlichkeit groß, dass Impulse für die Weiterarbeit erfolgen.

Die Aufgabe der lösungsorientierten Beraterin besteht in Anlehnung an Bamberger (vgl. 2010, S. 64) in folgenden Schwerpunkten:

- dem Ratsuchenden einen Zugang zu dessen Ressourcen und Kompetenzen ermöglichen (»Wie könntest du diese Energie mobilisieren?«)
- den Prozess der Lösungsarbeit in Gang bringen und dabei die Selbstwirksamkeit des Ratsuchenden aktivieren (»In welchem Bereich gelingen dir solche Dinge?«)

- die Aufmerksamkeit weg von der problematischen Situation auf die Suche nach Lösungsoptionen lenken (»Dieses Ergebnis kannst du nicht mehr rückgängig machen, das ist klar. Aber lass uns überlegen, was für die Weiterarbeit nötig ist.«)
- für ein optimistisches und konstruktives Klima sorgen, welches die Entwicklung und Konkretisierung geeigneter Lösungsansätze begünstigt, die einen entscheidenden Unterschied zum bisherigen Umgang mit dem aktuellen Problem machen
- die Aneignung und Konsolidierung entsprechender Wahrnehmungen, Denk- und Verhaltensweisen unterstützen, sobald sich eine gangbare Lösung abzeichnet

Im Bewusstsein, dass Lernende förmlich in Ressourcen eingebettet sind und deren Analyse ausreichend Stoff für ein aufschluss- und umfangreiches Beratungsgespräch liefert, sei daran erinnert, dass Coachinggespräche und Lernberatungseinheiten in der Regel einen vorgegebenen Zeitrahmen aufweisen. Dieser ist in der Regel begrenzt (durchschnittlich 10 bis 15 Minuten pro Gespräch). Die zeitliche Beschränkung des Gesprächs wirkt sich meistens positiv auf den Verlauf und die Effizienz der Besprechung aus (vgl. Berkling, 2010, S. 56 f.). Die Konzentration auf das Thema sowie die Bereitschaft, anspruchsvolle Positionen mit Nachdruck zu untersuchen, sind erhöht. Entsprechend größer ist der Profit der Beratung.

Der Berater fungiert als Prozessgestalter (vgl. Eberhart & Knill, 2009, S. 66) und als aufmerksamer Zuhörer und Beobachter. Er liest zwischen den Zeilen, was für die Ratsuchende wichtig ist, und achtet darauf, welchen Aspekten sie keine Beachtung schenkt (vgl. ebda., S. 45 f.; Palmowski, 2011, S. 23). Die Lehrperson sollte als minimale Strukturvorgabe die Erwartung äußern, die Lernende solle sich zur Vorbereitung des Gesprächs eine Fragestellung bzw. ein Thema überlegen. Zu Beginn des Treffens stellt er dieses Anliegen vor, z. B.: »Ich möchte klären, wie ich die Finanzierung des Projekts sichern kann.« Die Themenvorgabe – bei längeren Gesprächseinheiten können es auch zwei oder drei Themen sein – ergibt den roten Faden für das Gespräch und verhindert ein oberflächliches »Themenhüpfen« (vgl. auch die entsprechenden Unterkapitel in 4.4.1 zum Thema Zielsetzungen).

In der Praxis des Coachings ist diese Eingrenzung nicht selbstverständlich. Unvorbereitete Treffen und die mäandernde Besprechung verschiedenster Aspekte einer Thematik sind verbreitet. Beobachtungen längerer Coachinggespräche (20 bis 50 Minuten) im Rahmen einer kleinen Feldstudie im eigenen Studiengang[15] haben gezeigt, dass bis zu zehn oder mehr Themen angesprochen und kurz debattiert wurden. Tendenziell werden in einem derartigen Gespräch Themen nur oberflächlich abgearbeitet. Die inhaltliche Entwicklung eines zentralen Anliegens bleibt dabei auf der Strecke. Für die Gesprächsbeteiligten ist der Gewinn größer, wenn der Lernende selber die Themenwahl trifft und diese zu Beginn des Gesprächs mitteilt.

3.3.4 Verfahren

Einer humanistisch-psychologischen Tradition verpflichtet (vgl. Rogers, 1988; 1992) wird dem Problemträger zugetraut, mit den eigenen Schwierigkeiten und Problemen angemessen umzugehen. Dieser Problemlöseprozess wird unterstützt durch die Aufforderung, den Blick in die Zukunft zu richten und gleichzeitig auf vorhandene Erfahrungen und Erkenntnisse. Der Ratsuchende wird ausgiebig befragt, beispielsweise zu vergleichbaren Problemstellungen, zu funktionierenden Problemlöseverfahren oder zum erwünschten Zielzustand. Mittels Imagination und Antizipation werden Lösungsvarianten und mögliche Wirkungen geprüft. Die Vorstellung eines problembefreiten »Endzustands« ist ein wichtiger Teilschritt hin zur Entwicklung anwendbarer Strategien und Verhaltensweisen. Wenn aussichtsreiche Lösungen aufscheinen, werden diese ausgearbeitet bis hin zur Planung konkreter nächster Schritte (vgl. Bürgi & Eberhart, 2004, S. 121). Eine hilfreiche Voraussetzung ist die Einsicht, dass Probleme Teil von Alltag und Routine sind: »Probleme sind konstitutive Elemente jeglichen menschlichen Lebenslaufs [...]. Probleme machen den Menschen veränderungsfähig« (Bamberger, 2010, S. 41). Dort, wo Grenzen erkenn- und erfahrbar werden, ergeben sich Ansatzpunkte für Entwicklungen und besondere Anstrengungen. Charakteristisch für das lösungsorientierte Vorgehen ist der Verzicht auf eine immer gleich verlaufende Abfolge methodischer Schritte. Das Verfahren zeichnet sich aus durch eine Eigendynamik, die Spontaneität und Intuition zulässt (vgl. ebda., S. 67). Es ist flexibel, rasch und pragmatisch anwendbar. Eine gute Zusammenfassung grundlegender Überzeugungen im Hintergrund lösungsorientierter Beratung findet man bei Walter und Peller (1996), die ihre Arbeit auf zwölf Arbeitshypothesen gründen (S. 53 f.).

---

15 Dozierende des Bachelorstudiengangs Art Education (ZHdK) wurden im Verlauf des Herbstsemesters 2013/14 während ihrer Coachinggespräche beobachtet. Im Anschluss an die jeweiligen Gespräche erhielten sie ein Feedback zu den Beobachtungen sowie Anmerkungen, wo alternative Verhaltens- und Vorgehensweisen im Gespräch möglich gewesen wären. Absicht war, die betreffenden Dozierenden im Sinne von Weiterbildung in der Entwicklung der Beratungskompetenzen zu supervidieren. Im Verlauf der stattfindenden Gespräche konnte eine zunehmende Zurückhaltung hinsichtlich der eigenen Ideen und eine sichtbare Erweiterung der methodischen Vielfalt in der Gesprächsführung beobachtet werden.

3.3.5 Wirkung, Ziel und Dauer

Im Bildungsbereich gewinnt der lösungs- und ressourcenorientierte Ansatz zunehmend an Bedeutung, da die oft nur knapp zur Verfügung stehende Zeit für die Suche nach brauch- und umsetzbaren Lösungen verwendet werden kann. Der optimistische Blick vorwärts und die Abwendung von der Problemsituation, so die Annahme, wirken motivierend und befreiend auf die betroffene Person. In den Worten Bambergers (2010): »Die ganze Kunstfertigkeit des lösungsorientierten Beraters besteht darin, die Phantasie des Klienten so zu beflügeln, dass er Änderungsmöglichkeiten zu sehen vermag und damit bereits einen ersten Schritt in einem Veränderungsprozess unternommen hat« (S. 25).

Das Ziel lösungs- und ressourcenorientierter Beratung ist, den Spielraum wiederzuerlangen bzw. diesen zu erweitern und unterstützende Ressourcen zu erkennen. Hierbei gilt es die Tatsache zu akzeptieren, dass das Rad der Zeit nicht zurückgedreht werden kann und bestehende Realitäten nicht – durch Zauberei etwa – ungeschehen gemacht werden können. Der Blick aus der Distanz wirkt insofern unterstützend, als die veränderte Perspektive hilft, die Wahrnehmung wieder (auch) auf Positives, Funktionierendes, Erfreuliches zu lenken. In der Folge zeigt der Austausch produktive Effekte für die bearbeitete Thematik. Ratsuchende haben eine Einsicht, eine neue Idee, kennen nächste Entwicklungsschritte und verlassen die Besprechung mit einem Gefühl des Erfolgs oder der Zuversicht.

Im Alltag ist es aber nicht garantiert, dass die Beratungssitzung unmittelbar zu einer funktionalen Lösung führt beziehungsweise eine sofortige Veränderung bewirkt. Es kommt vor, dass Lernende das Gespräch ohne konkrete Entwicklungsidee verlassen, was nicht bedeutet, dass die Sitzung ergebnislos war. Tatsächlich zeichnen sich für die Lernenden fast immer Einfälle und Entwicklungen ab, die ihr Potenzial bzw. ihre Wirkung erst im Verlauf der folgenden Stunden oder Tage entfalten. Nach und nach fügen sich Teile des Dialogs zu einem sinnvollen Ganzen, Lösungswege werden erkennbar, eine Entscheidung wird eindeutig. Der Impuls dazu erfolgte in der Beratungssitzung im Vertrauen darauf, dass Lernende fähig sind, geeignete Strategien und Verhaltensweisen für sich selber zu erkennen. Bamberger (2010) betont: »Lösungen lassen sich nicht erzwingen« (S. 65) und verweist damit auf zeitliche und konstruktivistische Aspekte von Beratung. Effekt und Nutzen des Gesprächs hängen nicht unwesentlich von der Strukturierung der Sitzungen ab. Diese wiederum liegt in der Verantwortung des Beraters.

3.3.6 Ablauf und Struktur

Die ressourcenorientierte Lehr-Lernberatung im Alltag besteht nicht aus der konsequenten Anwendung einer bestimmten Methode. Das Gespräch gleicht eher einem Pendeln zwischen Befragung, Analyse, fachlichem Ratschlag, gemeinsamem Denkprozess und didaktischem Hinweis. Die Veränderung darf sich pragmatisch und schrittweise vollziehen. Es werden keine umfassenden Gesamtlösungen ins Auge gefasst. Vielmehr stehen Vorgehensweisen im Vordergrund, die für den Ratsuchenden überschaubar, realistisch und damit umsetzbar sowie funktional und viabel sind.

Die Vorgehensweisen unterscheiden sich je nach der Prozessphase. Orientiert an Bamberger (2010) lässt sich ein Lösungsprozess durch folgende vier entscheidenden Phasen[16] charakterisieren (vgl. S. 66):

Phase 1: Synchronisation/Problemanalyse
Phase 2: Lösungsvision und Ressourcenfokussierung
Phase 3: Lösungsverschreibung/Lösungsbegleitung
Phase 4: Lösungsevaluation/Lösungssicherung

In der *Phase der Synchronisation und Problemanalyse* geht es darum Rapport herzustellen (vgl. Bamberger, 2010, S.166), das heißt die Beziehung zum Lernenden aufzubauen, welche einen konstruktiven Austausch überhaupt erst ermöglicht. Es geht darum, sich gegenseitig abzustimmen, sich zu vergewissern, dass man sich gemeinsam auf die Arbeit, das Projekt des Lernenden einlässt. Zwischen Lehrenden und Lernenden, die bereits längere Zeit zusammenarbeiten braucht es nicht viel mehr als eine freundliche Geste der Wertschätzung: »Ich freue mich darauf, über deine Arbeit zu sprechen.« Oft reichen nonverbale Signale aus. Fragen wie »Worüber werden wir uns heute unterhalten?« oder »Hast du dir zu meiner Frage von vorgestern Gedanken gemacht?« führen unmittelbar zum Thema des Gesprächs. Formuliert die Lernende eine klare Frage zu einer eingegrenzten Thematik, folgt anschließend die Bearbeitung der Problemstellung. Andernfalls gilt es, die Problematik etwas ausführlicher zu erkunden und die Frage zu präzisieren. Diese Phase kann abgeschlossen werden mit der Frage nach einem möglichen »guten Ergebnis« für den Austausch. Das Antizipieren einer erwünschten Lösung gibt dem Gespräch zusätzliche Energie (vgl. Kapitel 4.4.1).

16 Bamberger (2010) definiert eine zusätzliche, fünfte Phase: das Ende der Beratung. Gleichzeitig warnt er vor Beratungsleitfäden, da ein Beratungsgespräch auf Interaktion basiere und immer aus dem Augenblick heraus neu erfunden werden müsse (S. 256 ff.).

In der *Phase der Lösungsvision und Ressourcenfokussierung* rückt die Analyse der persönlichen Ressourcen und Stärken des Ratsuchenden in den Vordergrund. Naheliegende Aspekte wie Kenntnisse, Fertigkeiten und Fähigkeiten sind im Fokus. Auf der Suche nach positiv konnotierten Ausnahmen von schwierig erlebten Situationen werden diese besonders beleuchtet. Ermutigt durch das Erkennen eigener Strategien, Stärken und von gespeichertem Wissen steigt die Bereitschaft, die Erkundung zu intensivieren. Dem Lernenden wird signalisiert, dass er angemessene Ressourcen für das aktuelle Problem zur Verfügung hat und ihm zugetraut wird, diese zu mobilisieren: »Du bist stark, stehst nicht auf verlorenem Posten, ich traue dir die Bewältigung der Herausforderung zu.« Die Wahrnehmung dieses »Vertrauens« von außen stärkt das Selbstvertrauen. Oft wird die Einsicht als Erleichterung wahrgenommen, dass andere ebenfalls Zweifel, Zeiten mangelnder Einfälle, Motivationstiefs und das Scheitern von Versuchsreihen kennen. Der Lernende realisiert, dass das emotionale Wechselbad von produktiven und stagnierenden Phasen Teil gestalterischen Handelns ist und er nicht für alles unmittelbar eine Lösung parat haben muss. Es ist legitim, Unterstützung zu suchen und anzunehmen. Auch das entlastet eine angespannte Situation. Bei der Erkundung wird in der Regel deutlich, dass es mehrere passende Lösungen für ein bestimmtes Problem gibt. Die Aussicht auf diese Optionen ergeben einen Handlungsspielraum, fordern jedoch Entscheidungen. Hier wiederum kann die Beraterin Unterstützung bieten (vgl. Kapitel 4.4.2).

In der *Phase der Lösungsverschreibung/Lösungsbegleitung* geht es darum, aktuelle und potenzielle Motivations- und Inspirationsquellen sowie den Vorrat an unterstützenden Ressourcen systematisch zu untersuchen, und vor allem, zu mobilisieren. Dabei unterstützen der Blick in die Zukunft ebenso wie die Akzeptanz kleiner statt großer Schritte (vgl. Kapitel 4.4.3) oder – im Sinne eines Rückgriffs auf die Methoden der vorangegangenen Phase – die Einschätzung der aktuellen Situation (vgl. Antizipierende Fragen und Skalierungsfragen in Kapitel 4.4.2).

Im Hintergrund ressourcenorientierter Verfahren stehen die Annahme und die Beobachtung, dass Menschen über (Erfahrungs-)Wissen, Algorithmen, Fertigkeiten, Talente, Copingstrategien und Beziehungen verfügen, mittels derer sie viele problematische Situationen meistern können. Das Spektrum an hilfreichen Ressourcen (vgl. auch Bamberger, 2010, S. 44 ff.; Roth & Ryba, 2016, S. 328; Trösken, 2002, S. 29) ist sehr breit und umfasst unter anderem:

— Personale Ressourcen (positive Erfahrungen in den Bereichen Selbstwert, Sinnhaftigkeit des eigenen Handelns und Selbstwirksamkeit: Interessen, Kompetenzen, Erfolge, zielführende Arbeitsweisen, Reaktionen und Selbstmotivatoren, Rückzugsorte, Arten und Weisen der

Erholung, typische Rollen, Interaktionsstile, Gewohnheiten etc.) Begabungen und Fertigkeiten (Know-how, technisches bzw. verfahrensbezogenes Wissen, Strategien, Talent)
- Physische Merkmale (Aussehen, Kraft, Ausdauer)
- Ideelle Ressourcen (Werte, Motive, Ideale, Tugenden, Überzeugungen, Visionen, Glaubenssysteme)
- Soziale Ressourcen (Beziehungsfähigkeit, Sozialkompetenz, soziales Umfeld: Familie, Freunde, Bekannte, Fachpersonen, Partner für Austausch)
- Materielle Ressourcen (Werkstoffe, Medien, Materialreste, Arbeitsraum, Firmen und Betriebe, Rückzugsorte)
- Finanzielle Ressourcen (Darlehen/Kredit, Erspartes, Stiftungsgelder, Gönner und Mäzene, Nebenjobs)
- Fachwissen und Allgemeinbildung (Sach- und Fachkenntnis, Kontexttheorien, Archive, Bibliotheken, Alltagstheorien, überliefertes Wissen, Materialsammlungen, Anekdoten, Hausmittel)

Diese Tatsache lässt sich problemlos auf das gestalterische Setting übertragen, denn zu einem gegebenen Zeitpunkt fällt es Ratsuchenden schwer, hilfreiche eigene Ressourcen zu erkennen und zu mobilisieren. Die Problemstellung wirkt blockierend. Mithilfe der Beraterin werden Hindernisse beseitigt und wirkungsvolles Handeln aktiviert. Dabei ist laut Bamberger (2010) zu beachten, dass Ressourcen nicht einfach vorhanden oder abwesend sind. Sie »werden unter der ressourcenorientierten Sichtweise eines findigen Beraters und mit Hilfe eines neugierigen Klienten als solche entdeckt« (S. 45). Es geht darum, »einen Schatz zu heben« und damit die Sicht auf vorhandene Routinen und Strategien frei zu machen. Als Berater muss man sich darüber im Klaren sein: »Das, was Entwicklung und Veränderung ermöglicht, sind allein die Ressourcen des Klienten. Sie sind das einzige ›Material‹, das uns als ›Agenten von Veränderung‹ zur Verfügung steht« (ebda., S. 189). In der Krisensituation liegt demnach ein beträchtliches Verhaltens- und Reaktionspotenzial im Verborgenen. Dies gilt es im Rahmen der Beratung zu erkunden und zu aktivieren. Daher lohnt es sich, im Gespräch hinsichtlich der Ressourcenlage hartnäckig zu bleiben: »Kommt dir noch etwas anderes in den Sinn? Was noch?... und noch etwas?« Häufig kommen entscheidende Aspekte eines Phänomens erst bei geduldigem Beharren nach mehrmaligem Nachfragen zum Vorschein.

In der *Phase der Lösungsevaluation/Lösungssicherung* werden die nun zur Verfügung stehenden Lösungsoptionen geordnet und hinsichtlich ihrer Verwendbarkeit bewertet: Was, aus Sicht des Lernenden, eignet sich für Weiterarbeit und welche Lösungsoption hat Aussicht auf Erfolg? Und auch: Wie schätzt die Lehrperson die Entscheidung des Lernenden ein? Ausgewählten Ansätzen für die Weiterarbeit verleiht man Nachdruck, indem man nach einer Konkretisierung fragt: »Was tust du ganz real als Nächstes?« Dem Aspekt des Konkretisierens kommt in der Lösungsorientierung eine große Bedeutung zu. Es soll ja eben nicht nur beim »Um-den-Brei-herumreden« bleiben, sondern es geht um die Erarbeitung realistischer Handlungsoptionen. Mitunter überlegt sich der Berater, dem »Glück« mit sanftem Druck etwas nachzuhelfen. Diese Strategie eignet sich, wenn sich Lernende mit einer nötigen Entscheidung schwertun oder wenn sie offensichtliche Lösungsoptionen partout nicht erkennen (wollen) (vgl. Konkret werden in Kapitel 4.4.4). Idealerweise kommt die Lehrperson abschließend nochmals auf die Frage nach dem guten Ergebnis zurück: »Wo stehst du nach unserem Gespräch in Bezug auf dein erwünschtes ›gutes Ergebnis‹?«

3.3.7 Fazit

Der lösungsorientierte Ansatz sieht sich teilweise der Kritik ausgesetzt, es handle sich um ein triviales, tendenziell oberflächliches Verfahren. Tatsächlich ist es anspruchsvoll, die Perspektive radikal von einer fehlerfixierenden hin zu einer stärkenorientierten zu verändern. In Lehr-Lernsettings ist es nach wie vor verbreitet, Arbeiten und Vorgehensweisen zu kritisieren, Mängel herauszustreichen, Verbesserungspotenzial aufzuzeigen und insgesamt die problematischen Seiten von Ergebnissen und Prozessen zu fokussieren. Die dazugehörige Sprache ist elaboriert und differenziert. Wie anspruchsvoll eine lösungsorientierte Beratung ist, wird spätestens dann deutlich, wenn es darum geht, angemessen ermutigende und aufbauende Fragen zu stellen und Kritik so zu formulieren, dass sie konstruktiv wirkt.

4

Methoden und ihre Anwendung

Darüber nachzudenken, wie man als Lehrperson angemessen handeln und beraten könnte, ist eine Seite des Unterrichtsalltags. Gespräche dann tatsächlich so zu führen, dass die Ratsuchenden diese als klärend wahrnehmen, eine andere. Das folgende Kapitel setzt an diesem Punkt an und bietet eine Palette von Werkzeugen und Methoden für den unterstützenden Austausch mit Lernenden. Praxisbeispiele und Formulierungsvorschläge veranschaulichen die Anregungen. Nach einem Überblick über die Grundlagen der Gesprächsführung werden typische Situationen in einem kreativ-gestalterischen Prozess identifiziert, welche eine beraterische Intervention nahelegen. Schließlich werden systemische sowie lösungs- und ressourcenorientierte Verfahren und Frageformen vorgestellt. Das Kapitel ist deutlich anwendungsorientiert und auf ein pragmatisches Vorgehen ausgerichtet. In dem einen oder anderen Fall kann es sinnvoll sein, in den Kapiteln 2 und 3, wo Begriffe theoretisch hergeleitet und verortet werden, nachzuschlagen.

4.1 Sprechen

Eine selbstverständliche Voraussetzung für jede Art von respektvoller und professioneller Gesprächskultur ist die Methode des *aktiven Zuhörens* und damit verbunden das Sprechen von sich aus mittels *Ich-Botschaften*. Dies gilt für alle direkt an eine andere Person oder einen Personenkreis gerichteten Äußerungen als auch für das Empfangen von Botschaften anderer (vgl. Fittkau, Müller-Wolf, & Schulz von Thun, 1994). Sowohl aktives Zuhören als auch Ich-Botschaften bilden als Verhaltens- und Reaktionsweisen die Basis für eine Atmosphäre, in der Lernbegleitung erst möglich wird.

4.1.1 Ich-Botschaften

Ich-Botschaften sind Aussagen, die dem Adressaten signalisieren, dass es sich bei der Aussage um *die persönliche Meinung der sprechenden Person* handelt. Es ist ein bewusster Verzicht auf Verallgemeinerungen und Pauschalaussagen, die sich durch die Verwendung von »man«, »wir« oder »alle« in beispielhaften Sätzen wie »Wir vermuten, dass du keine

Lust zur Mitarbeit hast…« oder »Alle hier im Raum spüren, dass du schlechte Laune hast…« kennzeichnen. Wiederum mit Bezug auf die konstruktivistische Erkenntnistheorie muss davon ausgegangen werden, dass Wahrnehmung und Interpretation eines Verhaltens von verschiedenen Personen je unterschiedlich sind: »Ich entnehme deiner Mimik, dass du schlechte Laune hast. Das macht mich vorsichtig.« Eine zweite Person könnte anders interpretieren: »Ich vermute, du hast letzte Nacht wenig geschlafen und brauchst noch etwas Zeit für dich.«

Ich-Botschaften ermöglichen Rückschlüsse auf die emotionale Befindlichkeit des Senders. Sie drücken aus, was ein bestimmtes Ereignis, ein Verhalten, eine Aussage bei der sprechenden Person bewirkt hat: Irritation, Freude, Ärger, Befürchtung, Verunsicherung, Erleichterung etc. Konkret wird das in der Formulierung zum Ausdruck gebracht: »Es freut mich, dass du diesen Teil der Arbeit zuerst angepackt hast.« Oder: »Ich bin verunsichert durch deine Entscheidung, diese drei Bilder aus der Serie zu entfernen. Kannst du es mir erklären?« Ich-Botschaften helfen dabei, zu vermeiden, die Person als Ganzes zu bezichtigen, zu bewerten oder anzuklagen (»Du machst das und das…« oder »Du bist so und so…«).

Nach Gordon (1981) bezeichnen Ich-Botschaften idealerweise ein spezifisches Verhalten der Person, bringen die emotionale Betroffenheit des Senders zum Ausdruck und beschreiben den konkreten Effekt des beobachteten Verhaltens: »Ich bin erleichtert, dass du diese schwierige Aufgabe so reibungslos erledigt und damit das Soll erfüllt hast.« Emotionen unterstützen das Treffen von Entscheidungen. Die Betonung der emotionalen Komponente kann unter anderem damit begründet werden, dass Gefühle vor dem Hintergrund früherer Erfahrungen signalisieren, ob ein Zustand erstrebenswert ist oder eher vermieden werden soll (vgl. Damasio, 2000, S. 70 ff.).

Eine Aussage, die mit »Ich« beginnt ist nicht automatisch eine Ich-Botschaft im beschriebenen Sinne. Die oben aufgeführten Kriterien dienen als Maßstab: »Ich finde es eigenartig, dass du bei der Festlegung der Grundfarbe jedes Mal so viel Zeit brauchst.« Im Gegensatz zu: »Ich stelle fest bzw. mir fällt auf, dass du dir für die Festlegung der Grundfarbe viel Zeit nimmst.« Die Wertung »eigenartig« und der Absolutismus »jedes Mal« in der ersten Aussage sind in einer korrekt formulierten Ich-Botschaft deplatziert.

4.1.2 Aktives Zuhören

Als aktives Zuhören bezeichnet man die zugewandte und aufmerksame Art des Zuhörens im Sinne Gordons (1981, S. 63 ff.) und Rogers (1985). Das durch eine spezifische Methodik gekennzeichnete Verfahren erweist sich als probates Mittel für das Verstehen von Berichterstattungen und Anliegen anderer.

Fallbeispiel Tanja

Tanja sucht den Leiter ihres Bachelorstudiengangs auf. Sie wirkt unruhig und gleichzeitig entschlossen: »Ich finde es wichtig, Sie zu informieren«, sagt sie, »und gleichzeitig bin ich unsicher, ob es richtig ist… Im Modul Mobiler Arbeitsplatz entwickeln wir multifunktionale Klappmöbel, die rasch auf- und abgebaut und platzsparend zu verstauen sind. Gleichzeitig soll das Möbel die Funktion eines Arbeitstisches mit Ablagefläche, Sichtschutz bzw. Pinnwand erfüllen, um in einem großen Atelierraum etwas Privatheit zu ermöglichen. Das Projekt ist als Wettbewerb angelegt: Vom überzeugendsten Vorschlag werden fünfzig Einheiten produziert und im Campus der Hochschule für die allgemeine Nutzung bereitgestellt. Wir arbeiten in Tandems, ich zusammen mit Theresa. Worüber ich aber berichten möchte, ist das Projekt von Edith und Claudia: Sie haben erst lange herumgebrütet und sie wirkten eher hilflos, verwarfen eine ganze Reihe von Ideen nach kurzer Zeit. Seit einer Woche sind sie aber sehr engagiert mit der Umsetzung eines coolen Entwurfs beschäftigt, der nach Aussage des verantwortlichen Dozierenden tatsächlich das Zeug zum Siegerprojekt hat.« Der Studiengangsleiter hört interessiert zu, ohne zu unterbrechen. Ihm fällt auf, dass Tanja wieder angespannter wirkt. Sie gibt ihm ihre Vermutung zu verstehen, dass Edith und Claudia einen im Internet kursierenden Prototypen kopierten, dessen ausgedruckte Abbildung ihnen zunächst als Anregung gedient hatte. Auf die plötzlich »spurlos verschwundene« Abbildung angesprochen, hätten Edith und Claudia sich ahnungslos gegeben. »Einerseits bin ich mir unsicher, ob ich mir das Ganze nur eingebildet habe. Gleichzeitig würde es kein gutes Licht auf die Hochschule werfen, wenn dort Möbel zum Einsatz kämen, die unter falscher Autorschaft produziert wurden. Es ist nicht meine Art, Kolleginnen zu diffamieren… Aber in diesem Fall habe ich entschieden, dass Sie Bescheid wissen sollten. Ich bin mir unsicher, wie angemessenen mit dieser Undurchsichtigkeit umzugehen ist – und wie ich auf Edith und Claudia sowie den Dozenten zugehen soll.« Insgesamt handelt es sich hier also eine vertrackte, emotional belastende Geschichte mit mehreren Nebenschauplätzen.

Im Alltag gehen viele Menschen davon aus, dass der Zuhörer verstanden hat, was da genau berichtet wurde, dass er *ein Bild* von der geschilderten Situation *erhält*. Um nachvollziehen zu können, was in der aufgeregten Studentin vorgeht, spielt es eine Rolle, wie die Geschichte im Detail aussieht. Tatsächlich werden durch die Schilderung beim Empfänger der Botschaft Erinnerungen wach. Im Sinne eines Triggers werden gespeicherte Bilder und Erlebnisse aktiviert, die eine gewisse Ähnlichkeit mit der tatsächlichen Situation aufweisen. Der Zuhörer macht sich ein Bild, das durch eigene innere Bilder beeinflusst ist: Verrat an Kollegen, Gerechtigkeitssinn vs. Einmischung in Dinge, die einen nichts angehen, Neid in Wettbewerbssituationen, der Ruf der Hochschule und selbstverantwortliches Handeln. Und da sind auch Zweifel an der berichteten Situation. So ist am Ende der Erzählung nicht eindeutig, ob Tanja tatsächlich einen Betrug berichtet oder diesen nur vermutet.

Kriz (1998) bezeichnet das als »einen ›inneren Film‹ erwarteter Bedeutungen« (S. 34). Die Folge: Die Zuhörerin speichert eine subjektiv gefärbte Version des Ereignisses ab in der Annahme, es sei die Geschichte des Gegenübers. Die erzählte Version stimmt mit der rezipierten Version in verschiedenen Teilen mehr oder weniger präzise überein. In Form von Hypothesen und Spekulationen weicht sie jedoch teilweise beträchtlich vom tatsächlichen Hergang des Geschehens ab. Im Fall von Tanja könnte das etwa folgender Gedankengang sein: »Da spielt in der Tat etwas Neid mit, wie damals in meinem Jahrgang, als man mir vorwarf, ich hätte das Sujet für das Mural von Sebastian geklaut, dabei hatten wir gleichzeitig dieselbe Idee. Sonderbar auch, dass dem Dozenten Edi das Plagiat nicht auffällt.« Oder: »Theresa und Tanja sind zuverlässig und gestalterisch präzise. Wenn ich diese Abbildung gesehen hätte, könnte ich mich ebenfalls erinnern. Mir gehen unehrliche Studierende auf die Nerven.«

Im Alltag mag diese Unschärfe ausreichend sein; die Zuhörerin kann empathisch auf die Erzählung reagieren. In einer professionellen Situation ist es hingegen nötig, den Sachverhalt möglichst widerspruchsfrei zu erfassen. Ein geschulter Zuhörer muss sich der Tatsache der fortwährenden (unwillkürlichen) Hypothesenbildung bewusst sein und den Anspruch erheben, die Geschichte möglichst authentisch nachzuvollziehen. Aktives Zuhören ist ein Verfahren, das zuverlässiges Verstehen unterstützt.

Bei aktivem Zuhören handelt es sich, wie bereits bei Rogers vorgestellt (vgl. Kapitel 1.5.4), um eine Form umfassender Zuwendung, die sich im Umgang mit Ratsuchenden und Gestaltenden bewährt. Es erweist sich als besonders geeignet, um den Stand eines Projekts zu erkunden, um Unterstützung zu geben in Entscheidungssituationen und um Unstimmigkeiten oder Ungereimtheiten aufzudecken.

Methodisch ist aktives Zuhören gekennzeichnet durch Blickkontakt mit dem Sprechenden und regelmäßige Aufmerksamkeitssignale (nicken, bestätigen …). Die Zuhörerin ist geduldig, lässt Zeit zum Nachdenken und wartet Antworten ab. Weitere Merkmale sind präzisierendes Nachfragen ohne zu drängen (»Wie muss ich mir das vorstellen?«) und das Zusammenfassen des Gehörten zur Überprüfung des Verstehens (»Ich habe das eben Erzählte so … und so … verstanden, ist das korrekt?«).

Es sollte darauf verzichtet werden, mögliche Antworten des Gesprächspartners zu antizipieren oder das Gehörte zu interpretieren oder zu werten. Das Interesse ist ausschließlich auf die Sichtweise des Gegenübers gerichtet. Die eigenen Hypothesen zum Geschilderten werden nur nach Absprache mitgeteilt. Die Vorgabe von Antwortvarianten, aus denen der Gesprächspartner eine passende auswählen »darf«, sollte vermieden werden (»Wie willst du weiter vorgehen: Beginnst du mit den Materialexperimenten oder verfeinerst du die Skizzen und baust dir ein Modell?«). Emotionale Aspekte des Geschehens werden in Worte gefasst: »Ich sehe, dass dich das freut.«

Ob aktives Zuhören geglückt ist, lässt sich überprüfen, indem der Zuhörer überlegt, was unmittelbar nach dem Gespräch über Berichtetes und die Sichtweisen des Gegenübers bekannt bzw. inhaltlich nachvollziehbar geworden ist. Noch einmal anknüpfend beim Klappmöbel-Beispiel wäre dann klar, ob Tanja den Raum eher erleichtert und in ihrem Handeln bestätigt oder zerknirscht, ratlos oder wütend verlassen hat.

Bei der sprechenden Person bewirkt aktives Zuhören Gefühle von Akzeptanz, Verstandenwerden und das Wahrnehmen von Entwicklungsspielraum. Das zeigen Analysen von Übungssequenzen in Seminarangeboten zur Gesprächsführung im Bachelorstudiengang Art Education. Die Zuhörerin hat Zeit investiert und sich für die Thematik interessiert. Außerdem hat sie versucht, die Äußerungen gedanklich zu erfassen. Im Anschluss an ein solches Gespräch sind seitens der Ratsuchenden Reaktionen der folgenden Art üblich: »Ich fühle mich verstanden, ernst genommen, akzeptiert und ich erhalte Raum für eigene Überlegungen.« Oder: »Meine Vorgehensweise wird mir klar, indem ich auf die Fragen reagiere.« Und: »Ich komme zu Einsichten, weil ich mich präzise ausdrücken muss.« Oder: »Ich muss mich nicht verteidigen oder rechtfertigen, weil keine Bewertungen erfolgen.«

4.1.3 Paraphrasieren

Als wichtiges Mittel der Verständigung beim aktiven Zuhören erweist sich das *Paraphrasieren*. Konkret meint dies die *zusammenfassende Wiederholung einer Kernbotschaft* des Gesprächspartners *in eigenen Worten*. Absicht dieses Vorgehens ist die Überprüfung des wahrgenommenen Inhalts einer Botschaft (»Habe ich die Aussagen des Gegenübers richtig verstanden?«), das Vermitteln von Wertschätzung und Interesse (»Was das Gegenüber sagt, interessiert mich!«), das Sammeln von Informationen darüber, wie die Person sich bzw. ihr Anliegen sieht (»Wie schätzt das Gegenüber das eigene Vorgehen ein?«) und der Aufbau einer vertrauensvollen Beziehung (vgl. Culley, 1996, S. 77 f.).

Im Zusammenhang mit der Erörterung von Methoden der Bildbetrachtung äußert sich Eva Sturm (1996, S. 193 f.) sehr kritisch zu dieser Form des Bezogenseins, indem sie die Paraphrase als Wi(e)derfrage charakterisiert. Das Wiederholen einer Aussage in eigenen Worten störe oder verhindere die freie Assoziation der Betrachterin eines Bilds. Sturm betont dabei den Aspekt der Formulierungshilfe: Durch das Paraphrasieren einer Aussage hilft man bei der Präzisierung der Aussage und »zwingt« der sprechenden Person die Festlegung auf eine bestimmte Formulierung auf. Eine variierbare Sichtweise auf das Werk wird damit verhindert. Mit dieser Auslegung lässt Sturm meines Erachtens die Absicht einer Paraphrase im Sinne aktiven Zuhörens – das Rückversichern, dass ich mich hinsichtlich einer Äußerung nicht im Irrtum befinde – außen vor. Ein wichtiges Kennzeichen aktiven Zuhörens – die zugewandte Präsenz – wird übersehen. Sturms Kritik ist nachvollziehbar für eine Phase des freien Assoziierens. Hier ist eine Paraphrase *nicht* das Mittel der Wahl. Paraphrasieren ist dann sinnvoll, wenn ich als Zuhörer unsicher bin, ob ich die Komplexität eines Sachverhalts, die Nuance einer Bedeutung oder einer mehrschichtigen Entscheidung richtig verstanden habe.

Aktives Zuhören und Paraphrasieren sind wichtige Voraussetzungen, um auf das Vorhaben der lernenden Person einzugehen. Das konzentrierte Interesse wird der Tatsache gerecht, dass der gestaltende Mensch einen mehr oder weniger elaborierten Plan in sich trägt, wohin die künstlerische Reise gehen soll. Mittels aktiven Zuhörens erkundet die lehrende oder beratende Person den Stand der Dinge, erkennt Zielrichtungen, Hindernisse und Entscheidungssituationen und kann die Beratung entsprechend ausrichten. Im Folgenden einige Beispiele für Paraphrasen:

Äußerung

»Wir beide haben die Abbildung des Möbels gesehen, aber nur kurz. Vor allem Edith hat das dann abgestritten: Sie hätten nie ein solches Bild an der Pinnwand gehabt! Und es war dann ja auch nicht mehr da. Wir haben es weder im Internet gefunden, noch hat der Dozent etwas erwähnt. Obwohl wir es gesehen hatten, sind wir jetzt unsicher, ob das Möbel tatsächlich dem Prototypen aus dem Internet entspricht.«

Paraphrase

»Ihr seid also verunsichert, ob ihr euren Augen trauen könnt und irritiert über die fadenscheinige Ahnungslosigkeit der Kolleginnen und des Dozenten?«

Äußerung

»Manchmal versinke ich in meiner Arbeit, habe das Gefühl zu schweben, völlig abgehoben, nur noch meine Farben und ich... Das ist jedes Mal ein wunderbares Erlebnis. Es lässt mich weitermachen, bestärkt mich im Glauben, dass ich das Richtige tue!«

Paraphrase »Ich stelle mir das vor wie einen Zauber, dieses Schweben inmitten von Farben, eine Begeisterung, die dich bestärkt in der Entwicklung zur Gestalterin.«

Äußerung »Ich weiß manchmal genau, wohin ich will… Aber dann gibt es auch die Momente, wo ich gerne hätte, wenn mir jemand eine Leitplanke vorgeben würde und mir sagte, welche Richtung ich einschlagen soll. Gleichzeitig würde es mich enorm stören, wenn jemand anders die Entwicklung des Projekts vorspuren würde.«

Paraphrase »Verstehe ich das richtig: Du bist hin- und her gerissen zwischen ›wissen wohin‹ und ›zaudern an der Wegkreuzung‹ und hättest in diesem Moment gern jemanden als Diskussionspartner, um die Gedanken zu ordnen.«

4.1.4 Interesse vs. Hypothesen

Mit der *Position des Nicht-Wissens* wurde bereits die Tatsache angesprochen, dass wir als Zuhörende dazu neigen, das Erzählte kontinuierlich zu interpretieren. Wir bilden unwillkürlich Annahmen zu möglichen Hintergründen und Ursachen der Mitteilung. Im Alltagsgespräch ist dies meist kaum von Bedeutung, selbst wenn wir die Interpretationen äußern. Die eigenen Beiträge, Überlegungen und Ergänzungen unterstützen oft den Fortgang des Gesprächs. Im professionellen Setting hingegen sei vor der voreiligen Hypothesenbildung gewarnt. Radatz (2000) formuliert radikal: »Problemlösungen brauchen keine Hypothesen des Coachs« (S. 54). Wer als Berater mit eigenen Mutmaßungen arbeite, laufe unmittelbar Gefahr, an der Realität des Ratsuchenden »vorbeizuarbeiten, und seine Realitätssicht nicht mehr ausschließlich ernstzunehmen und zu akzeptieren« (ebda., S. 55).

Es ist nicht grundsätzlich zu negieren und schon gar nicht zu verhindern, Vermutungen über die Beweggründe und Absichten eines Lernenden anzustellen. Entscheidend ist, *zu welchem Zeitpunkt* die Annahmen der Lehrperson Teil des Denk- und Entscheidungsprozesses werden. In der Regel argumentieren Fachpersonen im Sinne von Heinz von Foersters »ethischem Imperativ«, wonach stets so zu handeln sei, dass sich die Anzahl der Möglichkeiten vergrößere (vgl. von Foerster, 1997, S. 60). Die Lehrperson unterstützt mit ihren Vermutungen bereitwillig die Erweiterung der Perspektiven und macht Interpretationsangebote. Dies tut sie meist in einer wohlwollend-helfenden Absicht. Trotzdem ist bei dieser Vorgehensweise Vorsicht geboten: Hypothesen sind dann völlig deplatziert, wenn sie direktiv wirken und der lernenden Person die Entwicklung eigener Ansätze erschweren. Problematisch sind sie auch dann, wenn sie als »Auswahlsendung« oder »Erweiterung der Möglichkeiten« erscheinen: »Hast du dir für die Endfertigung eher vorgestellt, Kunstharz zu benutzen, oder willst du es tiefziehen bzw. wäre auch eine Ausführung in keramischem Material denkbar?« Solche, zwar in eine Frage verpackten, Expertenvarianten beeinflussen die Entscheidungsfreiheit des Lernenden und überdecken bzw. ignorieren dessen Einfälle.

Im positiven Fall können die Angebote in einer blockierten Situation befreiend wirken. So schlagen etwa Schmidt (2000) und Barthelmess (2001) vor, Deutungshypothesen zur Entlastung einer Anspannung anzubieten, um Perspektiven zu eröffnen. Mit der Absicht den Leistungsdruck zu reduzieren, ist das Vorgehen nachvollziehbar. Jedoch sollte der Lernende nicht ungefragt durch die Überlegungen und Lösungsoptionen der Expertin »belehrt« werden. Angemessener und respektvoll ist die »Einmischung« im Sinne eines Angebots: »Mir ist noch etwas Weiteres aufgefallen an deinen Äußerungen/deinem Ansatz/deinem Werk... Eventuell kannst du damit etwas anfangen?« Sinnvoll ist auch der Hinweis, dass es sich um Vermutungen, Annahmen, subjektive Einschätzungen aus Sicht des Experten handelt. Es besteht kein Anspruch auf eine abschließende Gültigkeit.

Mit dem beschriebenen Ansatz wird in gestalterischen Entscheidungssituationen also eine aktive Zurückhaltung propagiert beim Anbieten von Hypothesen, Ursachenanalysen oder Vorschlägen zur Problembearbeitung. Zurückhaltung meint nicht die Abstinenz, sondern eine *zeitliche Verzögerung* der Einmischung oder der bewussten Beeinflussung des Geschehens im Sinne von »Ich möchte, dass du es anders machst!«.

Die Meinungen hinsichtlich der Beeinflussung sind geteilt. So spielt es nach Simon (2014), der konsequent konstruktivistisch argumentiert, keine Rolle, ob der Coach seine eigenen Ideen und Hypothesen ins Spiel bringt, weil der Lernende letztlich das auswählt, was in seinem aktuellen Lebenskontext viabel ist (S. 43, S. 102).

Entscheidend in der Begleitung von Gestaltungsprozessen ist meines Erachtens das echte und wohlwollende Interesse an der vorliegenden Arbeit. Ein durch Zurückhaltung gekennzeichnetes Interesse zeigt sich sinngemäß in Überlegungen wie »Ich habe Vermutungen, wie du dein Problem lösen kannst« oder »Ich weiß nicht, worauf deine Arbeit hinauslaufen wird...« Und auch: »Ich möchte dir auf diese Frage keine verbindliche Antwort geben, ich kann dir aber anbieten, dass wir die Fragestellung gemeinsam und sorgfältig untersuchen.« Die letzte Wendung zeigt, was es mit der beschriebenen Form der Selbstzensur auf sich hat: ein bewusst zögerliches Verhalten bei gleichzeitiger positiver Bereitschaft und »naiver« Offenheit. Motiviert, eine funktionale Lösung zu suchen, unterstützt die Lehrperson mittels gezielter Fragen, mit Hypothesen zu den Äußerungen des Lernenden und mit Hinweisen auf weitere aussichtsreiche Suchstrategien und Wege den Suchprozess des Gegenübers. Hilfreich für den Entwicklungsprozess und in Entscheidungssituationen sind gezielte Rückmeldungen zu ausgewählten Aspekten des Werks bzw. zu der Arbeit daran. Der Lernende erhält Informationen über sich und die Vorgehensweisen. Sie ergänzen und erweitern die Selbstwahrnehmung. Davon ausgenommen sind, wie bereits an anderer Stelle betont, der technische und verfahrensbezogene Support. Im Bewusstsein, dass dies nicht immer trennscharf von gestalterischen Hinweisen abzugrenzen ist, ist grundsätzlich eine sensible Haltung vorteilhaft.

4.1.5 Feedback

Kunstpädagogik- und Design-Lehrpersonen, wie andere Lehrende auch, neigen zum Referieren und stellen ihr elaboriertes fachliches Wissen gern zur Verfügung. Diese Tatsache legt nahe, den Lernenden so oft als möglich das Wort zu erteilen und sie eigene Überlegungen äußern zu lassen. Befürchtungen, dass dadurch die Qualität des vermittelten Stoffs leidet, sind unnötig. Im Zweifelsfall kann die Lehrperson durch gezielte Interventionen und Rückmeldungen zu den Produktionen und den Lösungswegen positiv Einfluss nehmen. Dies basiert dann auf einer bewussten didaktischen Entscheidung.

Das Mittel der Wahl ist *Feedback*. Die Lehrperson teilt dem Lernenden mit, wie sie dessen Auftritt und Kommunikation, das Vorgehen bei der Aufgabenbearbeitung, die Entscheidungen oder die Resultate einschätzt. Das Feedback bietet eine Außensicht, die ermutigen, ratlos machen oder enttäuschen kann. Die Art und Weise der Rückmeldung ist also entscheidend für die Weiterarbeit des Lernenden. Dies gilt insbesondere für Rückmeldungen zu gestalterischen Aufgabenstellungen.

Will der Lernende etwas über sich erfahren, verfügt er zuallererst über die Fähigkeit der Introspektion. Er kann sich selbst beim Erleben und Verhalten beobachten. Metakognitive Reflexion ermöglicht ihm, Überlegungen darüber anzustellen, wie er Anforderungen meistert und Routinen erledigt oder wie er in spezifischen Situationen reagiert. Diese Innensicht ist oft aufschlussreich. Jedoch ergibt sie ein lückenhaftes Bild, weil man dem eigenen Selbst nicht widerspruchsfrei und unvoreingenommen begegnet.

Mittels Videoaufzeichnungen ist es möglich, persönliche Eigenarten des Auftretens und Benehmens aus einer Außenperspektive zu beobachten. Das ermöglicht interessante Einsichten, ist in der Anwendung jedoch aufwendig und eignet sich nur für ausgewählte Lernaktivitäten. Als weitere Informationsquelle ist man auf die Außensicht durch Personen im Umfeld angewiesen: Lehrpersonen, Kollegen und andere Lernende. Sie können das subjektive Selbstbild erweitern, indem sie beschreiben, welche Wirkung das (Lern-)Verhalten und die Äußerungen bei ihnen erzielen und, sofern erwünscht, wie sie es interpretieren. Diese Art von Information bietet das Feedback (vgl. Fengler, 2009). Erst durch Feedback[17] aus dem sozialen Umfeld wird man bestimmter Phänomene, etwa »blinder Flecken«, gewahr, wie sie von Luft und Ingham in ihrem *Johari-Fenster* beschrieben werden (vgl. Wellhöfer, 2012, S. 62). Durch das Aufdecken typischer, offensichtlicher oder unbewusster Ausdrucks- und Verhaltensweisen werden diese bearbeit- und veränderbar.

Im Verlauf eines gestalterischen Prozesses gibt es viele Gelegenheiten, dem Lernenden Rückmeldungen zu seinem entstehenden Werk, zu den getroffenen Entscheidungen oder auch zu seiner Arbeitshaltung zu machen. Feedbacks können regelmäßig erfolgen oder spontan angeboten werden. Das ist eine Frage des Settings und der bilateralen Abmachungen. Entscheidend ist die Systematik des Verfahrens. Was im Verlauf eines Feedbacks passiert, geschieht nicht zufällig, auch dann nicht, wenn sich die Lehrperson spontan zu einer Rückmeldung entschließt. Zunächst muss sich die Lehrperson im Klaren darüber sein, was der Zweck von Feedback ist: Die Lernende soll eine inhaltlich und thematisch begrenzte Außensicht auf die eigene Arbeit und das Vorgehen erhalten. In der Regel werden damit die Entscheidungsgrundlagen für nächste Schritte im Prozess geklärt. In gestalterischen Prozessen können das Hinweise zur Übungsanlage (z. B. bei der Drummerin: sparsam sein mit den Fill-ins; Laid-back-Groove testen), zur Ausrichtung der Aufmerksamkeit (z. B. beim Tänzer: Nutzung der Raumdiagonalen; bei der Malerin: die Kontrastwirkung beachten) oder zur Einhaltung von Ruhezeiten sein. Im Zentrum der Mitteilungen stehen der Arbeitsprozess und die Lernende als bewusst Handelnde. Sie soll etwas über den Prozess bzw. über Verhaltensweisen erfahren, was sie selber nicht wahrnehmen oder nur erahnen kann. Während des Feedbacks sollte sie sich jederzeit im Klaren darüber sein, dass es sich um *eine* spezifische Sichtweise handelt, nämlich jene des Feedback-Gebers. So betrachtet werden Rückmeldungen an Lernende zur anspruchsvollen Herausforderung.

Nützliches Feedback resultiert aus einem Verfahren, das bestimmten Regeln folgt. Verschiedene Autoren (vgl. Fittkau et al., 1994; Graeßner, 2008, S. 162 f.) empfehlen, Feedback anzukündigen und nicht »mit der Tür ins Haus zu fallen«. Der Adressat der Rückmeldung hat das Recht, ein Feedback abzulehnen bzw. es zeitlich zu verschieben. Dies gilt insbesondere für den Verlauf eines gestalterischen Prozesses. Im Austausch mit Studierenden höre ich wiederholt die Feststellung: »Es gibt Phasen in meiner Arbeit, da ertrage ich es nicht, wenn mein Vorgehen besprochen wird. Es würde mich zu sehr aus dem eigenen Denkprozess und den Versuchsreihen herausreißen.«

17 Laut Benne et al. (1972) geht der Begriff Feedback in der hier verwendeten Bedeutung auf Kurt Lewin zurück.

Wird Feedback gegeben, müssen die Feststellungen und Aussagen als subjektive Einschätzung und Meinung der betreffenden Person, beispielsweise der Lehrperson, erkennbar sein. Die Formulierung in Ich-Form sowie der Verzicht auf verletzende Bemerkungen sind selbstverständlich. Verallgemeinernde Aussagen jeder Art sind zu vermeiden. Idealerweise ist die Rückmeldung ausgewogen in Bezug auf kritische und wohlwollende Aspekte. Im Feedback sollen Verhaltensweisen und Überlegungen angesprochen werden, die der Adressat zu bearbeiten und zu verändern in der Lage ist. Kritik an der Persönlichkeit des Lernenden ist fehl am Platz. Sinnvollerweise sollen die angesprochenen Punkte überschaubar bleiben. Eine Vorbereitung des Gesprächs inklusive Filterung relevanter Themen empfiehlt sich (vgl. ebda).

In der Alltagspraxis geschieht es mitunter häufig, dass Feedback mit Hinweisen auf Defizite, Fehler oder Mängel einhergeht. Eindrücklich kommt das im Film *Whiplash* von Damien Chazelle zum Ausdruck (Blum & Chazelle, 2014), in welchem die Zusammenarbeit eines Bigband-Lehrers mit einem Schlagzeugschüler ein endloser Reigen an doublebindartiger Erniedrigung und Beleidigung bedeutet. Fazit: Einseitig kritisierendes Feedback ist bedingt zielführend, da ein Übermaß an Missbilligung in der Regel Rückzug und Abwehrreaktionen hervorruft. Dies ist ein Schutzverhalten des Selbstwertmanagements. Lernende müssen insbesondere einseitige Kritik so verarbeiten, dass sie handlungsfähig bleiben. Abhängig von der gewählten Copingstrategie[18] gelingt das mehr oder weniger gut. Nicht jeder Lernende verfügt über die letztlich funktionalen Bewältigungsstrategien des schlagzeugspielenden Protagonisten Andrew Neiman im Film. Er überwindet mittels einer kräfteraubenden Angriffstaktik die abwertende Haltung des Bigband-Leiters.

In der Regel entfaltet positiv ausgerichtetes Feedback eine effektive Wirkung. Bestärkt durch die Anerkennung gewisser Aspekte der Arbeit und des Vorgehens gelingt es dem Feedback-Empfänger, sich mit Schwachstellen und Mängeln zu befassen. Die innere Abwehr wird durch die Hinweise auf Stärken abgeschwächt, die Bereitschaft zu kooperieren nimmt zu. Tatsächlich soll Feedback nicht zu oberflächlichem Schönreden verkommen. Richtig formuliert können äußerst kritische Beobachtungen und Einschätzungen rückgemeldet werden. Zu beachten ist, dass Kritik dann eher in funktionale Aktivität mündet, wenn sie von positiven Beobachtungen flankiert und von einer wohlwollenden Haltung getragen wird. Die Mitteilungen müssen authentisch sein. Nach einleitenden Hinweisen auf Gelungenes, auf funktionale Aspekte oder auch auf grundsätzliche Einschätzungen der Leistungsfähigkeit des Zuhörers können

18 Coping: Strategien zur Bewältigung eines Problems, wobei unterschieden wird zwischen adaptiven (nachhaltige positive Wirkung) und maladaptiven (eher ablenkend-vermeidende Wirkung) Lösungen.

korrigierende und intervenierende Statements platziert werden. Dies geschieht mittels Formulierungen der folgenden Art: »Es gibt zwei Dinge, bei denen ich Handlungsbedarf sehe. Weil ich dir zutraue, dass du geeignete Lösungen findest, werde ich direkt und kritisch anmerken, was mich irritiert: ...« Oder: »Neben diesen gelungenen Aspekten möchte ich noch auf einen Punkt hinweisen, den ich als problematisch einschätze ...« Und: »Du weißt, dass ich deine Arbeit insgesamt sehr interessant finde und schätze, trotzdem/gerade deswegen möchte ich dich auf etwas aufmerksam machen, das mich stört ...« Kritik wird nach solchen Formulierungen in der Regel reibungslos in konstruktive Energie umgewandelt.

Ein wichtiger Grundsatz betrifft den Feedback-Empfänger: Rückmeldungen werden *nicht* unterbrochen durch Rechtfertigungen, Berichtigungen oder Zwischenfragen. Wer ein Feedback zur Arbeit erhält, hört zu! Klärungsfragen, Einwände oder ähnliches erfolgen erst nach Abschluss des Feedbacks. Dies muss die Lehrperson nach einer ersten Unterbrechung nötigenfalls klarstellen.

Eine Kultur kontinuierlichen Feedbacks gewährleistet einen hohen Grad an Transparenz und die Differenzierung der Selbsteinschätzung. Der Austausch gegenseitiger Wahrnehmungen ist sinnvoll sowohl zwischen Lehrenden und Lernenden als auch innerhalb der jeweiligen Peergruppe, also unter Lehrpersonen bzw. unter Lernenden. Brunner (2011) hält im Zusammenhang mit Feedback im Rahmen von Intervision in Lehrerteams fest: »Die Öffnung des eigenen Bezugsystems durch Fremdperspektiven erweitert den Horizont und schafft Handlungsalternativen und Wahlfreiheit« (S. 149). Innerhalb des Studiengangs Art Education der Zürcher Hochschule der Künste werden für die Dozierenden bewusst Plattformen und Settings gepflegt, die den Dialog über charakteristische Vorgehensweisen und Kommunikationseigenarten ermöglichen[19]. Auf diese Weise können sie ihr Interaktionsverhalten kontinuierlich weiterbilden.

4.1.6 Fazit

Über etwas zu sprechen oder etwas zu erzählen macht naturgemäß mehr Spaß, wenn sich jemand für das Berichtete interessiert. Lernende, die erleben, dass ihre Sichtweise und ihre Überlegungen bei der Lehrperson auf offene Ohren stoßen, dass diese aufmerksam, neugierig und gleichzeitig respektvoll auf die Ansichten und Berichte reagiert, blühen auf. Sie erkennen, dass ihre Ideen und Arbeiten auch für andere Sinn ergeben

19 Im Bachelorstudiengang Art Education findet einmal jährlich ein eintägiger Weiterbildungsanlass statt zu einem thematischen Schwerpunkt. Formen der Interaktion, insbesondere des Feedbacks und der Kritikkultur, sind wiederkehrende Inhalte der Austauschrunden. Regelmäßig werden auch Formen der Peer-Evaluation in Dozierenden-Modulteams und -tandems erprobt und gepflegt.

und erleben dies als Wertschätzung einer persönlichen Leistung und wohl auch der Person. Aktiv Zuhören vermittelt diese Erfahrungen. Inwieweit man als Lehrperson eigene Ideen, Annahmen und Lösungsoptionen ins Spiel bringt, hängt vom Selbstverständnis als Vorbild und Sachverständiger ab. Mir persönlich hilft jeweils das Bild eines mit Worten völlig zugekleisterten Gegenübers, wenn ich es mit meinen Einschätzungen und vielen tollen Einfällen überflute. Dies zeigt sich auch im Feedback, das die einen als Form der Selbstpräsentation sehen, andere aber dafür nutzen, dem Lernenden portioniert Dinge mitzuteilen, die dieser selber nicht wahrnehmen kann. Das Zuhör- und Sprechverhalten kann gezielt trainiert und positiv verändert werden. Im Text gibt es eine Reihe von Ansatzpunkten.

4.2 Fragen und beraten

Wie in Kapitel 2.2 gezeigt wurde, kann das Mäandern des Gestalters bzw. der Künstlerin zwischen Erlebnissen des Triumphierens und des Zweifelns mit starken emotionalen Belastungen verbunden sein. Mit Blick auf den Lehr-Lernprozess sind Fragen der Motivation, Prozesse des Nachdenkens, des Probehandelns, des Überprüfens und Revidierens von Bedeutung. Dies trägt dem iterativen Verlauf solcher Entwicklungen mit dem Ziel der Förderung und Stärkung der individuellen Ausdrucksfähigkeit Rechnung. Die Begleitung dieses Geschehens bedarf einer sinn- und absichtsvollen Methodik, welche einen Dialog zwischen Lehrperson und Lernenden ermöglicht. Diesem strukturierten Austausch gilt im Folgenden besondere Aufmerksamkeit. Aus einer psychologisch-pädagogischen Perspektive betrachtet interessiert die Frage, auf welche Weise die gestalterisch-künstlerischen Entwicklungsprozesse der Studierenden durch die Lehrenden begleitet werden können. So begleitet, dass die Lernenden in ihren kreativen Einfällen bestärkt und ermutigt werden und in Momenten des Zweifelns und potenziellen Scheiterns Unterstützung wahrnehmen.

Wie gesagt soll die Unterstützung mit Respekt gegenüber der originalen Idee der betreffenden Person erfolgen. Konkret erfolgt die Begleitung in Form mehr oder weniger strukturierter und standardisierter Gespräche, welche methodisch an Ansätzen psychologischer Gesprächsführung und Beratung orientiert sind.

Innerhalb eines gestalterischen Prozesses gibt es eine Reihe von Situationen, die es erlauben oder angezeigt erscheinen lassen, dass man in einen »beratenden Modus« wechselt. Dieser ist gekennzeichnet durch aufmerksames Verfolgen der Schilderungen des Lernenden inkl. des Nachvollzugs der Argumentation und einer fragegeleiteten Erkundung von dessen Überlegungen. In langjähriger Beobachtung studentischer

Arbeitsweisen und zahllosen Gesprächen mit Dozierenden der Zürcher Hochschule der Künste haben sich nach und nach eine Reihe typischer Situationen abgezeichnet, die zu beraterischem Handeln einladen, wenn nicht danach verlangen. Sie spiegeln in ihrem Verlauf charakteristische Phasen eines gestalterischen Prozesses. Dieser startet in der Regel mit einer ersten Idee, welche so interessant ist, dass sie sich im Kopf festsetzt und zum Ausgangspunkt für eine intensive gestalterische Auseinandersetzung wird. Erweisen sich erste Überlegungen als aussichtsreich, lässt sich unter Umständen eine Fragestellung ableiten. Diese gilt es zu klären und zu schärfen. Möglicherweise lohnt es, früh nach Bezugsgrößen und Kontexten zu fragen, um damit der Enttäuschung des ahnungslosen Wiederholens bereits existierender Umsetzungen vorzubeugen. Welche Ansatzpunkte und Phasen zudem von Bedeutung sind, wird nachfolgend vertieft (vgl. Truniger & Zimmermann, 2016, S. 74 ff.).

4.2.1 Ideenfindung

Sich selber eine gestalterische Aufgabe zu stellen, fällt den einen Studierenden leicht, anderen hingegen schwer. Dies kann an der Interessensvielfalt liegen (»Ich möchte so vieles untersuchen, eine Entscheidung scheint mir unmöglich«) oder an einem momentanen Tief etwa im Nachlauf einer schlechten Bewertung. Die Beratung kann dann pragmatisch beim bisherigen Werk ansetzen und Hilfe bieten bei der Klärung, ob ein Anknüpfen möglich ist: »Welche der bisherigen Arbeiten hat Potenzial für eine Fortsetzung?« Und: »In welche Richtung gibt es neuartige Fragen?« Oder: »Woran forschst du bereits und was wolltest du schon lange mal untersuchen?« Oder auch: »Wie könntest du auf das schlechte Resultat der missratenen Arbeit reagieren?« Die Fragen können allgemein die gestalterische Interessenslage scannen (»Wo liegt deine gestalterische Neugier?«, »In welchem Umfeld bewegst du dich?« oder »Welche künstlerischen Vorbilder gibt es?« und »Wie können sie als Inspiration dienen?«). Oder die Lehrperson kann auf gestalterische Stärken, ein beeindruckendes Werk oder eine produktive Phase fokussieren: »So, wie ich dich kenne, könnte ich mir vorstellen, dass du in der inszenierten Fotografie weitere Grenzen ausloten könntest?« Oder auch: »Ich erinnere mich an deine Mechatronic-Arbeit von vergangenem Jahr... Sie hat mich sehr beeindruckt!« Denkbar wäre zudem: »Als du im Frühling diese Serie von Bechern entwickelt hast, schienst du mir voller erfinderischer Energie.« Weil Unentschlossenheit und mangelnde Experimentierfreudigkeit ein Hinweis auf eine emotionale Schieflage sein können, kann es strategisch sinnvoll sein, diesbezüglich zu forschen: »Ich vermute ein unausgesprochenes Hindernis auf dem Weg zum neuen Thema. Würde es dir nützen, dieses anzusprechen?« Oder: »Was hilft dir üblicherweise, um den Kopf für ein neues Projekt frei zu bekommen?« Beratung in der beschriebenen Weise unterstützt die Aktivierung der Selbstwirksamkeitserwartung und bereitet das Terrain für eine unvoreingenommene Erkundung der neuen Fragestellung.

4.2.2 Fragestellung

Die vorerst vage Idee und ein allgemeines oder fokussiertes Interesse markieren in der Regel den Ausgangspunkt einer gestalterischen Arbeit. Dazu sind verschiedene Schritte üblich und nötig, etwa die divergente, wenig strukturierte Ideenproduktion, Materialexperimente, der Aufbau eines Archivs oder erste Ordnungsversuche. Für die Konkretisierung der Arbeit braucht es eine Fragestellung, die auch vorläufig ausfallen kann. Lehrende können bei der Klärung der Ausgangslage und der Positionierung unterstützen (»Was ist gegeben?« oder »Wie interpretierst du die Aufgabenstellung?« und »Welche Aspekte der Aufgabe berühren deine bisherige Arbeit?«), bei der Präzisierung der Suchrichtung (»Was *genau* interessiert dich daran?« oder »Welcher Aspekt regt dich zum Denken an?« und »Was ärgert/langweilt/stört dich?«), später bei der Eingrenzung, Strukturierung und Präzisierung von Teilfragen (»Welches ist das zentrale Anliegen?« oder »Was lenkt vom Kern der Sache ab?«). Die Lernende muss erkennen, wo ihr zentrales Interesse liegt. Gleichzeitig geht es darum, Wichtiges von Nebensächlichem zu unterscheiden und so die gestalterische Arbeit zu fokussieren.

4.2.3 Kontextualisierung

Das Expertenwissen der Lehrperson ist wertvoll für die theoretische und künstlerische Verortung der Arbeit. Es ist sinnvoll, diesbezüglich den Wissensvorsprung und die gestalterische Erfahrung ins Spiel zu bringen. Trotzdem ist es für den Lernenden nützlich, wenn er zu seinem Kontextwissen befragt wird bzw. wenn er angeregt wird, den Kontext des geplanten Werks zu recherchieren. Welche Bezüge kann er herstellen? Wie ist die eigene Arbeit verortet und vernetzt? Hierbei sind Fragen nützlich wie: »In welchem Umfeld bewegst du dich?« oder »Welche Anregungen, Vorbilder, Referenzwerke existieren?« Auch: »Wo vermutest du Nischen, die noch kaum bearbeitet sind?« Hilfreich ist die Erkundung der grundlegenden Orientierungen und Abgrenzungen: »Welche Bezüge sind dir wichtig?« oder »Wo möchtest du dich bewusst abgrenzen?« Der Lernende soll sich dazu Gedanken machen, etwa die bewussten Entscheidungen erkennen. Es geht auch darum, Wissenslücken aufzudecken (»War mir gar nicht bewusst!«). Letztlich dient dieser Schritt der Erkenntnis, dass das Projekt des Studierenden nicht in einem hermetischen Raum entsteht und es eine Reihe von Bezugsgrößen und Anknüpfungspunkten gibt. Es ist durchaus hilfreich, wenn die Lehrperson zwei, drei exemplarische Bezüge herstellt und den Lernenden damit auffordert, präziser zu referenzieren bzw. sich bewusst abzugrenzen.

4.2.4 Eingrenzung

Typisch für unerfahrene Gestalter sind die beinah grenzenlose Begeisterung und das breite Interesse an der gewählten Thematik. Dies hat unter anderem zur Folge, dass alles am Projekt attraktiv und bedenkenswert ist und damit nach Aufmerksamkeit verlangt. Die Gefahr, sich zu verlieren und bereits in der Startphase an der vermeintlichen Herkulesaufgabe zu scheitern, ist gegeben. Die Beratung zielt also darauf, die Optionen zu reduzieren und die zentralen Anliegen und Vorstellungen der Lernenden herauszuarbeiten. Die Lehrperson unterstützt den Denkprozess bei der Eingrenzung der Ideenvielfalt auf aussichtsreiche Aspekte: »Wenn du in einem Satz erläutern müsstest, was dich an der Frage interessiert: Was käme dann zur Sprache?« Oder: »Wenn du Aspekte streichen müsstest, welche würden als erste dem Rotstift zum Opfer fallen?« So kann die Lehrperson beispielsweise anregen, die Einfälle nach »Bekanntes/Übliches/Typisches« und »Neuartiges/Untypisches« zu strukturieren. Hilfreich ist es außerdem, eine getroffene Wahl zu verifizieren: »Was macht dich sicher hinsichtlich der getroffenen Wahl?«

4.2.5 Entscheidung

Wenn die Lernenden Entscheidungen hinsichtlich des Projektfortschritts möglichst oft selber treffen, fördert dies die Entwicklung der Urteilsfähigkeit (vgl. Hechler, 2010). Zurückhaltung seitens der Lehrperson überträgt die Verantwortung für wichtige Entscheidungen grundsätzlich an die Studierenden. Aufgabe der Lehrperson ist es, den Gestaltenden bei der Sortierung und Bewertung der Ideen zu unterstützen, die Ressourcenlage zu klären und die Folgen der Entscheidung zu antizipieren: »Welche Alternativen sind denkbar?« oder »Wenn du dich gerade jetzt entscheiden müsstest, wie würde die Wahl ausfallen?« Und auch: »Bei welchem Aspekt der Recherche steigt bei dir der Puls?« oder »Wie hast du dich in vergleichbaren Situationen entschieden?«

Hilfreich sind Hinweise auf offensichtliche Irrwege oder vorhersehbares Scheitern auf der Basis von Erfahrungswissen der Expertin. Letztlich ist es die Pflicht der Lehrperson, vor zeitaufwendigen und absehbaren Umwegen zu warnen: »Ich möchte dir zu bedenken geben, dass…«, »Wenn du dich in diese Richtung entscheidest, muss du damit rechnen, dass…« oder »Hast du dir überlegt, was passiert, wenn du dieses Material wählst?« Entscheiden muss dann immer noch die Lernende. Die Lehrperson kann sich – wiederum zurückhaltend – mit ihrem Erfahrungswissen und mit intuitiven Einschätzungen einbringen. Sie kann bzw. soll sich dort einschalten, wo Lernende in einen Entscheidungsnotstand geraten.

4.2.6 Zielklärung

Manchmal verliert der Lernende das Ziel aus den Augen oder verschiebt unbeabsichtigt die Gewichtungen. In der Folge verselbstständigen sich Arbeiten. Es ist Aufgabe des Coaches nachzufragen, ob das gewollt ist, welche Konsequenzen sich daraus ergeben und was es braucht, um zu der ursprünglichen Zielsetzung zurückzukehren. Zu einem fortgeschrittenen Zeitpunkt der Arbeit ist es unter Umständen angezeigt, das Ziel zu präzisieren und zu prüfen, inwieweit die aktuellen Absichten mit der Fragestellung übereinstimmen. Hier eignen sich Fragen wie: »Wenn du dir die Fragestellung vergegenwärtigst, inwieweit bist du mit den aktuellen Überlegungen auf Kurs?« Oder: »Wie müsstest du die Fragestellung modifizieren, wenn du in diese Richtung weiterarbeitest?« Hilfreich ist zudem die Suche nach dem roten Faden: »Auf mich wirken deine Skizzen/Pläne gerade etwas unübersichtlich. Kannst du mir erläutern, wie die einzelnen Elemente zusammenhängen?«

Zielsetzungen können durch neue Ziele ersetzt werden. Die Reformulierung eines Ziels kann ausgelöst werden durch unerwartete Wendungen, Materialerkenntnisse, Entdeckungen oder ähnliches (»Inwiefern könnte der Einbezug dieses Materials einen Einfluss auf das Endprodukt haben? Lohnt sich der Aufwand?«).

4.2.7 Präzisierung

Inspiriert von von Kleists Essay »Über die allmähliche Verfertigung der Gedanken beim Reden« (in: Bertram, Hrsg. 2000) und aufgrund von Beobachtungen von Lernenden und Klienten gehe ich von der Annahme aus, dass sich Einsichten oftmals just im Moment des Aussprechens formen. Gestützt darauf erweist sich die Aufforderung, laut zu denken bzw. den aktuellen Stand der Arbeit in wenigen Worten zu umschreiben, als hilfreich. Bei jeder Wiederholung wesentlicher Anliegen und Absichten werden diese präziser und kohärenter. Durch die spezifische Formulierung mit einer bestimmten Gewichtung der Inhalte, das Reagieren auf Stirnrunzeln und Nachfragen, wird die Beschreibung prägnanter und es können unmittelbar neue Einsichten auftreten (»Gerade eben hatte ich den Eindruck, dass du einen Moment gezögert hast beim Berichten über diesen Teilschritt... Was hat das zu bedeuten?«). Die Lehrperson unterstützt durch ihr Zuhören und Nachfragen den Lernenden dabei, die Konturen zu schärfen oder einen Sachverhalt auf den Punkt zu bringen: »Kannst du in drei Sätzen den Kern des Vorhabens beschreiben?«

4.2.8 Evaluierung

Wesentlich ist schließlich die Unterstützung bei der Selbstevaluation. Der Lernende soll zur Selbstkritik und zur metakognitiven Analyse ermutigt werden, sodass diese der Weiterarbeit dient, ohne selbstbehindernd oder zerstörerisch zu wirken. Dies gelingt, wenn die Lehrperson den Lernenden ermöglicht, eigene Stärken zu erkennen und selbstbewusst zu formulieren. Das richtige Vorgehen erlaubt einen Blick hinter die Kulissen der Tätigkeit des Studierenden: »Versuche, ein kurzes Résumé des bisherigen Verlaufs zu geben. Was am Stand der Arbeit macht dich zufrieden? Welche Art von Kritik würde dich enttäuschen? Wo siehst du Ansatzpunkte für die Weiterarbeit? Welche Art von Ermutigung bringt dich weiter?«

4.2.9 Reflexion

Es ist mitunter schwierig, das *spezifisch Künstlerische* des eigenen Handelns in Worten zu fassen. Kunst widersetzt sich partiell der verbalen Beschreibung und Analyse. Dies gilt auch für gestalterische und künstlerische Produktionen von Lernenden. Sie zeigen teilweise wenig Bereitschaft oder sind unfähig, differenzierte Aussagen über ihre Arbeit, insbesondere »das Künstlerische« daran, zu machen. Für die Lehrperson stellt sich die Frage, ob sie es beim Zögern und Schweigen bewenden lassen oder ob sie, im Gegenteil, Erläuterungen herausfordern soll.

Wenn Lernende fasziniert und konzentriert im Dschungel der Möglichkeiten stecken, beschäftigt mit Recherchen, Materialexperimenten und technischen Umsetzungen, fällt eine reflexive Distanzierung unter Umständen schwer. Gewisse Lernende neigen dazu, sich im künstlerischen Handeln zu verlieren und sich mit stetem Weiterarbeiten zu begnügen. Was an Inhalt entsteht, erhält so tendenziell den Charakter des Zufälligen. Nicht immer entspricht dies der Absicht des Urhebers. Wenn Lernende in der Folge – etwa in Kolloquien – oberflächlich anmutende Sinnhaftigkeiten erzeugen, ist dies ein Grund zur Intervention.

Die Schwierigkeit des reflektierten Verbalisierens zeichnet sich im Verlauf des Prozesses ab – ein erfahrender Coach nimmt das wahr. Es gilt dann, mit Nachdruck präzisere Erläuterungen und Beschreibungen einzufordern und das Explorationsverhalten zu unterstützen. Es hilft etwa, das Verbalisieren des Geschehens und des Entstehenden als Teil des künstlerischen Prozesses zu deklarieren. Die Lehrperson wird in diesen Phasen zum »unbequemen« Gegenüber, weil sie im Sinne einer Perturbation hartnäckig Fragen stellt. Sie kann damit zur Ausarbeitung des Werks beitragen: »Woran erkennst du, dass dein Handeln stimmig wird?« Oder: »Wie zeigt sich in einer gestalterischen Entscheidungssituation die ›richtige‹ Lösung?« Und auch: »Was an deiner Arbeit empfindest du als spezifisch künstlerisch?« und »Was würden kompetente Betrachter an deiner Arbeit als künstlerisch deuten/beschreiben/bewerten?« Zuletzt: »Welche Begriffe beschäftigen dich besonders, weil sie sperrig sind, nicht passen, zu sehr reiben?«

Es geht hierbei nicht darum, das Entstehende bis in die letzte Faser zu analysieren und sprachlich zu deuten. Ziel ist es, das Sprechen über das, was ist und was sein soll als Inspirationsquelle und gleichzeitig als eine (vorläufige) Werkanalyse zu nutzen.

4.2.10 Fazit

Das durch den Coach und seine Fragen angeregte Explorieren ist zweifellos ein wichtiger Treiber des Prozesses. Da Lernende aber viel Zeit mit sich selbst verbringen, sollten sie zusätzlich über Werkzeuge verfügen, um sich und die Arbeit selbstständig zu durchleuchten und so neue Zielsetzungen zu generieren. Mittels metakognitiver Reflexion, der Auseinandersetzung mit den eigenen Denkprozessen, erhält der Lernende Einsicht in seine Herangehensweisen und Strategien. Dazu muss er sich gedanklich von sich selber distanzieren und sich quasi bei der Arbeit über die Schulter schauen: »Wie gehe ich vor?«, »Welche Muster sind typisch für mich?«, »Welche Aspekte habe ich in meinen Denkprozess einbezogen?« Und: »Worüber vermeide ich es, differenzierter nachzudenken?«

Warren Berger (2017) propagiert eine einfach zu realisierende Vorgehensweise, die auf der Analyse von Strategien erfolgreicher Problemlöserinnen und Unternehmer basiert. Er kommt zum Schluss, dass diese Personen fähig sind, die »richtigen Fragen« zu stellen. Solche Fragen beleuchten eigenes Handeln kritisch, suchen nach Lücken und blinden Flecken in der eigenen Aufmerksamkeit und Wahrnehmung und sie erkunden die Welt neugierig und naiv. Die schrittweise, nicht lineare Beantwortung der Fragen ermöglicht neue Perspektiven auf das eigene Schaffen und die Werke.

Berger schlägt ein drei Schritte umfassendes Vorgehen vor, an dessen erster Stelle eine Warum-Frage steht. Sie signalisiert Neugier und Explorationsinteresse und steht für die Fähigkeit, eine relevante Problemstellung zu erkennen. Einer Warum-Frage geht die Wahrnehmung einer unbefriedigenden Problemlösung voraus. Als nächstes folgen Was-wäre-wenn-Fragen. Diese antizipierenden Fragen fordern die Vorstellung von mehr oder weniger realistischen Lösungsideen, von ersten Rohskizzen des möglichen Resultats. Schließlich folgen Wie-Fragen. Sie leiten den Umsetzungsprozess der Problemlösung ein (vgl. S. 87 ff.).

Lernende auf solche die Eigeninitiative aktivierenden Verfahren aufmerksam zu machen, ist bestimmt nicht falsch.

4.3 Systemisch intervenieren

Nachdem in Kapitel 3 – neben der lösungsorientierten – die systemische Lernberatung hergeleitet und ihre Verfahrensprinzipien vorgestellt wurden, sollen im Folgenden die wichtigsten Interventionen der systemischen Lernberatung gelistet werden. Wie die theoretischen Ausführungen zeigen, ermöglicht systemisches Gedankengut eine vielfältige Palette an Interventionsmustern. Weil die systemische Beraterin auf die Selbstheilungskräfte einer Lerngruppe oder auch eines Individuums zählt, stellt sie gezielt entsprechende Fragen. Sie wird unbeschwert nach alternativen Sichtweisen fragen, weil sie sich der Kontingenz einer Aussage und der Diversität von Perspektiven auf ein Phänomen bewusst ist. Indem sie auf die Tatsache aufmerksam macht, dass sie nicht in den Gedanken des Gegenübers lesen kann, öffnet sie sich den Geschichten der Lernenden und ergründet so fremde Blickwinkel und möglicherweise Ressourcen für die Selbstaktualisierung.

4.3.1 Wechselwirkungen durchbrechen

Fallbeispiel Rita

Die Arbeit der Studentin Rita ist über längere Zeit der Beobachtung durch Mitstudierende und der Dozentin ausgesetzt. Sie muss Kolloquien absolvieren und Promotionen schaffen. Auch in ihrem privaten Umfeld wird der Studienverlauf registriert und kommentiert. Sie wird sich also neben den gestalterischen Überlegungen über eine Reihe weiterer Dinge Gedanken machen: »Was halten die Studienkolleginnen von meiner Arbeit? Weshalb ist die Dozentin bei ihren Kritiken zurückhaltend? Weshalb schüttelt der Vater verwundert den Kopf, wenn ich von meinem Projekt erzähle?«

Entwickelt sich die Arbeit positiv und zur Freude aller Beteiligten, wird Rita die Kommunikation über Ideen, Produktionsweisen und Ausdrucksform leichtfallen. Die wichtigen Themen werden angesprochen und diskutiert. Erweist sich der Entwicklungsprozess jedoch als schwierig, weil Rita die zielführende Idee fehlt, weil sie um Entscheidungen ringt und sich an Teilschritten abmüht, wird das Gespräch über die Arbeit anspruchsvoll. Angenommen, Rita ist sprachgewandt und sozial kompetent: Sie wird Kritiken und Anregungen aus dem Umfeld einfordern und diskutieren. Bei Missverständnissen wird sie um Klärung bitten und sie korrigiert Fehlinterpretationen, wo sie diese erkennt. Handelt es sich bei Rita eher um eine zurückhaltende, scheue Person, wird sie viel Information

> *für sich behalten und kaum auf die Auflösung von Fehlschlüssen hinwirken. Sie bleibt quasi auf Interpretationen sitzen und läuft Gefahr, Aussagen in ihrem Umfeld falsch zu deuten. Die Folge können Misstrauen, Frustration, Verwundbarkeit und Rückzug sein. Seitens der Lehrperson und der Mitlernenden kann es wiederum zu Vorsicht und übermäßiger Schonung führen: »Rita möchte nicht gestört werden und auch keine Kommentare zur Arbeit erhalten. Sie arbeitet lieber allein...« Oder: »Rita ist empfindlich und erträgt Kritik nur in homöopathischen Dosen.« Die Vorsicht und der Rückzug der Mitlernenden wiederum irritiert die Studentin Rita. Sie fühlt sich ausgeschlossen etc.*

Die in dem Beispiel stattfindenden Interaktionen und Erlebensweisen deuten auf Phänomene der Zirkularität hin. Die Beteiligten agieren in gegenseitiger Abhängigkeit. Viele unserer Handlungen und Verhaltensweisen sowie unser Erleben sind von den Menschen um uns herum beeinflusst. Unser Verhalten und die Äußerungen beeinflussen wiederum dieses Umfeld. Letztlich resultiert daraus ein ständiger Wechsel von Ursache und Wirkung. Jedes beobachtete Phänomen kann gleichzeitig Auslöser bestimmter Sachverhalte sein oder die Reaktion darauf (vgl. Bamberger, 2010, S.17). Die Lehrperson ist Teil solcher Wechselwirkungen. Bei der Analyse des Unterrichtsgeschehens muss sie diese Tatsache mitbedenken. Neben Instruktion und Beratung ist sie auch für die anspruchsvolle Aufgabe der Prozessanalyse verantwortlich. Im systemischen Ansatz spricht man von Kybernetik zweiter Ordnung, wenn die Beteiligten das eigene Handeln aus Distanz, also aus der Metaperspektive betrachten und reflektieren. Kybernetik zweiter Ordnung verweist auf die Tatsache, dass der Berater Teil des Systems des Ratsuchenden wird und somit nicht auf einer beobachtenden Außenposition verharren kann. Vielmehr ist er Beobachter der Interaktion zwischen sich und dem oder der Ratsuchenden. Dies führt zu einem Verlust an Objektivität. Der Berater weiß nie mit Sicherheit, was für die Ratsuchende gut ist bzw. wie deren Persönlichkeit organisiert ist. Für die Qualität der Beratung ist deshalb ein Wechsel zwischen Phasen der Fallbearbeitung (Was kann die Lernende tun, um das Problem zu lösen? Welche Art der Unterstützung ist angemessen?) und Phasen der Metaanalyse (Wie interagieren Berater und Lernende, um das Problem zu lösen? Wo/wann soll sich die Lehrperson zurückhalten, wo eingreifen?) unabdingbar (ebda., S.16). Hinsichtlich eines Feedbacks an eine verunsicherte Studierende sind seitens der Lehrperson Fingerspitzengefühl gefragt und eine differenzierte Analysemethodik. So kann die Wahl der Formulierungen in Feedbacks und Besprechungen für die Weiterarbeit oder den Rückzug und die Resignation entscheidend sein (vgl. Kapitel 4.1.5 zu Feedback).

Differenzierte und sorgfältige Rückmeldungen, Instruktionen, Lagebeurteilungen oder Kritiken sind nur ein Teil der Verständigung. Die Betreuung von Lernenden benötigt darüber hinaus den reziproken Austausch. Im Dialog wird überprüft, wie die Aufgabenstellung, das Feedback oder die Kritik verstanden wurden. Nachweislich hat der Sender einer Botschaft nie die Gewissheit, dass deren Inhalt vom Empfänger in der beabsichtigten Weise gedeutet wird. Autoren wie Watzlawick et al. (2000), Schulz von Thun (1981) oder Neuberger (zitiert nach Edding & Schattenhofer, 2009, S. 386 f.) haben darauf hingewiesen, dass eine Reihe von Störfaktoren die Qualität des Verstehens beeinflussen. Insbesondere die Art, wie ein Empfänger die Beziehung zum Sender erlebt, hat einen modulierenden Effekt auf den Inhalt der Botschaft. Schätzt etwa Rita aus dem Beispiel die Beziehung zur Dozentin als problematisch ein, wird sie deren Aussagen tendenziell im Sinne einer Kritik interpretieren. So führt ein angespanntes Verhältnis zu einer kritischen oder ablehnenden Reaktion auf die Botschaft. Erlebt sie die Beziehung hingegen als wohlwollend, wird sie sich öffnen und signalisieren, auf die Vorschläge von Mitlernenden und der Dozentin einzugehen. Sie wird die Aussagen als aufmunternd und bestärkend wahrnehmen.

Die Intensität und die Differenziertheit des Dialogs werden demnach durch die Qualität der Beziehung beeinflusst. Abhängig vom Wertesystem der betreffenden Studierenden-Gruppe bzw. des Systems, wird der skizzierte Prozess schneller, offener, konsequenter verlaufen.

Als weitere Einfluss- bzw. Störfaktoren für die Wirksamkeit einer Kommunikation nennen Watzlawick et al. (2000) die hierarchische Konstellation zwischen den Dialogpartnern (symmetrisch vs. komplementär vgl. S. 68) sowie das Pendeln zwischen digitalen und analogen, also mehrdeutigen Anteilen des Austauschs (vgl. S. 61).

Mancher Leser mag an dieser Stelle einwenden, dass für ihn in Lehr-Lernprozessen der Sachinhalt tatsächlich im Vordergrund steht und die Beziehungskonstellation eine deutlich untergeordnete Rolle spielt. Dies trifft wohl im Einzelfall zu. Es ist jedoch davon auszugehen, dass sich das Gegenüber trotzdem Gedanken zur Beziehung macht und entsprechende Reaktionen zeigt.

4.3.2 Beeinflussungen bewusst machen

Wie im vorangegangenen Absatz erörtert, handeln Menschen selten unabhängig vom sozialen Umfeld. Die eigenen Äußerungen und Verhaltensweisen betreffen und berühren die Mitmenschen. Deren Aktionen und Reaktionen haben wiederum Auswirkungen auf einen selbst, das Handeln und Denken (vgl. Simon, 1999, S. 199 ff., S. 203). Neben dieser gegenseitigen Anregung und den Reaktionen auf Impulse entwickeln sich Vorstellungen darüber, was die eigenen Verhaltensäußerungen bei anderen bewirken bzw. wie sie interpretiert werden. Die Studentin Rita beeinflusst demzufolge mit ihren Kommentaren und Äußerungen die Arbeiten und Überlegungen der Mitlernenden und lässt sich in ihrem eigenen Schaffen wiederum bestätigen, beeindrucken oder verunsichern. Sie trägt eine Reihe von Interpretationen darüber mit sich, was Kollegen und Dozierende von ihr und ihren Arbeiten halten. Sie wird beispielsweise aufgrund von Erfahrungen in Kolloquien Verhaltensweisen ausbilden, die auf Reaktionen von Dozierenden und Mitstudierenden zurückzuführen sind, indem sie denkt: »Ich versuche in den Zwischenbesprechungen herauszuhören, was der Dozent von mir erwartet und werde mich dann entsprechend verhalten!« Oder: »Mit meinen Skizzen blamiere ich mich vor den Mitstudierenden… Da verzichte ich lieber aufs Zeichnen!« (vgl. auch Zimmermann, 2013, S. 30). Dies sind deutliche Hinweise auf systemische Phänomene. Die Abwertung des eigenen Werks hat ihren Ursprung im Quervergleich zu den Mitlernenden. Andererseits liefern diese Bestätigung und Motivation und bieten den Nährboden, um über sich hinauszuwachsen. Das soziale Umfeld ist also gleichzeitig Fluch und Segen.

Abhängigkeiten vom Umfeld werden im Unterrichtsalltag kaum angesprochen. Insbesondere in hierarchischen Abhängigkeitsverhältnissen werden Schwierigkeiten und inhaltliche, ideelle oder persönliche Differenzen selten erörtert. Dies trifft auf Lehr-Lernsettings zu. So wird ein Lernender üblicherweise zögern, seinen Coach direkt darauf hinzuweisen, dass er sich von dessen Anregungen beeinflusst erlebt – selbst dann, wenn er sich gedrängt, behindert oder gar genötigt fühlt, sein Werk in eine unerwünschte Richtung zu entwickeln. Besonders in schwierigen Situationen lassen sich Lernende nicht gern in die Karten blicken. Sie gestehen ungern ein, dass sie durch starke Arbeiten von Mitlernenden oder von deren neckisch-provokativen Sprüchen eingeschüchtert sind und sich in der eigenen Entwicklung befangen fühlen. Mittels zirkulärer Fragen (vgl. Abschnitt *Zirkularität* in Kapitel 3.2.4) kann man solche im Hintergrund wirkende Kräfte entdecken und bearbeiten.

Dabei macht es einen Unterschied, ob es eine Zwischenbesprechung nach Ablauf eines Drittels der Projektzeit ist oder ein Kolloquium mit promovierendem Charakter. In der Werkbesprechung fällt eine kollegiale Kritik anders aus, wenn die Lehrperson anwesend ist, als in einer Peergruppe von Lernenden. Alle Beteiligten stellen sich auf das jeweilige Setting ein und aktualisieren das entsprechende Verhaltensschema. Sie äußern sich mehr oder weniger kritisch, strategisch, diplomatisch, neutral oder polarisierend. Sich der systemischen Dynamik bewusst, liegt es an der Lehrperson, bestimmte Äußerungen zu stoppen, andere zu provozieren, die eine Beobachtung zu bestätigen, eine andere zu ignorieren.

Ein Coach sollte aufhorchen, wenn er Aussagen hört wie »Es fällt mir schwer und ich quäle mich, die aussichtsreichen Ideen zu erkennen.« Oder »Meine Arbeit fällt gegenüber den Werken meiner Kolleginnen ab« und »Immer wenn ich mit jemandem spreche, habe ich das Gefühl, dass ich den falschen Weg gewählt habe.« Dies sind offensichtliche Hinweise darauf, dass sich der betreffende Lernende in Bedrängnis fühlt. An sich ist das nichts Ungewöhnliches. Verunsicherung ist ein integraler Bestandteil gestalterischen Schaffens. Dies gilt jedoch nur innerhalb gewisser Grenzen (vgl. Martin, 2007, S. 112)[20].

Um der Sache auf den Grund zu gehen, sind Fragen der folgenden Art zielführend bzw. unterstützend: »Hast du manchmal das Gefühl, eigene Einfälle aus den Augen zu verlieren?« Oder auch: »Wie gehst du vor, um bei deinen Ideen den Überblick zu behalten?« Zudem: »Gibt es Situationen, in denen du glaubst, du würdest Dinge nur tun, um die Lehrperson zufriedenzustellen oder um den Kollegen zu gefallen?« Und: »Wo geht dir die Beeinflussung zu weit? Wie kannst du das angemessen zur Sprache bringen?«

Das ist ein Graubereich. Wenn man nachfragt, weshalb Mitlernende oder die Lehrperson auf die Arbeit eines anderen Einfluss nehmen wollen, sind sie oft überrascht. Sie sind sich nicht bewusst, dass ihr Verhalten bzw. ihre Kommentare diesen Eindruck vermitteln. Vielmehr betonen sie ihr Interesse und ihre gedankliche Teilnahme. Dabei vergessen sie, dass die vorgeschlagenen Ideen nicht im Kopf des Gegenübers entstanden sind. Im eigenen Studiengang an der Zürcher Hochschule der Künste lässt sich dieses Phänomen in Übungen zur Peer-Beratung mit Studierenden beobachten: Die Abgrenzung der eigenen Überlegungen und Erfahrungen gegenüber jenen der Mitstudierenden fällt schwer. Das Zurückhalten der eigenen Ideen zugunsten des präzisen Zuhörens gelingt oft nur im Ansatz. Fortlaufend entstehen Vermischungen eigener Einfälle mit jenen des Gegenübers (vgl. Kapitel 4.1.4 *Interesse vs. Hypothesen*). Das Bewusstsein für die divergierende Wahrnehmung und Deu-

---

20 »Ich bin hauptsächlich gekommen, um zu jenen unter euch zu sprechen, die alle ihre Misserfolge erkennen und die sich unzulänglich und unterlegen fühlen, zu jenen, die sich als ungenügend empfinden, denen es mangelt, was erwartet oder gebraucht wird. Ich möchte irgendwie erklären, dass diese Gefühle den natürlichen Geisteszustand des Künstlers darstellen, dass ein Gefühl der Enttäuschung und der Niederlage der wesentliche Geisteszustand für kreative Arbeit ist.«

tung eines bestimmten Ereignisses durch verschiedene Beteiligte ist in der Regel wenig ausgeprägt. Wollen Lehrende die Anliegen, Bedürfnisse, Befürchtungen und Irrtümer von Lernenden erfassen, kommen sie nicht umhin, das Universum des Gegenübers zu erkunden und zu befragen.

4.3.3 Die Perspektive wechseln

Ein effektives Mittel, um kritische Situationen zu untersuchen, ist der Perspektivenwechsel. Bezogen auf ein bestimmtes Phänomen existieren unterschiedliche Sicht- und Erlebensweisen, welche als alternative Deutungen zur Verfügung stehen. Der Einbezug von Varianten des Wahrnehmens und Empfindens ist ein zentrales Element systemischen Denkens. Die Ursache einer aktuellen Blockade, einer Krise oder eines Streits liegt unter Umständen weit zurück. An einem Beispiel soll erörtert werden, wie Perspektivenwechsel die Betrachtung eines Problems und so die Möglichkeiten zu dessen Bearbeitung erweitert.

Fallbeispiel Arno

> *Arno, ein Lernender auf Gymnasialstufe im letzten Schuljahr macht seine Maturaarbeit im Bereich Bildnerisches Gestalten. Er beschäftigt sich fotografisch mit den Grundformen der Angst nach dem Tiefenpsychologen Fritz Riemann. Der Theorieteil der Arbeit ist bereits weit fortgeschritten, gut recherchiert und sprachlich exakt gefasst. Mehr Mühe bekundet Arno mit dem gestalterischen Teil der Aufgabe. Bei der Präsentation einer Serie fotografischer Skizzen vor einer Gruppe von Mitschülern, Mitschülerinnen und dem BG-Lehrer, taxieren diese die Thematik zwar generell als äußerst interessant und anregend, doch für seine Entwürfe steckt Arno enttäuschende Kritik ein: Lehrer und Klasse bemängeln eine oberflächlich-naheliegende Art der Darstellung seiner Bilder und eine unangemessene Ästhetisierung der Ängste. Arnos Rechtfertigungsmanöver werden mit dem Vorwurf ausgeräumt, er forsche nicht nach eigenen, inneren Bildern. Die Lehrperson ermutigt ihn in der Folge, die Grenzen der bisherigen Bildvorstellung zu untersuchen und noch deutlicher mit den technischen Möglichkeiten der Kamera zu experimentieren.*
>
> *Die Lehrperson, die die Enttäuschung Arnos wahrnimmt, reagiert ein paar Tage später, indem sie Arno auf die Präsentation anspricht: »Mir war nach dem Gespräch bewusst, dass du enttäuscht und vielleicht auch wütend warst über unsere Reaktionen und Rückmeldungen. Vielleicht magst du mit etwas Distanz berichten, was dir danach durch den Kopf gegangen*

ist und wie du auf die Kritiken reagiert hast?« Arno erzählt zögerlich über seine Frustration und über den Ärger. Doch mit einer Reihe weiterer Fragen der Lehrperson wird Arno gesprächiger. So fragt der Lehrer: »Was glaubst du, tun zu müssen, damit sich der stark kritisierende Klaus positiv äußern würde? Wie müsstest du deine Bildserie verändern, um Verena, die dir sehr wohlwollend begegnet ist, zu verunsichern? Was, denkst du, meine ich, wenn ich vom ›Offensichtlichen und Naheliegenden‹ spreche? Wie hätte wohl Fritz Riemann ›Chaos‹ als Grundangst bildlich dargestellt? Wie könnte jemand, der die von dir gelesene Literatur nicht kennt, Einsamkeit in Bildern fassen?« Schließlich ergibt sich ein inspirierendes Gespräch über persönliche Darstellungsvorlieben, persönliche Ausdrucksform etc.

Durch eine veränderte Perspektive wird die Aufmerksamkeit weg von behindernden auf funktionale Aspekte eines Problems gelenkt; es gibt Raum für neuartige Lösungen. Tatsächlich verharrt eine Person deshalb in einem Stillstand, weil sie nicht (mehr) fähig ist, die Situation aus unterschiedlichen Blickwinkeln zu betrachten. Sie braucht einen Anstoß zur gedanklichen Positionsänderung.

Der Perspektivenwechsel eignet sich nicht nur für die Bearbeitung kritischer Situationen, sondern ebenso für die Ausweitung der Recherche und die Ausarbeitung eines Werks. Dies gelingt mit Formulierungen, die das (soziale) Umfeld des Ratsuchenden berücksichtigen. Es genügt die Aufforderung, etwas »mit anderen Augen« zu betrachten: »Was, glaubst du, geht der anderen Person beim Betrachten deines Bilds durch den Kopf? Welche Art von Erklärung würde jemand erwarten, der solche Werke nicht gewohnt ist?« Oder: »Was würde eine Kunsthistorikerin an zusätzlicher Information zur Installation liefern? Und was werden die Hörer als zentrale Aussage deines Referats behalten?« Auch denkbar sind folgende Fragen: »Worauf würde Robert Frank bei der Lichtgestaltung achten? Was würde dir eine Fachperson hinsichtlich der Formgebung an Ratschlägen erteilen?« oder »Betrachte deine Arbeit einmal von der gegenüberliegenden Seite! Was fällt dir auf?« Im ersten Moment irritierend, im Effekt aber oft erstaunlich sind die beiden folgenden Fragen: »Was glaubst du, geht mir gerade durch den Kopf, wenn ich dich beobachte und dir zuhöre?« Die Lehrperson gibt damit zum Ausdruck, dass sie Teil des Systems und sich bewusst ist, dass sie als Einflussfaktor ein großes Gewicht hat. Mit der Frage »Wenn dein Werk sprechen könnte, was würde es dann über sich berichten?« abstrahiert man von der Person des Lernenden, der vielleicht nicht über sein Vorgehen berichten möchte. Die Perspektive des Werks ermöglicht eine Distanzierung, die weniger befangen macht.

Der Wechsel der Perspektive wird anschaulich, wenn der Ratsuchende in einer Art Rollenspiel aufgefordert wird, in die Rolle des Lehrenden, der Lernpartnerin, des Beobachters oder des Widersachers zu schlüpfen und entsprechend zu argumentieren. Dieser forcierte Richtungswechsel in der Betrachtung eines Phänomens bringt häufig erstaunliche Einsichten und Erkenntnisse. Indem man sich in die Position und Lage einer anderen Person versetzt, werden deren Argumente anschaulich und nachvollziehbar. Besonders wirkungsvoll wird die Methode, wenn man wörtlich aus der anderen Perspektive argumentiert, entsprechende Formulierungen gebraucht und sich dabei zuhört. Der sprachliche Nachvollzug der Argumente ermöglicht eine Einsicht in die Denkweise der anderen Person: »Versetz dich gedanklich in das voraussichtliche Modell für das Porträt. Was geht ihr durch den Kopf, wenn du sie für eine Fotoserie mit dem Arbeitstitel ›Unbeliebte Berufe‹ anfragst? Versuche es in den Worten dieser Person zu formulieren.« Dem Lernenden wird möglicherweise klar, dass ein unbeliebter Beruf auch der porträtierten Person wenig Spaß macht und die Anfrage entsprechend taktvoll erfolgen sollte. Die eigene Reaktion kann dann situationsgemäß angepasst werden.

Im besten Fall lassen sich die im Rahmen des Perspektivenwechsels geäußerten Annahmen direkt überprüfen. Wenn die in der Antwort zitierten bzw. interpretierten Personen anwesend sind, können sie unmittelbar auf die Schilderung reagieren und die Aussagen bestätigen oder korrigieren. Das Vorgehen funktioniert in der Regel auch, wenn die durch das Geschehen Betroffenen (z.B. andere Lernende) nicht real anwesend sind. Die Lehrperson fragt dann etwa, was die Aussage bei der zitierten Person an Überlegungen, Emotionen, Erwartungen etc. auslösen könnte: »Was, nimmst du an, löst diese Szene bei Herbert an Gefühlen aus?« Die Antwort könnte lauten: »Ich nehme an, er findet sie langweilig und technisch mangelhaft umgesetzt, sie lässt ihn kalt!«

Die Antwort zeigt – mit dem systemischen Bezug auf das *Dazwischen* – dass ein großes Misstrauen vorhanden ist. Dieses führt zu einer verzerrten Wahrnehmung von Äußerungen, etwa den Kommentaren des Kollegen. Die skeptische Person kann nun aufgefordert werden, sich in die Situation von Herbert hineinzuversetzen und aus dessen Blickwinkel zu argumentieren bzw. sich die Situation vorzustellen und sie zu beschreiben. Möglicherweise relativiert sich die negative Annahme. Hypothesen und Fehleinschätzungen, aber auch Vorurteile können auf diese Weise hinterfragt und ausgeräumt werden. Das Leben wird leichter.

Der Perspektivenwechsel kann im Sinne metakognitiver Reflexion bzw. Beobachtung 2. Ordnung eine Wirkung entfalten. Wenn die Lehrperson den Lernenden auffordert, mental auf Distanz zu gehen und sich beim gestalterischen Handeln über die Schulter zu schauen, verändert das die Sicht auf das Geschehen. Begleitet von der Bitte, aus dieser Perspektive zu kommentieren, zu hinterfragen und zu analysieren, eröffnen sich veränderte Einsichten in den Prozess: »Welche Handlungen und Vorgehensweisen sind charakteristisch für dein künstlerisches Schaffen? Und welche Muster sind typisch?« Auch »Welche Tätigkeiten und Überlegungen sind funktional und zweckdienlich?« oder »Welche Tätigkeiten und Überlegungen wirken sich behindernd oder blockierend auf die Arbeit aus?« Zudem: »Achte mal auf die Art und Weise, wie du über deine Arbeit berichtest, ist das eher stolz, überkritisch, unsicher, überzeugt etc.?« oder »Wenn ich dich frage, was du ausklammerst, was würde dir dann einfallen?« Möglich ist auch: »Wir alle kennen ›Auf-der-Stelle-treten‹-Muster... Wie fühlen sich für dich solche wiederkehrenden Handlungen an, woran erkennst du sie?«

Mit der Fragestellung »Wie bist du an die Aufgabe herangegangen? Was hast du getan, um den Auftrag zu erledigen?« ist die Lernende aufgefordert, retrospektiv einen Einblick in ihre Strategien und Vorgehensweisen zu geben. Die Lehrperson kann so teilhaben am prozesshaften Geschehen. Denselben Effekt erzielt sie mit der Bitte, während der Erledigung einer Aufgabe *laut* zu *denken*. Indem Lernende fortlaufend kommentieren, was sie gerade tun, bieten sie der Lehrperson Gelegenheit, eine Problemlöseeinheit quasi aus der Innenperspektive zu verfolgen. Sie erfährt so etwas über die Selbsteinschätzung und die bevorzugten Lösungsstrategien des Ratsuchenden. Dies ermöglicht präzisere Interventionen und Hilfestellungen.

4.3.4 Stören/Perturbieren

Systemisch arbeitende Beraterinnen erachten es als wirkungsvoll, blockierte (positiv gerichtete) Kräfte durch eine gezielte Irritation des Betroffenen zu reaktivieren. Sie provozieren den Ratsuchenden, um ihn aus der Reserve zu locken und zur Beschäftigung mit erstarrten Strukturen und Prozessen zu bewegen. Maturana und Varela (1987) haben in der Systemtheorie dafür den Begriff Perturbation geprägt[21]. Indem im System Instabilität erzeugt wird, wird dieses zur Veränderung von Strategien und Abläufen angeregt (von Schlippe & Schweitzer, 2010, S.17f.). Dies macht dann Sinn, wenn die üblichen Verhaltensweisen und Algorithmen nicht zum erwünschten Ziel führen. Mittels Fragen in der Art »Was ist das Gute am Scheitern?«, »Was nützt die Stagnation?«, »Welchen Sinn gewinnst du dem unangenehmen Zustand ab?«, »Was passiert, wenn du das Verhalten X eine Woche lang konsequent durchziehst?« oder »Was müsste geschehen, damit du die Arbeit an den Nagel hängst?« wird der Rat-

21 Die äußeren Auslöser für strukturdeterminierende Veränderungen werden als »Perturbationen« oder auch als »Irritationen« bezeichnet (Simon, 2006, S.53). Sie »schrecken« den Ratsuchenden auf eine Art auf, die ihm deutlich macht, dass die üblichen Strategien unbrauchbar sind und gedankliche Beweglichkeit gefordert ist.

suchende aufgefordert, die zugrunde liegenden Muster zu untersuchen. Es ist durchaus sinnvoll, darauf hinzuweisen, dass – von außen betrachtet – ein behindernder Stil wahrnehmbar ist: »Ich sehe, dass du hinsichtlich der Funktionalität noch bei derselben Frage hängen bleibst.«

Perturbation als Intervention setzt nicht zwingend eine Krise oder Blockade voraus, auch wenn solche in gestalterischen Prozessen üblich sind. In der Beratung künstlerisch Lernender sind Formen des Hinterfragens und Irritierens konstitutiv und wesentlich für das Entdecken und Entwickeln neuartiger Lösungswege. Durch Fragen danach, wie Lernende Dinge sehen, und die Aufforderung, es (einmal) anders zu betrachten, werden bewegliches Denken und kreatives Experimentieren unterstützt. Durch das hypothetische Infragestellen einer bestimmten Auswahl oder einer Entscheidung wird die Suche nach alternativen Lösungen herausgefordert.

In Fällen, in denen man als Lehrperson ein Verharren in wiederkehrenden Mustern (paradoxes, behinderndes Schema) als Ursache für ein Scheitern vermutet, kann man versuchen, dies mit einem Gegenparadoxon bewusst zu machen und aufzulösen. Dazu wird absichtlich ein scheinbar unsinniger Vorschlag zur Weiterarbeit gemacht (vgl. von Schlippe & Schweitzer, 1997, S. 26; vgl. auch Watzlawick, Beavin, & Jackson, 2000). Angenommen, eine Lernende äußert sich in der folgenden Art zu ihrer Arbeit: »Ich finde meine Bilder seit längerer Zeit rotlastig und das stört mich. Jedes neue Bild nimmt im Verlauf des Entstehens diese Wendung, auch wenn ich in der ersten Phase radikal andere Farben verwende. Was soll ich tun?« Ihr kann z. B. auf folgende Weise geantwortet werden: »Ich schlage vor, dass du für deine Bilder in den zwei folgenden Wochen nur noch rote Farbtöne verwendest. Dann ›erröten‹ sie nicht mehr nachträglich. Beobachte, was passiert.«

4.3.5 Kohärente Narrative befördern

Wenn jemand aufgefordert wird, wichtige Stationen aus dem eigenen Leben zu erzählen, Hinweise zu prägenden Erlebnissen und Personen zu geben und eindrückliche Erfahrungen zu schildern, wird es der Person in der Regel leichtfallen, eine kohärente Geschichte zu erzählen. Diese folgt der Chronologie, die durch Anekdoten, schicksalhafte Situationen, schreckhafte, beglückende und ängstigende Erlebnisse strukturiert ist. Es gibt Kapitel zu beruflichen und beziehungsbezogenen Ereignissen. Familiäre und schulische Aspekte sind ebenso wichtig wie jene, die sich auf Peergruppen und Freunde in der Freizeit beziehen.

Im Kontext des vorliegenden Textes sind Erzählungen von besonderem Interesse, die über geförderte und vernachlässigte Talente, über Träume und Wünsche berichten. Im Verlauf des Berichtens entsteht ein Bild, wie sich die Person selber sieht und was sie in ihrem Leben als wichtig erachtet. Wie im Beispiel von Susann (vgl. nächste Seite) können Themen zur Sprache kommen, die Annahmen bzw. Hypothesen über Fremdeinschätzungen betreffen: »Meine Eltern haben das schon sehr früh erkannt und waren von mir überzeugt.« Oder: »Diese Lehrperson hat mich wohl für den untalentiertesten Schüler aller Zeiten gehalten.«

Der Erzähler konstruiert seine Geschichte entlang von Sinnattraktoren[22] (vgl. Kriz, 2005, S.32). Gemeint sind damit inhaltliche Verdichtungen bedeutsamer Merkmale einer Person. Sie enthalten sinnstiftende Aspekte der persönlichen Erzählung. Es handelt sich um vereinfachende Reduktionen komplexer biografischer Themen, etwa die Geburt eines Geschwisters, kulturelle Vorlieben in der Familie, ein besonderer Ferienort, die erste Liebe. Von Schlippe und Schweitzer (2010) beschreiben den Sinnattraktor als einen (relativ) stabilen kognitiven Zustand, »den eine Person entwickelt hat – von sich selbst, von den sie umgebenden Personen, von ihrer Umwelt; es ist eine bestimmte Form, die Welt zu sehen« (S.9f.). Sinnattraktoren geben der persönlichen Geschichte einen roten Faden, einen einleuchtenden Zusammenhang und stützen bzw. strukturieren das Selbstverständnis einer Person: »Ich bin so, weil die und die Faktoren eine Rolle gespielt haben.« Im Zusammenhang mit einer gestalterisch-künstlerischen Laufbahn können *Talent, Designaffinität in der Familie, Frühförderung, Ehrgeiz, Durchhaltevermögen, Wille* etc. Themen sein. Diese Begriffe treten im Verlauf einer Schilderung offen oder verdeckt zutage, weil sie in der Biografie der Person eine wichtige Rolle spielen. In einer negativ gefärbten Erzählung sind es eher Attraktoren der Art: »*Kunst ist kein Beruf*«, *fehlendes Talent, Mangel an Inspiration, Kampf um Anerkennung* etc. – Aussagen also, die auf ein schwieriges Umfeld oder schwierige Voraussetzungen für die Entfaltung verweisen. Sie signalisieren Selbstzweifel und Verkrampfung. Aus der Erzählung können Einstellungen, Werte, Haltungen, Glaubenssysteme der Person erschlossen werden. Schemata[23] für prägende Situationen sind daraus ebenso ablesbar wie Beziehungsmuster oder die Selbsteinschätzungen eigener Möglichkeiten und Grenzen.

22 Ein Attraktor ist die (in einem Zeitfenster) stabile Form eines dynamischen Prozesses, wobei Störungen, also die möglichen Erhöhungen der Freiheitsgrade innerhalb eines vergleichsweise großen Toleranzbereiches, ausgeglichen und nivelliert werden und die Struktur somit dynamisch stabil bleibt. Es handelt sich bei einem Attraktor also um ein dynamisches Gebilde mit vergleichsweise wenig Freiheitsgraden, das phänomenologisch an seiner zeitstabilen Ordnung zu erkennen ist (Kriz, 2005, S.32).

23 Als Schemata bezeichnet man in der Psychologie mentale Repräsentationen von Personen, spezifischen sozialen Ereignissen, räumlichen Situationen etc. Sie ermöglichen im Alltag eine funktionale und effiziente Orientierung und Analyse, beinhalten aber auch die Gefahr einer eingeschränkten Sicht (vgl. Jonas et al., 2007, S.83, S.121f.; Katenkamp, 2011, S.218).

Laut von Schlippe und Schweitzer (2010) folgen die Sinnattraktoren »einer Komplettierungsdynamik, die Julian Jaynes als ›Narrativierung‹ beschrieben hat (1993): »Einzelne, isolierte Aspekte der Wahrnehmung werden mit anderen isolierten Aspekten und mit Gedächtnislücken zu zusammenhängenden Geschichten gefügt, ›narrativiert‹. Das Gedächtnis ›schreibt seine Lebenserinnerungen‹ sozusagen selbst« (S. 9 f.).

Diese Betrachtungsweise macht aus der Biografie *eine Erzählung mit sich selbst in der Hauptrolle*. Das Narrativ ist gekennzeichnet durch Erlebnisse, Beziehungen, Tätigkeiten und Wahrnehmungen, welche über die Jahre in unserem Gedächtnis abgelegt wurden. Wir gehen davon aus, dass die Erzählung überdauernd ist und kontinuierlich fortgeschrieben wird. Dass sie also bei einer erneuten Wiedergabe ähnlich verläuft. Das stimmt bezogen auf den Kerninhalt, ist aber auf der Ebene von Teilerzählungen nicht zwingend. Partiell ist es eine vorläufige Geschichte, ein Narrativ also, das durch die momentane Befindlichkeit und durch eine Reihe aktueller Begleitumstände gefärbt ist und sich verändern kann (vgl. Shaw, 2018). Dazu folgendes Fallbeispiel, welches zeigt, dass die Ursache einer aktuellen Blockade, einer Krise oder eines Streits unter Umständen weit zurückliegt:

Fallbeispiel Susann

Susann, eine Studierende im fünften Semester des Bachelorstudiengangs Art Education, behauptet, sie könne nicht zeichnen. Ihr Berufsziel war das Fach Kunstpädagogik an Gymnasien. Zeichnen ist für Bildnerisches Gestalten eine zentrale Basiskompetenz. Während der vergangenen Semester basierte ihre Ausweich- und Vermeidungsstrategie auf der Wahl von Kursen und Projekten, in denen zeichnerische Fertigkeiten nicht oder kaum erforderlich waren. Sie wählte Schwerpunkte mit fotografischem, videobasiertem oder szenischem Inhalt. An der Schnittstelle zum weiterführenden Studium nun wird Susann jedoch vom gestalterischen Manko eingeholt. Sie erwägt, auf eine Bewerbung in den Master Kunstpädagogik zu verzichten.

Im Rahmen eines Krisengesprächs erkundigt sich die Lehrperson nach dem ursprünglichen Studienwunsch. Susann: »Als Kind habe ich viel und gern gezeichnet und bin für meine Begabung von Eltern, Lehrpersonen und Bekannten oft gelobt worden. Doch als erstmals Laufbahnfragen diskutiert wurden, brachten meine Eltern wenig Verständnis für mein Wunsch-Schwerpunktfach Bildnerisches Gestalten auf.« Nach dem Gymnasium neusprachlicher Ausrichtung und einem Jahr Anglistik-Studium, welches ihr nicht zusagte, absolvierte sie das Propädeutikum[24] und bestand das Aufnahmeverfahren des Studiengangs Art Education. Aktuell plagen sie große Zweifel ob der Passung ihrer Studienwahl. Der Vergleich ihrer zeichnerischen Fertigkeiten mit denen ihrer Kolleginnen im Studiengang ist ihr peinlich. Sie schämt sich für ihre hilflosen, uninspirierten Skizzen. Die Unsicherheit gedeiht so weit, dass sie selbst Einsteigerkurse meidet, um sich nicht als Dilettantin bloßzustellen. Sie versagt sich aktiv die Möglichkeit, das gestalterische Defizit aufzulösen. Sie widersetzt sich auch der Überprüfung der schädigenden Selbsteinschätzung. In ihrer aktuellen biografischen Erzählung kann sie nicht zeichnen. Hinsichtlich der zeichnerischen Kompetenzen hat sich in Susanns Narrativ ein grober Bruch ereignet.

Die Lehrperson regt Susann in einer Intervention an: »Wann bist Du von der Selbstwahrnehmung ›Ich kann gut zeichnen!‹ abgerückt?« Die beiden fantasieren, was wäre, wenn dieser Bruch nicht existierte. »Wie hätte sich das zeichnerische Können in der Folge entwickelt?« Wahrscheinlich würde Susann ihre Fertigkeiten im gegenständlichen Abbilden und Erzählen in Bildern in Richtung gegenständlicher und ungegenständlicher Bildkomposition weiterentwickeln.

Im Rahmen der Verlaufsanalyse bezieht die Lehrperson das soziale Umfeld als mögliche Ressource für die Neuinterpretation des Narrativs in die Überlegungen ein. Da zwischen ihr und Susann ein intaktes Vertrauensverhältnis besteht, stellt sie Fragen der folgenden Art: »Was würde deine beste Freundin über diese Blockierung erzählen? Wie diskutieren deine Mitlernenden in der Pause über deine Arbeit? Wie lautet deine Zeichen-Geschichte, wenn sie von den Eltern erzählt wird?«

In verschiedenen Lebensabschnitten kann eine bestimmte Erinnerung unterschiedlich bewertet und gewichtet werden. McAdams (2013) weist darauf hin, dass wichtige Lebensereignisse, etwa die frühe Scheidung der Eltern, im Verlauf des Lebens unterschiedlich eingeschätzt werden hinsichtlich der persönlichen Entwicklung: bedrohlich, stärkend etc. (vgl. S. 63). Übertragen auf die schöpferischen Kräfte bedeutet es beispielsweise, dass ein früh erkanntes und gefördertes Talent im Zusammenhang mit der Studienwahl im jungen Erwachsenenalter in den Hintergrund tritt. In der Mitte des Lebens erwacht die Fähigkeit aufgrund eines besonderen Erlebnisses wieder und wird mit hoher Intensität gepflegt.

24 Gestalterischer Vorkurs; wird in der Regel als Vorbereitung auf ein Aufnahmeverfahren an einer Kunsthochschule absolviert.

Fallbeispiel Susann (Fortsetzung)

> *Im Fall von Susann wählt die Lehrperson eine weitere Intervention: »Wie ließe sich Dein Umweg sinnvoll in die persönliche Geschichte einbauen? Was könnte der Sinn eines Verzichts auf das Üben zeichnerischer Fertigkeiten sein?« Susann erkennt rasch, dass sie ihre fotografischen Kenntnisse und Methoden der digitalen Bildbearbeitung entscheidend entwickelt hat, dadurch, dass sie das Zeichnen mied. Sie hat ein geübtes Auge für Motive und Bildkomposition.*
>
> *In der Folge dieser Gespräche entscheidet sich Susann für einen Mittelweg. Sie schreibt sich in einen offenen Zeichenkurs ein und beschreitet Neuland. Ihr Narrativ erweitert sie folgendermaßen: »Ich habe einen geübten Blick für Bilder und Zeichen. Zeichnen ist ein Handwerk, das durch die Intensität des Übens (positiv) beeinflusst werden kann. Ich gehe meinen Weg, ohne mich mit anderen zu vergleichen.«*

Erinnerungen sind nicht in Stein gemeißelt: Die Erinnerung der Lebensgeschichte kann sich im Verlauf der Zeit verändern. Sie wird unter anderem im kollektiven Austausch moduliert (vgl. Kandel, 2009; Welzer, 2005, z.B. S. 34 f.; Markowitsch & Welzer, 2005, z.B. S. 215 ff.; Shaw, 2018). Im Moment des Erinnerns wird die Gedächtnisspur labil. Die bestehende Erinnerung wird durch aktuelle Bilder, Konstellationen und Ereignisse beeinflusst und in eine bestimmte Richtung akzentuiert. Abgespeichert wird dann eine Mischung der ursprünglichen mit neuer Information. Eric Kandel (2009) betont, dass das Wesentliche eines Ereignisses erhalten bleibt, dass aber Gedächtnis ein kreativer Prozess ist: »Was das Gehirn speichert, ist nach allgemeiner Ansicht nur eine Kernerinnerung. Beim Abruf aus dem Gedächtnis wird diese Kernerinnerung dann ausgearbeitet und rekonstruiert – nicht ohne Abzüge, Hinzufügungen, Ausschmückungen und Verzerrungen« (S. 307).

Dieser Befund stimmt auf zwei Arten nachdenklich. Zum einen ist die Vorstellung irritierend, dass die eigenen Erinnerungen mit den tatsächlichen Ereignissen nur bedingt übereinstimmen. Andrerseits bietet diese Plastizität des Gedächtnisses einen Spielraum für Neuinterpretationen bestimmter Ereignisse und Selbstwahrnehmungen. Tatsächlich kennzeichnen sich Geschichten von Ratsuchenden oft durch Begrenzung und Selbstkritik. Sie überschreiten gewisse Grenzen nicht, weil es an Vorstellungskraft, Selbstvertrauen sowie an der Selbstwirksamkeitserwartung mangelt. Oder es gilt die Wiederholung eines früheren Scheiterns zu vermeiden. Erhält eine Lehrperson Einblick in eine behindernde biografische Erzählung, kann es angezeigt sein, zum Co-Autor einer besseren Geschichte zu werden (vgl. Bürgi & Eberhart, 2004, S. 144 f.).

4.3.6 Narrative neu denken

Die aktive Arbeit an Narrativen hat ihren Ursprung einmal mehr im therapeutischen Bereich. Ausgehend von der Annahme, dass eigene Erzählungen innerhalb gewisser Grenzen modifizierbar sind, lohnt es bei ausgewählten gestalterischen Problemstellungen, etwa schwerwiegenden Selbstzweifeln, entsprechende Denkprozesse anzuregen. Gergen und Gergen (2009, S. 51), die in ihrem dialogischen Ansatz des Konstruktionismus besonderen Wert auf das gegenseitige Erzählen legen, meinen dazu:

> In der narrativen Therapie werden [die Ideen der eigenen Zuständigkeit] sehr geachtet und man geht davon aus, dass »Probleme« durch »Neu-Erzählung« des eigenen Lebens verändert werden können.
> Es ist möglich, neue Geschichten zu konstruieren, und Neukonstruktionen können neue Handlungswege eröffnen.

Im Alltag erleben wir oft, dass sich ein Geschehen je nach Blickwinkel in anderem Licht zeigt. Wie bereits beschrieben (vgl. z. B. Kapitel 1.3), resultieren aus der Beobachtung eines Ereignisses durch mehrere Beteiligte weder eine einheitliche Wahrnehmung noch eine übereinstimmende Interpretation. Vielmehr muss damit gerechnet werden, dass teilweise erhebliche Abweichungen zwischen den Deutungen der verschiedenen Beobachter bestehen. Es dürfte nicht schwerfallen, diese Aussage mittels eines kleinen Experiments im privaten Umfeld zu überprüfen. Die Differenzen der Darstellung irritieren zum einen, weil die implizite Erwartung einer geteilten Wahrnehmung besteht. Andererseits eröffnen solche Unterschiede eine Ressource für neue beziehungsweise variierte Interpretationen der betreffenden Situation. Eigentlich erwarten wir, dasselbe gesehen, gehört, gerochen zu haben. Die Tatsache, dass dem nicht so ist, dass vielmehr unterschiedliche Akzentuierungen derselben Wahrnehmung nebeneinander existieren, ermöglicht ein Erlebnis neu zu deuten und zu gewichten. Ein Lernender X könnte sich so der Sicht- und Erlebensweise einer Kollegin annähern. Das wäre etwa dann hilfreich und sinnvoll, wenn jemand eine selbstabwertende, selbstschädigende Position einnimmt (vgl. Fallbeispiel Susann). Im Unterrichtsalltag hilft es bereits, sich von Zeit zu Zeit die Arbeiten gegenseitig zu präsentieren. Durch die Beobachtungen und Aussagen der Kolleginnen, Mitschüler oder Studierenden rückt das eigene Werk in ein neues Licht. Es fallen Aspekte auf, die man selber bisher nicht wahrgenommen hat. Auf diese Weise angeregt kann man einen neuen Zugang zur Arbeit finden.

Ausgehend von der Annahme der autopoietischen Selbstorganisation kann es sinnvoll sein, eine bestimmte, wie White und Epston (2002) es nennen, »prägende Geschichte« gedanklich zu überarbeiten. Das kann heißen, die Perspektive auf das Ereignis zu verändern, behindernde Glaubenssysteme aufzugeben (vgl. Bandler, 1987, S. 121) oder Wertungen anderer Beteiligter zu übernehmen. Es ist legitim, mit variierten Parametern gewisse Passagen oder Kapitel in der biografischen Erzählung neu zu formulieren. Dabei können kontextuelle und soziale Umgebungsmerkmale der Erzählung eine neue Färbung geben beziehungsweise sie vor einem anderen Hintergrund erscheinen lassen. Den Ereignissen entstehen dadurch funktionalere, viablere Bedeutungen.

Gergen und Gergen (2009, S. 50 f.) begründen den Sinn narrativer Arbeit aus konstruktionistischer Perspektive (vgl. hierzu auch Kapitel 1.3.4):

> Wenn ein Individuum aufgrund eines Lebensproblems leidet, ist dieses Problem nur aus dem Inneren einer bestimmten Geschichte wahrnehmbar. Zum Beispiel leiden wir häufig dann, wenn wir mit einem Verlust konfrontiert sind, aber auch, wenn wir zurückgewiesen werden oder das Gefühl haben, dass uns das Gespür für die Richtung, die wir einschlagen sollen, abhanden gekommen ist. […] Doch Zurückweisung und Ruderlosigkeit sind nicht »Probleme dort draußen in der Natur«. Sie finden immer innerhalb der Handlung einer Geschichte statt.

Sie führen weiter aus: »Aus konstruktionistischer Sicht wird unser Handeln nicht durch das gesteuert, vorgeschrieben oder erzwungen, was traditionellerweise als wahr, rational oder richtig akzeptiert wird. Im Gegenteil, vor uns befindet sich ein riesiges Möglichkeitsspektrum, eine endlose Einladung, Neues auszuprobieren« (ebda., S. 13). Michael White und David Epston (2002) bestätigen, dass jeder Mensch über einen reichen Schatz an gelebter Erfahrung verfügt. In der Regel ist nur ein Teil dieser Erfahrung in den prägenden Geschichten enthalten. Ein großes Potenzial an Wissen und Erkenntnissen liegt brach. »Diese Aspekte der gelebten Erfahrung, die aus der beherrschenden Geschichte herausfallen, bilden eine reichhaltige und ergiebige Quelle für die Verfassung oder Neufassung alternativer Geschichten« (S. 29). Insofern handelt es sich nicht um Fake News oder unlautere Geschichtsklitterung, sondern um eine Neuinterpretation bzw. eine neue Gewichtung eigener Stärken und Schwächen. Anregen kann man solche Umdeutungen mit Formulierungen wie: »Welche Teile der Erzählung lassen Spielraum für eine (leicht) veränderte Interpretation?« und »Was braucht es, damit du deine Stärken in der Geschichte mehr gewichten kannst?« Oder mit: »Wie müsste dieser Teil der Geschichte lauten, damit es sich besser anfühlt?« Und etwas später: »Inwiefern entspricht die Variation einer eigenen Wahrnehmung oder – anders gefragt – was hindert dich daran, diese Variante als die verbindliche anzunehmen?«

Für die jeweilige Ausformung und Akzentuierung der Geschichte ist es wesentlich, wem sie erzählt wird. Der Lehrperson erzählt die Lernende nicht dieselben Einzelheiten einer Blockierung wie der Kollegin oder dem Vater. Es gibt mehrere Variationen der Geschichte (vgl. McAdams, 2013, S. 63). Diese Tatsache kann man sich in einer Beratungssituation zunutze machen, indem man denselben Sachverhalt zwei- oder dreimal von anderen Adressaten erzählen lässt. Anschließend kann darüber verhandelt werden, welche Variante der möglichen Erzählungen heilend bzw. die funktionalste ist.

4.3.7 Die Anzahl der Möglichkeiten erhöhen

Sobald zwei Individuen bzw. psychische Systeme miteinander kommunizieren, wird das Phänomen der doppelten Kontingenz wirksam. Alles was ausgetauscht wird, kann so oder anders gemeint sein und gleichzeitig so oder anders interpretiert und aufgefasst werden (vgl. Simon, 2006, S. 95). Dies ist der Ausgangspunkt für das gemeinsame Definieren dessen, was in der gegebenen Situation Sinn macht. Im dialogischen Austausch werden Unterscheidungen getroffen. Die eigene spezifische Sinnhaftigkeit wird von Sinngebungen anderer Systeme abgegrenzt. In der typischen Art auf Phänomene zu achten, ein Verhalten zu zeigen, Dinge zu benennen, zu beschreiben, anzupreisen oder Rituale zu pflegen, unterscheidet sich etwa ein Lernender X von einem Lernenden Y. Schon bei zwei Personen, die zusammenleben oder ein gemeinsames Projekt verfolgen, wird deutlich, wie schwierig es ist, transparent und umfassend zu kommunizieren, was ja ein Anspruch an einen geregelten Informationsaustausch ist. Luhmann (1987, S. 153 ff.) hat in diesem Zusammenhang von doppelter Kontingenz gesprochen. Ein komplexes psychisches System trifft auf ein zweites komplexes psychisches System. Zwei immense Gedankengebäude treffen aufeinander und tauschen Informationen aus. Jeder Kommunikations- oder Handlungsanlass bietet eine Vielzahl an Interpretations- und Verhaltensalternativen. Jeder der beiden Beteiligten kann in einer bestimmten Situation dies oder jenes priorisieren, kann Dinge so tun oder anders und kann sie auch nicht tun, sondern in einem Beobachterstatus verharren. Im Vorfeld der Aktion lässt sich also nur bedingt voraussagen, wie sich die Situation entwickeln wird. Es können höchstens Vermutungen darüber angestellt werden.

Entgegen der Vermutung, diese Ausgangslage würde die Verständigung außerordentlich kompliziert machen, führt doppelte Kontingenz nicht zu mehr Verwirrung. Durch den Spielraum an Alternativen und Interpretationsnuancen werden Kompromisse möglich. Entscheidend sind die folgenden Faktoren: Zwei oder mehrere Individuen beobachten sich und werden von den Beteiligten beobachtet. Sie unterstellen sich gegenseitige Beeinflussbarkeit. Es entsteht ein Zirkel mit dem Ausgangsangebot: »Wenn du tust, was ich möchte, werde ich mich so verhalten, dass es für dich in Ordnung ist!« Die Person, welche den Kreislauf anstößt, hat einen Vorteil, weil sie die Richtung des Geschehens bestimmt (vgl. Berghaus, 2011, S. 110).

Die Komplexität und Vielschichtigkeit des Informationstransfers nimmt in Systemen mit drei und mehr Personen zu. Es gibt rasch eine Vielzahl an parallelen *Deutungsmustern*. Jeder Sachverhalt beinhaltet unterschiedliche Erklärungs-, Interpretations- und Gestaltungsmöglichkeiten. Daraus ergeben sich Optionen für die Handhabung und die Bearbeitung der Materie: Es gibt nicht nur *ein* richtiges Vorgehen, sondern mehrere gangbare Wege! Durch die große Anzahl an Variationsmöglichkeiten gelingen oft sehr rasch Kompromisse und vorläufige Einigungen. Wenn die Einschätzungen und Zielsetzungen nicht weit auseinanderliegen, finden sich die Gesprächspartner in einer einvernehmlichen Lösung. In der Praxis nutzt die Lehrperson diese Tatsache, indem sie zur Bilanzierung auffordert und die Anwesenden fragt: »Okay, wir haben jetzt eine Reihe von Optionen für das weitere Vorgehen. Welche Lösung hat die besten Aussichten auf einen Konsens?« Oder sie zieht selbst das Fazit: »Aus den zur Verfügung stehenden Varianten erachte ich aufgrund eurer Voten und Einwände die Lösung X als aussichtsreich.« Missverständnisse und Unzufriedenheit können trotzdem nie ausgeschlossen werden.

4.3.8 Verständigung verbessern

Die systemische Perspektive bedarf einer ausgeprägten Ambiguitätstoleranz: Mit der Fähigkeit, Widersprüche auszuhalten und in Varianten zu denken (»Man kann es so oder so sehen – beides funktioniert«), fällt es leichter, mit der Vielfalt an Möglichkeiten umzugehen, die ein ressourcenreiches System bietet. Oft gibt es für eine spezifische Problemstellung widersprüchliche, jedoch jeweils taugliche und praktikable Lösungen. Gerade im Kunstkontext sind gegensätzliche, paradoxe Realisierungen einer Thematik nicht unüblich. Ebenso wirken sich Kontingenz-Phänomene, also Konsequenzen aus Vernetzungen und der Wechselwirkung von Systemelementen, aus. Die Folge davon sind Nicht-Eindeutigkeit, Interpretationsspielraum oder Umkehrbarkeit von Prozessen. Ein weiteres Mal zeigt sich: Um den Grad der Verständigung zu erhöhen, lohnt es, bei Unklarheiten nachzufragen und so die eigene Interpretation zu überprüfen. Wenn es unübersichtlich wird, hilft manchmal die Paraphrasierung. Dieses Mal allerdings in Form einer Umkehrung, was am folgenden Beispiel der Ressourcenerkundung gezeigt werden soll.

Das System bietet wichtige *Ressourcen* in Form von Strategien, Hilfestellung, Sichtweisen, Wissen und Material. Der Fundus ist groß und kann in Krisenzeiten unübersichtlich, chaotisch und belastend erlebt werden. Gerade dann gilt es, die Unterstützung durch eigene Fähigkeiten und Strategien, durch Personen mit besonderen Kenntnissen, durch spezielle Fachliteratur oder durch den Einblick in Sammlungen oder ähnliches zu mobilisieren und für die Problembearbeitung zu nutzen (vgl. von Schlippe & Schweitzer, 1997). Der Lernende kann zur Erkundung aufgefordert werden: »Was könnte dir in dieser Situation weiterhelfen?«, »Wen könntest du diesbezüglich anfragen?« oder die Lehrperson kann aufgrund ihrer Erfahrung auf das Vorhandensein aussichtsreicher Ressourcen hinweisen: »Wie ich dich kenne, könnte dir… weiterhelfen?« (vgl. auch Kapitel 3.3 *Lösungs- und ressourcenorientierte Beratung*). Eine weitere Möglichkeit: Die Lehrperson schlägt einer verzweifelten Lernenden anläßlich der Projektpräsentation vor, dass die Anwesenden spontan aufzählen, welche Unterstützung sie im vorliegenden Fall erkennen, vermuten oder selbst anbieten können. Nachdem eine ganze Liste möglicher und wenig wahrscheinlicher Ressourcen vorgeschlagen wurde, fordert die Lehrperson die Lernende, welche bisher nur zugehört hat, auf, zu resümieren, was die Statements bei ihr ausgelöst haben: »Was ist dir beim Zuhören durch den Kopf gegangen? Was sagen dir bestimmte Anregungen/Einschätzungen deiner Kolleginnen? Wo gibt es bei dir Andockstellen für unsere Überlegungen?« Der Richtungswechsel der Paraphrasierung ermöglicht der Lehrperson einen Einblick in die Gedankenwelt des Lernenden. Indem der Lernende eigene Worte verwendet und damit gleichsam seine Statements gewichtet, werden seine Denkprozesse, die Ursachen seiner Blockaden und seine blinden Flecken für die Lehrperson nachvollziehbar.

4.3.9 Selbstheilung aktivieren

Systeme, das wurde in den Unterkapiteln 2.4.2 und 3.2.4 erläutert, sind autopoietisch organisiert. So erhalten sich etwa soziale und psychische Systeme selbstständig am Leben und haben eine inhärente Tendenz, Fehlfunktionen auszugleichen. In kleineren und größeren Krisen- und Notlagen gelingt es uns in den meisten Fällen, beruhigende und aufbauende Kräfte zu aktivieren und die Situation zu bewältigen. Dies geschieht etwa durch temporären Rückzug, durch ausgiebige Spaziergänge in der Natur, durch Sport, eine ablenkende Lektüre oder ein Gespräch mit einer nahen Bezugsperson. Das Aktivieren der Selbstheilungskräfte gelingt nicht immer ohne Anstoß von außen. So kann ein steter Fluss von Gedanken in einer Negativspirale in die Problemtrance führen, aus der die betreffende Person keinen Ausweg mehr findet. Handelt es sich, wie im Fall von Susanns Zeichenkompetenz (vgl. Unterkapitel 4.3.5), um kontinuierlich stärker werdende Selbstzweifel, können diese zu einer Kurzschlusshandlung wie dem Abbruch des Studiums führen. Diesen zerstörerischen Verlauf gilt es aufzuhalten beziehungsweise umzudrehen. Im Vertrauen auf die Selbstheilungskräfte kann die Lehrperson zu bedenken geben: »Es gibt immer die Kehrseite der Medaille, davon bin ich überzeugt… Was ist das Gute am Schlechten und was müsste passieren, dass du neuen Mut fasst?« Oder auch: »Womit kannst du dich ablenken, um den Kopf für eine sachliche Analyse freizukriegen?« Und: »Welche Strategien helfen dir üblicherweise, um dich zu beruhigen?« Die Lehrperson verfügt in der Regel über einen Spielraum, um den Lernenden Druck zu nehmen: »Was könnte dir von meiner Seite helfen, den schwierigen Zustand zu verändern? Wie kann ich dir entgegenkommen?« Es liegt in ihrem Ermessen, wie weit sie dabei gehen will. Meist genügt bereits ein symbolisches Signal, um den Willen zur Selbstheilung eines Lernenden zu stärken.

4.3.10 Fazit

Systemische Methoden verblüffen und überraschen in ihren Wirkungen wohl deshalb, weil sie die (Selbst-)Wahrnehmung und die Wahrnehmung des sozialen Geschehens auf vielfältige Weise irritieren. Die Situationsanalyse und die Fallbearbeitung werden konsequent um Sichtweisen anderer Beteiligter erweitert – und diese anderen gibt es immer. Da sind Mitlernende, die beobachten, zu spüren bekommen oder zu verstehen geben und wirkungsstark handeln. Da ist immer auch die Lehrperson, die initiiert und antreibt, reagiert und kontert, betroffen ist oder empört. Dieses Umfeld als Ort des Empowerments und der Motivation, aber auch als Ort der Verunsicherung und Frustration anzuerkennen, eröffnet für den Austausch mit den Lernenden eine aufschlussreiche und spannende Plattform. Die Unterstützung in gestalterischen Krisen wird variantenreicher. Seitens der Lehrperson braucht es das Vertrauen in das System, in die darin wirkenden ausgleichenden Kräfte und in die allen Beteiligten zur Verfügung stehenden Ressourcen. Nötig ist die Bereitschaft der Lehrperson, die teilweise komplexen Methoden zu erkunden, zu erproben und einen entsprechenden Sprachgebrauch zu trainieren.

4.4 Lösungen und Ressourcen finden

Welche der heutigen Aktivitäten und Überlegungen haben funktioniert? Welche Strategien haben sich als wirkungsvoll erwiesen? Welche Handlungen haben zum beabsichtigten Ziel geführt? Welche Gedankengänge haben Zufriedenheit ausgelöst? Selbstbefragungen wie diese machen bewusst, wie die Konzentration auf Stärken und auf gelingende Dinge künftige Unternehmungen motivieren und beflügeln. Die Erfolgszuversicht ist quasi der Mörtel, der durch lösungsorientierte Arbeit gemischt wird. Lösungsorientierte Beratung basiert auf Optimismus hinsichtlich der zeitnahen Veränderbarkeit einer aktuell unangenehmen, behindernden, frustrierenden Situation. Das ganze Repertoire an Methoden und sprachlichen Mitteln ist auf die aussichtsreiche Suche nach Lösungen für die vorgefundene Problemstellung ausgerichtet: Neben der Analyse bisher erfolgreicher Strategien in vergleichbaren Situationen und der Erkundung von Ausnahmen im unangenehmen Erleben, geht es um den Blick in eine problembefreite Zukunft und um eine entsprechende schrittweise Entwicklung.

Nachfolgend wird das methodische Vorgehen entlang der vier vorgestellten Phasen erläutert und für die Unterrichtspraxis begründet.

4.4.1 Phase 1: Synchronisation/Problemanalyse

Fragen und Einladen

Ohne Beziehung keine Lehr-Lernberatung! Dies fasst zusammen, was die Ausgangslage *auch* für die lösungs- und ressourcenorientierte Arbeit ist. Wiederum spielt die Sprache dabei eine entscheidende Rolle – beim Einstieg in den Austausch ebenso wie bei der Bearbeitung von Problemstellungen. De Shazer und seine Mitarbeiter werden nicht müde, dies zu betonen. Ausgehend von einer post-strukturalistischen Sichtweise ist de Shazer hinsichtlich seines therapeutisch-beraterischen Modells überzeugt, dass das Individuum beim Sprechen die eigene Realität erschafft. Daraus abgeleitet ist es für die beraterische Arbeit wichtig, die Sprache des Klienten sorgfältig auf die darin enthaltenen Bedeutungen zu untersuchen. De Shazer spricht von »lesen« (vgl. 1996, S. 24). Die Überzeugung, dass vom Sprechenden eine individuelle Realität geschaffen wird, legt nahe, dass Bedeutungen von Begriffen wie »Entscheidungsambivalenz«, »Autoritätsmangel« oder »untalentiert« beliebig und instabil sind. Die Bedeutung variiert, je nachdem, wer den Begriff benutzt: »Bedeutung wird erst durch Verhandlungen innerhalb eines spezifischen Kontextes erlangt« (ebda., S. 26). Das Beratungsgespräch bietet Raum für das Aushandeln und Revidieren von Bedeutungen. Dieser Ansatz wird u. a. abgegrenzt von der strukturalistischen Perspektive, wonach Sprache die Wirklichkeit auf eine bestimmte Weise repräsentiert und Bedeutungen untersucht werden, indem man »hinter und unter die Worte blickt« (ebda., S. 24).

Wesentlich für den Sprachgebrauch ist unter anderem die Ausrichtung der Perspektive: Blickt man zurück auf das Problem und seine Ursachen, gewinnt das Problem an Bedeutung und Gewicht. Blickt man hingegen in die Zukunft, in Richtung Lösung, verliert das Problem zumindest einen Teil seiner Bedrohung und Schwere und es öffnet sich Raum für neuartige Wahrnehmungen. Diese Betrachtungsweise führt zu der Unterscheidung in Problem- und Lösungssprache (vgl. de Shazer, 1996; Walter & Peller, 1996, S. 27 f.). Steve de Shazer (1996) lädt ein zum Gedankenexperiment: Wie fühlt sich der Berater, der sich mit einem Ratsuchenden während der letzten halben Stunde über alle nur denkbaren Probleme in dessen Leben und die damit verbundenen depressiven Gefühle gesprochen hat? Das Problem wird im Verlauf des Gesprächs schwerer und schwerer, so sehr, dass der Berater Gefühle der Überwältigung und Hoffnungslosigkeit entwickeln kann (vgl. S. 86). In einem zweiten Experiment: Wie fühlt sich der Berater, der mit dem Ratsuchenden während der letzten halben Stunde über all die Dinge unterhalten hat, die in dessen Leben gut gelaufen sind und Gefühle des Erfolgs ausgelöst haben? Diese Situation fühlt sich für den Berater zunehmend angenehmer an und wirkt außerordentlich belebend (vgl. S. 87). Der Unterschied hinsichtlich der dialogischen Beziehung wird aus diesen beiden Beispielen offensichtlich: Die Lösungssprache schafft ein Klima der Erleichterung und erhöht die Bereitschaft, Problemlösungen zu realisieren. Sie ist geeignet, um sich vom Problem abzuwenden und konstruktive Perspektiven zuzulassen. Dies schließt eine Problemanalyse nicht kategorisch aus. Selbst de Shazer gibt den Klienten Raum, um über das Thema bzw. das Problem zu berichten. Auch der lösungsorientiert arbeitende Berater möchte sich ein Bild von der Ausgangslage machen (vgl. Bamberger, 2010, S. 77 f.). Fragen dazu wären »Was möchtest du besprechen?«, »Worin kann ich dich unterstützen?« und »Was möchtest du verbessern?«

In der lösungsorientierten *Problemanalyse* soll der Ratsuchende merken, dass jemand anders nachvollziehen kann, wie er erlebt. Das Gegenüber begegnet dieser Situation mit Respekt: Der Ratsuchende steht im Fokus. Die Beraterin unterscheidet zwischen dem *Problem* und dem *Problemerleben* der betreffenden Person. Sie unterstützt dabei, das Problem zu externalisieren. »[...] man kann sozusagen darum herum gehen und es von allen Seiten betrachten, zum Beispiel schauen, wann es sich stärker und wann es sich weniger stark bemerkbar macht« (Bamberger, 2010, S. 80). Dies führt zu einer Perspektivenerweiterung und ermöglicht die Wahrnehmung alternativer Sichtweisen. Letztlich kommt der Ratsuchende auf diese Weise zu einem doppelten Wissen: Er erkennt, was ihn belastet und ebenso, in welche Richtung er sich entwickeln könnte. Die Beraterin unterstützt die Lösungsaktivitäten des Ratsuchenden mittels verstärkenden Lobes. Sie verweist auf konstruktivistische Zusammenhänge und öffnet damit Perspektiven auf die Rekontextualisierung: »Man kann das Problem auch anders sehen...« Schließlich stützt sie die Erkenntnis, dass Problemstellungen die Chance auf das Finden neuartiger Lösungen beinhalten (vgl. ebda., S. 78 ff.).

In der Begleitung von künstlerischen und gestalterischen Prozessen ist die Zielsetzung in der Regel auf ein Produkt ausgerichtet. Die beteiligten Akteure sind geleitet von einer Vorstellung des entstehenden Werks. Die Lehrperson ist herausgefordert, ihr Wissen sorgfältig zu verwalten.

Das Herangehen der Lehrperson an das Werk des Lernenden aus einer bestimmten künstlerischen Position macht die Lehrperson tendenziell verwundbar oder auch stur. Die Folge können Unverständnis (»Es beleidigt mein Auge!«) oder Ärger etc. sein (»Das kannst du so nicht machen!«). In der beratenden Position sollte man sich gedanklich entspannen und zurücklehnen, um dem entstehenden Werk des Lernenden mit reiner Offenheit und Neugier zu begegnen: »Was geht da vor sich? Was überlegt sich die Studentin? Weshalb überlegt sie es so, wie sie beschreibt? Wo vermisse ich eine Stellungnahme? Was wundert mich? Aus welchem Grund wundert es mich? Hat es etwas mit meiner eigenen künstlerischen Position oder Sozialisation oder mit meinem Werk zu tun?« Prinzipiell ist alles möglich, was die Lernende tut und überlegt... Aber die Lehrperson sollte es in der Regel nachvollziehen können.

Zielsetzung

Der lösungsorientierte Ansatz ist zukunftsgerichtet und ergebnisorientiert. Entsprechend wichtig ist in der Startphase die Ausrichtung auf eine klare Zielsetzung. Ein üblicher Schritt nach der Schilderung des Anliegens bzw. der Problemlage ist die Aufforderung, ein erwünschtes Ergebnis des Gesprächs zu formulieren. Geeignet sind Fragen in der Art: »Was wäre für deine aktuelle Fragestellung/dein Problem/dein Anliegen eine gute Lösung bzw. ein gutes Ergebnis?« (vgl. Eberhart & Knill, 2009, S. 66). Die Aufmerksamkeit des Ratsuchenden ist in der Folge auf dieses Ziel gerichtet. Das »gute Ergebnis« bezieht sich auf die Thematik des Gesprächs und ist orientiert am Bezugsrahmen des Ratsuchenden. Präzise formuliert lautet die Frage denn auch: »Was wäre ein gutes Ergebnis für unser heutiges Gespräch? Wir werden uns zwanzig Minuten Zeit nehmen.« Dieser, für den Unterrichtsalltag realistische Zeitrahmen impliziert, dass es nicht darum gehen kann, die Welt neu zu erfinden. Die Problemstellung wird auf ein Kernanliegen, *einen* (exemplarischen) Entwicklungsschritt oder ähnliches eingegrenzt. Weitere Schritte werden in nächsten Gesprächen bearbeitet. So könnte eine Antwort lauten: »Ich möchte ein, zwei Strategien zur Hand haben, um der Kritik meiner Kommilitoninnen gelassener begegnen zu können. Ich möchte ihr Interesse an meinem Zugang zum Thema wecken.« Mit dieser Vorgabe wird das Gespräch inhaltlich reich und hinsichtlich der Konkretisierung realistisch verlaufen. Für den Berater ergibt sich eine Palette von Möglichkeiten, die Lösungssuche zu unterstützen.

Die Einschränkung auf *ein* Kernanliegen ist – analog zu beraterisch-therapeutischen Anliegen – auch für kreativ-gestalterische Fragestellungen sinnvoll. Aus einer Anzahl aktueller Fragen rund um das laufende Projekt wird eine schwierige Frage herausgegriffen und exemplarisch bearbeitet. Aus dem Erlebnis, ein Teilproblem erfolgreich gelöst zu haben, resultieren Nebeneffekte für weitere Fragestellungen und ein allgemeines Empowerment: »Ich kann die an mich gestellten Anforderungen erfüllen.«

»Spezifische Zielsetzungen beeinflussen ganz eindeutig das Resultat, und insbesondere Ziele, die der Klient als erreichbar und schwierig ansieht, werden eher erreicht als vage oder leicht erreichbare Ziele« (de Shazer, 1995, S.110). Diese Beobachtung deckt sich mit Erkenntnissen der Motivationsforschung, wonach die Motivation zur Zielerreichung dann größer ist, wenn das Ziel schwierig zu erreichen, dessen Beschreibung aber möglichst konkret ist (vgl. Westerhoff, 2009, S. 24). Laut Schmalt und Heckhausen (1992) gibt es Befunde, wonach die Erfolgszuversicht und damit die persönliche Motivation besonders hoch sind, wenn eine mittlere Anforderung besteht. Anspruchsvolle Zielsetzungen, gepaart mit der Anerkennung eigener Grenzen, bringen demnach den größten persönlichen Nutzen (vgl. S. 479).

Die Frage nach dem »guten Ergebnis« verlangt nach der Formulierung einer Wegmarke für die bevorstehende Beratung bzw. nach der Ausrichtung auf eine antizipierte Befindlichkeit am Ende des Gesprächs. Der beraterische Dialog wird, im Sinne eines Kompasses, auf wesentliche Aspekte der Thematik ausgerichtet und entwickelt sich entsprechend konzentriert.

Realistische, erreichbare Zielsetzungen

Wie bereits gesagt geht es um die Bearbeitung realistischer und erreichbarer Zielsetzungen. Ist das Ziel zu ambitioniert oder zu offen formuliert, ist es Aufgabe der Beraterin, eine Anpassung einzufordern. So wird sie für allgemeine Zielsetzungen wie »Ich möchte kreativer reagieren können« oder für überzogene Vorstellungen wie »Ich möchte das Konzept in Grundzügen formuliert haben« eine Eingrenzung fordern. Nur so wird die vertiefte Auseinandersetzung ermöglicht: »Was verstehst du unter *kreativen Reaktionen*? In welchen konkreten Situationen möchtest du kreativ reagieren?« Beziehungsweise: »Welcher Teil des Konzepts bereitet besondere Mühe? Ich schlage vor, dass wir uns heute auf die Struktur des Konzepts beschränken ...«

Der Erfolg lösungsorientierter Arbeit hängt entscheidend von der Präzision der Zielsetzungen ab. Präzise oder *wohlformuliert* (vgl. De Jong & Berg, 1998) werden diese dann, wenn sie in einem klaren Zusammenhang mit der Problemstellung stehen. Sie sollen den Möglichkeiten und Kompetenzen des Ratsuchenden entsprechen und in der zur Verfügung stehenden Zeit erreichbar sein. Als Beraterin soll man ein Bewusstsein dafür entwickeln, dass der Prozess des Formulierens, Hinterfragens, Dekonstruierens und Neuformulierens einer Zielsetzung die Problemsituation deutlich ausleuchtet und bewusst macht. Die Lösung beginnt sich abzuzeichnen.

Wohlformulierte Ziele weisen laut De Jong und Berg eine Reihe von Merkmalen auf (vgl. 1998, S. 114–123). Sie müssen:

- für den Ratsuchenden wichtig sein
- interaktional dicht sein, also innerhalb des relevanten sozialen Kontexts funktional sein
- auf einen überschaubaren situativen Rahmen zugeschnitten sein
- sich auf eine Veränderung positiver Art beziehen
- sich auf einen realistischen ersten Schritt beziehen
- auf das Erleben des Ratsuchenden fokussiert sein (nicht auf bedeutsame andere)
- mit den gegebenen Fähigkeiten und dem Leistungsvermögen des Ratsuchenden kompatibel sein
- sie sind nicht einfach zu erreichen, sondern bedürfen eines besonderen Aufwands

Berkling (2010) bestätigt dies und betont das Beachten optimistisch konnotierter Formulierungen. Aussagen, welche die Anwesenheit von etwas positiv Erlebbarem beinhalten (»Ich wage es, ein A2-Format zu wählen«) sind wirkungsvoller als Ziele, die die Abwesenheit von etwas Unangenehmem bezeichnen (»Ich lasse mich nicht mehr durch Gouache-Farben ärgern«). Zielformulierungen sollen den Beginn von etwas Neuartigem markieren, individuell sein und insbesondere nicht als Vergleich zu etwas oder zu jemand anderem formuliert werden: »Ich will verschiedene Ansätze perspektivischen Zeichnens verstehen« vs. »Ich will mit Perspektive kompetenter umgehen, als mein Kollege X« (vgl. ebda., S. 57 f.).

Eine sinnvolle Variante zur Formulierung einer antizipierenden Zielsetzung schlägt Radatz (2000) vor: Auch wenn der Lernende die Lösung einer bestimmten Problemstellung noch nicht kennt, kennt er meist die Kriterien einer passenden Lösung. Fragen wie »Woran würdest du erkennen, dass du eine passende Lösung gefunden hast?« oder »Was darf eine gute Lösung deiner Meinung nach keinesfalls beinhalten?« nehmen den Ratsuchenden in die Pflicht und fordern ihn auf, sich den Zustand nach der Bearbeitung des Problems vorzustellen (vgl. S. 159 f.). Sein Denken und sein Blick werden »auf Lösung programmiert«. So ist es denn sinnvoll, *Lösungsvarianten* von *Lösungskriterien* zu trennen.

Zusammenfassend lässt sich festhalten, dass Beratungsgespräche durch das Formulieren von Zielsetzungen auf Wesentliches fokussiert werden. Dies erleichtert der Lehrperson die Begleitung und hinterlässt beim Lernenden ein Gefühl der Zufriedenheit über das Erreichte. Insbesondere dann, wenn dieser ausreichend Raum für eigene Überlegungen erhält. Radatz bezeichnet es als die »heilige Zeit« des Lernenden (vgl. ebda., S. 158 f.).

4.4.2 Phase 2: Lösungsvision und Ressourcenfokussierung

Die Suche nach Ausnahmen

Die lösungsorientiert geschulte Beraterin fragt bei einer Problemstellung häufig danach, ob das aktuelle Problem bekannt vorkommt. Falls ja, lautet die nächste Frage: »Was hast du in der Vergangenheit gemacht, um das Problem zu lösen? Welches Vorgehen hat sich als zielführend erwiesen?« Und: »Kannst du diesen Lösungsansatz bzw. die Strategien auf die aktuelle Fragestellung übertragen?« Ebenso gehört die Frage nach *Ausnahmen* des Problemerlebens zum Standardrepertoire einer lösungsorientierten Beratung. Sie bildet die Basis für die Erweiterung von Wahlmöglichkeiten. Ausnahmen von den üblichen Wahrnehmungen, Reaktionen oder Verhaltensmustern zu erkennen, dient unter anderem dazu, Negativtendenzen aufzuweichen oder zu durchbrechen. Ausnahmen beschreiben Situationen, in welchen Dinge anders als üblich verlaufen sind, wo etwas gelungen ist, was in der Regel nicht funktioniert. Das, was den Unterschied zur aktuell als schwierig erlebten Situation ausmacht, gibt Hinweise auf Veränderungen des Verhaltens, des Begründens und Reflektierens.

Ausnahmen zielen indirekt auf vorhandene Ressourcen, Ideen und Kräfte, um eine positive Entwicklung in Gang zu bringen. Der Fokus richtet sich beispielsweise auf Strategien, die funktionieren und sich bewährt haben, oder auf Abweichungen von einer scheinbaren Regel. Die Frage nach den Ausnahmen drängt sich umso eher auf, je negativer und selbstabwertender sich das Gegenüber äußert. Dies können Aussagen sein wie »Ich habe noch nie eine überzeugende Arbeit abgeliefert«, »Kein Thema bringe ich auf den Punkt«, »Das mit dem Spannungsbogen kann ich glatt vergessen«, »Mir ist die Lust auf solche Aufträge definitiv vergangen«, »Alle diese Fotografien deprimieren mich nur noch.« Hinter solch absolut formulierten Aussagen stecken Resignation, Verzweiflung oder übermäßige Frustration. In solchen Fällen ist es angezeigt, kategorisch festzuhalten: »Kein Problem ohne Ausnahme…« (Bamberger, 2010, S. 99).

Wenn die Lehrperson auf oben erwähnte oder ähnliche Aussagen mit der Frage reagiert »Ist es tatsächlich immer so?« oder zu bedenken gibt »Wenn dir die Lust definitiv vergangen ist, überlegst du dir wohl aus dem Studium auszusteigen…?«, provoziert sie Antworten, die in der Regel auf mindestens *eine* Ausnahme verweisen. Das Absolute der ersten Einschätzung wird relativiert, weil »nie«, »immer«, »alles« kaum jemals zutreffen. Ist es soweit, rät Bamberger (ebda.) unter Berufung auf Hesse zur Verwendung intensivierender Unterschiedsfragen. Diese zielen auf wahrnehmbare Unterschiede von Verhalten, Wahrnehmungen oder Emotionen (vgl. S. 99).

Die Aufmerksamkeit richtet sich unter anderem auf die Frage, ob eine Selbsteinschätzung, ein Gefühl oder ein Zustand gleichbleibend ist oder ob es Variationen und Abweichungen gibt. Dinge ereignen sich nicht immer identisch, ein Vorhaben geht nicht jedes Mal schief, Routinen laufen manchmal anders als üblich ab. Tatsächlich ist das aktuelle Problem oft nicht unbekannt und bewährte Strategien sind vorhanden, werden im Moment jedoch nicht erinnert. Die Aussage »Ich bin zeichnerisch untalentiert/erzählerisch naiv…« ist der Aussage »Ich messe 1,85 Meter und bin 1981 geboren…« ähnlich. De Shazer (1995) erkennt hier einen »verhängnisvollen« Zusammenhang, weil »Ich-bin«-Beschreibungen den Charakter eines unveränderbaren Zustands aufweisen. Wenn im Kontext Kunstpädagogik »Naivität« und »Mangel an Talent« irrtümlicherweise ebenso wie die Körpergröße oder das Geburtsjahr als nicht veränderbare Tatsachen angenommen werden, kann das in einer linearen Logik zum Abbruch des Studiums führen.

Im Rahmen seiner Untersuchungen hat de Shazer (1995) eine interessante Beobachtung gemacht: »Werden Klienten gefragt, woran sie merken, dass sie niedergeschlagen sind, erwähnen sie eigenartigerweise häufig gelegentliche ›gute Tage‹. Damit wird Niedergeschlagensein teilweise durch Nicht-Niedergeschlagensein definiert« (S. 95). Nach der Logik des Klienten dürften Ausnahmen nicht vorkommen, da dies hieße, dass jemand die Tatsache, dass er 1,85 Meter misst, damit erklärt, dass er nicht 1,85 Meter misst.

Wenn dem Ratsuchenden klar wird, dass gewisse Dinge nicht einfach gegeben, sondern situativ bedingt sind, wächst in ihm die Zuversicht, dass Veränderungen möglich sind. Wenn der Zweifler erkennt, dass einzelne Skizzen und Zeichnungen besser gelingen als das Gros der Arbeiten, ergeben sich Ansatzpunkte für die Erforschung des Gelingens. Indem Situationen erinnert werden, in denen positive Resultate erzielt wurden, kann das damalige Vorgehen als Modell für die aktuelle Lösung dienen.

Fragen wie »Gibt es vergleichbare Situationen, in denen du ein anderes Ergebnis erzielt hast?«, »Was war damals anders?« oder »Wann hast du in einer ähnlichen Situation nicht gezögert?« und »Bist du in einem solchen Fall einmal nicht gescheitert?« forschen nach Ressourcen, die der Ratsuchende zur Verfügung hat. Um die erfreulichen und funktionalen Ausnahmen ins Gespräch zu bringen, empfiehlt de Shazer (1995) als eine Art Richtlinie, zu erkunden, welche wirksamen, nützlichen und guten Dinge die Ratsuchende tut. Er rät, deutlich zu unterscheiden zwischen der unerwünschten Situation und der positiven Ausnahme davon. Das Positive ist zu fördern. Ausnahmen sollen Schritt für Schritt beschrieben werden, um herauszufinden, was funktioniert hat oder was funktionieren könnte. Als Nächstes soll ein einfacher Auftrag zu einer einfachen Funktion erteilt werden (vgl. S. 115). Es wird deutlich, dass es sich um ein besonnenes Verfahren handelt, das aufgrund der Konkretisierung gleichzeitig pragmatisch und effektvoll und damit für den Ratsuchenden profitabel ist. Dem Nicht-Funktionierenden soll keine Beachtung geschenkt werden (ebda., S. 105).

Die Sensorik auf Ausnahmen richten

Sind Fragen nach Ausnahmen bzw. das Ignorieren dessen, was nicht funktioniert, vielleicht etwas trivial oder gar simpel? Methodisch betrachtet ist es einfach, nach Ausnahmen zu fragen. Es braucht jedoch eine besondere Aufmerksamkeit, um wirkungsvolle Ausnahmen tatsächlich zu erkennen und gleichzeitig auf die Fehlersuche zu verzichten. De Jong und Berg (1998) empfehlen zur Erkundung von Ausnahmen, die Ratsuchenden *regelmäßig* danach zu fragen. Der Berater soll seine Sensorik auf Ausnahmen ausrichten, auch wenn die Ratsuchende deren Bedeutung herunterspielt, und nachfragen, »inwiefern Ausnahmezeiten anders (oder besser) sind als Problemzeiten«. Es gilt außerdem herauszufinden, wer in welcher Form am Zustandekommen der Ausnahme beteiligt ist, sowie die eruierten Stärken und Erfolge der Ratsuchenden zu paraphrasieren und zu verstärken (vgl. S. 164).

Um eine methodische Feinheit handelt es sich, wenn die Lehrperson auf das Erwähnen einer Ausnahme mit Verblüffung oder Ungläubigkeit reagiert: »Für mich ist erstaunlich, dass es bei all den Zweifeln doch so etwas wie ein Licht im Dunkel gibt!« Diese Art der Intervention funktioniert dann und wirkt verstärkend, wenn die Verblüffung authentisch ist. Und wenn der Berater auf den Unterschied im Handeln fokussiert: »Was genau hast du dann anders gemacht?«

Die ausnahmeorientierte Frage »Wann tritt das Problem nicht auf?« oder, dann neutraler, »Wann passiert das nicht?«, fordert den Ratsuchenden auf, nach Gelingendem und intakter Selbstwirksamkeit zu suchen (vgl. Walter & Peller, 1996, S. 94 f.). Die zweite Frage passt beispielsweise, wenn der Lernende anlässlich eines Coachinggesprächs darüber klagt, dass er nicht vom Fleck komme. Eine Idee nach der anderen würde er verwerfen, weil er nichts für ausreichend interessant halte, um daran weiterzuarbeiten. Es ist legitim, hier nach Ausnahmen zu fragen. Der Lernende antwortet nach längerem Überlegen: »Es passiert dann nicht, wenn ich mir ›die Erlaubnis‹ erteile, eine Idee von jemand anders zu kopieren.« Ebenso gut hätte er antworten können: »Wenn ich selber den Rahmen der Arbeit abstecken darf« oder »Wenn ich zwei, drei eingrenzende Anforderungen erhalte.« Dass sich nach einer solchen Aussage ein anspruchsvoller Dialog entwickelt, liegt auf der Hand. Insbesondere dann, wenn es gelingt, die Ausnahme positiv zu konnotieren (vgl. Bamberger, 2010, S. 101). »Es funktioniert also dann, wenn du ein bestehendes Werk als Ausgangslage für eine eigene Variation verwendest. Das ist eine legitime Arbeitsweise, auch wenn das nicht alle so offen deklarieren, wie du es machst.«

Im hier dargelegten lösungsorientierten Ansatz wird es, in Abweichung zu kanonischer Lösungsorientierung, für sinnvoll erachtet, sich ein differenziertes Bild der aktuellen Situation zu machen und einen Blick auf Vorgeschichte und Ursachen zu werfen. Einsichten zur Art bestimmter Erläuterungen und zu den subjektiven Begründungen erweitern die Suche nach Lösungsansätzen. Als effizientes Mittel der lösungsorientierten Beratung erweist sich die Antizipation künftiger Verhaltensweisen.

Antizipierende Fragen

Als wirkungsvoll erweist sich der positive Blick in die Zukunft. Die Ratsuchende soll sich vorstellen, wie es sein wird, wenn ihr Problem gelöst ist und die aktuellen Schwierigkeiten nicht mehr existieren: Es handelt sich um eine einfache Instruktion, die zu einer entscheidenden Erweiterung der Perspektive auf die Problemlage führt. Bamberger (2010) unterscheidet verschiedene Funktionen des Fragens: Neben Klärungs-, Fokussierungs- und Verstärkungsfragen verweist er auf antizipierende Fragen. Er benutzt in diesem Zusammenhang den von Scharmer und Käufer geprägten Begriff *Presencing*[25] (vgl. S. 59). In ihrem Führungsansatz beschreiben die Autoren damit eine besondere Qualität der Aufmerksamkeit bzw. eine differenzierte Art des Hinhörens in Innovationszyklen. Sie gehen von der Annahme aus, dass durch Presencing mögliche künftige Entwicklungen in die aktuelle Planung und Analyse einbezogen werden, um in Unternehmen die Überwindung traditioneller Muster zu ermöglichen und gleichzeitig die Tür für Innovation zu öffnen (vgl. Scharmer & Käufer, 2008, S. 9 ff.). Ähnliche Erwartungen sind in der lösungsorientierten Arbeit mit antizipierenden Fragen verbunden. Mit der Imagination »Was wäre wenn…?« öffnen sich anregende Erkundungsräume. Die Frage kann die Aufforderung einleiten, so zu tun, als sei das Problem gelöst: »Wie fühlt sich das an?«, »Was ist dann anders?«, »Wie anders?« und »Wie würdest du dich dann verhalten?« In der Regel nehmen Ratsuchende dieses Reflexionsangebot an, da es unverbindlich und »gefahrlos« ist. Oft wird ihnen erst nach und nach bewusst, dass sie sich mit ihren Fantasien im Umfeld möglicher Lösungsszenarien bewegen. Durch

25 Presencing, als Begriff zusammengesetzt aus den Worten »presence« und »sensing«, beschreibt das Bestreben, möglichst viele Einsichten aus der Vorstellung einer wahrscheinlichen Zukunft in die Gegenwart zu holen und daraus Schlussfolgerungen zu ziehen, die sich auf das aktuelle Handeln positiv auswirken. Als Methode für die Unternehmensführung entwickelt durch C. Otto Scharmer (vgl. Scharmer & Käufer, 2008).

das Verspielte und nicht Verpflichtende der Überlegungen werden sie mutig und variantenreich und entdecken so Strategien, die sie sich bisher nicht zugetraut bzw. nicht zu denken gewagt haben.

Verbindet man »Was wäre wenn…?« mit der Anregung zu mentalem Probehandeln, wird die abstrakte Auseinandersetzung eine Spur konkreter. Gemeint ist beispielsweise das Angebot, eine bevorstehende Herausforderung gedanklich vorzubereiten und durchzuspielen. Schrittweise können schwierige Gespräche, Prozeduren, Verhaltensweisen entworfen und besprochen werden. Dieses Vorgehen, denkbar auch als Rollenspielübung, eignet sich zur Vorbereitung auf ein Prüfungskolloquium, ein Bewerbungsgespräch und ähnliche Situationen. Die Vorstellung wird von der Realität abweichen, trotzdem begegnet ihr der Betroffene nach einer Imaginationsrunde entspannter. Dies gilt insbesondere, wenn auch kritische Aspekte der Thematik (z. B. in Variationen) untersucht wurden.

Hinsichtlich der Arbeit am künstlerischen Werk können über den »Umweg« der Imagination Lösungen für die Realsituation entwickelt werden: »Stell dir vor, die Installation wäre platziert und formal komplett. Was würdest du bei der Präsentation besonders hervorheben?« Oder: »Stell dir vor, du müsstest im Rahmen der Radio-Rubrik *100 Sekunden Wissen* das Werk beschreiben… Was würdest du über den Standort, die Lichtverhältnisse, das Material berichten?« Es sind auch Fragen möglich, die zusätzlich einen Perspektivenwechsel beinhalten (vgl. Kapitel 4.3.3): »Was würde die Betrachter am meisten interessieren, worüber würden sie sich unterhalten?«, »Was würde sie besonders beeindrucken?« und »Was würde kontrovers diskutiert?« Auch wenn die Antworten weitgehend spekulativ bleiben, liefern sie Anhaltspunkte, worüber sich die Lernende Gedanken macht oder was der Stand der Vorstellungen ist. Dies wiederum ist Ausgangspunkt für weitere Erkundungen.

Wunderfrage

Das bekannteste und wohl kontroverseste Mittel zur Anregung einer hypothetischen Lösung ist die »Wunderfrage«[26]. Gemeint ist die Aufforderung, sich vorzustellen, dass während des Schlafs ein Wunder geschehe, welches das Problem löse. Woran würde der Ratsuchende am

26 Eine klassische Formulierung der Wunderfrage: »Stell dir vor: Heute, nach unserem Gespräch, am Feierabend – du unternimmst vielleicht noch etwas und gehst dann irgendwann zu Bett – in der Nacht, während du schläfst, passiert ein Wunder. Dieses bewirkt, dass deine gestalterische Arbeit die endgültige Form hat/dass die aktuelle Schwierigkeit gelöst ist. Vom Wunder selber hast du nichts bemerkt, weil du geschlafen hast. Woran würdest du nach dem Aufwachen merken, dass sich das Wunder ereignet hat? Woran könnten andere erkennen, dass sich ein Wunder ereignet hat?«

nächsten Morgen erkennen, dass sich das Wunder ereignet habe? Erstaunlicherweise wirkt die Aufforderung, sich die Folgen eines Wunders vorzustellen, auf viele Ratsuchende befreiend. Sie beschreiben, was nach dem Wunder anders wäre, wie das von außen erkennbar sei und wer wie darauf reagieren würde. Da es Wunder nicht gibt, behalten die Überlegungen und Beschreibungen den Charakter des Unverbindlichen. Es ist nicht erforderlich, die Fantasien und Annahmen in die Alltagsrealität zu übersetzen. Das befreite »Auftischen« von Zielvorstellungen und Umsetzungswünschen regt die Problembearbeitung an und wirkt entkrampfend (vgl. de Shazer, 1996, S. 311 f.). Die spekulativen Vorschläge, bei gleichzeitigem Verzicht auf eine präzise Beschreibung, weisen oft in eine Richtung mit Veränderungs- oder Lösungspotenzial. Das macht die Methode effizient. Weiterführende Fragen sind deutlich konkreter: »Wie würdest du in so einem Fall weiter vorgehen?« und »Was von dem, was du dir gerade vorgestellt hast, hat Potenzial für weiteres Nachdenken?« Oder: »Welche Teile von dem, was geschehen würde, lassen sich eventuell unabhängig von Wundern verwirklichen?«

Die Entwicklung dieser originellen Art des Erkundens von Vorstellungen und Absichten wird Insoo Kim Berg zugeschrieben. Sie wurde durch die Idee einer Klientin dazu angeregt (vgl. De Jong & Berg, 1998, S. 125). Die Wunderfrage weist Parallelen auf zu Milton H. Ericksons »Kristallkugel-Technik«. Dieses Verfahren dient dazu, die Aufmerksamkeit des Ratsuchenden imaginativ in die Zukunft zu lenken und zu beschreiben, wie die Problemlösung idealerweise gestaltet sein würde (vgl. Bamberger, 2010, S. 25). Bamberger (ebd.) stellt eine Reihe von Varianten der Wunderfrage vor. Die folgende Formulierung ist in der Arbeit mit nüchternrationalen Personen angemessen: »Angenommen, unser Gespräch würde Ihnen tatsächlich weiterhelfen, was wäre dann die erste kleine Veränderung in Ihrem Leben, an der man das erkennen könnte?« (S. 113).

Imaginative, hypothetische bzw. antizipierende Verfahren erlauben es, Selbstbilder zu entwerfen und zu erkunden, die über das aktuelle Selbstkonzept hinausführen. Im Rahmen von »Tun als ob…« (vgl. Bürgi & Eberhart, 2004, S. 225) kann sich der Lernende beispielsweise als einfallsreich, fähig, mutig, experimentierfreudig oder tabubrechend beschreiben, unabhängig davon, ob dies den Tatsachen entspricht. Im Fantasieraum der Vorstellungen werden Lösungen verhandelbar, die normalerweise aufgrund von Vernunfts- und Kosten-Nutzen-Argumenten oder Versagensängsten vermieden oder vorschnell verworfen werden. In der hypothetischen Atmosphäre sind die Verletzungen beim Misslingen einer Lösungsvariante gering. Die Erkenntnisse, auch wenn sie im Moment über die Grenzen des Leistungsvermögens hinausreichen, sind Bausteine für die Konstruktion funktionaler Lösungen.

Prinzipiell kann man davon ausgehen, dass der Entwurf oder die Vorstellung eines positiven Selbstbilds einen stärkenden Einfluss auf die tatsächliche Befindlichkeit, auf das Leistungsvermögen und letztlich auf die Gesundheit zur Folge hat. Laut Fredrickson (2003) gibt es eine Reihe empirischer Belege für die »Ressourcen bildende Wirkung positiver Gefühle« (S. 41). Bamberger (2010) vermutet in antizipierenden Szenarien eine Art semantische Priming-Funktion[27] hinsichtlich des tatsächlichen Verhaltens. Sich selber in einem »Lösungsmodus« und damit selbstwirksam vorzustellen, hat positive Konsequenzen für die beabsichtigte Zielerreichung und wird damit handlungsrelevant.

Durch die konzentrierte, imaginierte Vorwegnahme bevorstehender Ereignisse und das Hervorheben und Durchleuchten funktionaler, jedoch nicht gelebter bzw. wenig erprobter persönlicher Muster und Strategien, wächst das Selbstvertrauen in die eigenen Stärken. Die Wahrscheinlichkeit, in der betreffenden Angelegenheit aktiv zu werden und Probleme auf angemessene Weise zu lösen, nimmt zu.

Trotz der Potenz antizipierender Verfahren gibt es hinsichtlich der Wirksamkeit auch Einschränkungen. Wenn die Antwort auf eine hypothetische Frage – im vorliegenden Fall die Wunderfrage – vollendete Tatsachen, also einen Endzustand beschreibt, z. B. »Ich bin dann zeichnerisch so weit, dass ich die üblichen Anforderungen an eine Lehrperson für bildnerische Gestalten erfülle«, schlagen Walter und Peller (1996) vor, die Frage erneut zu stellen, jedoch mit stärkerem Fokus auf die Prozessbeschreibung: »Stell dir vor, du wachst morgen auf, und du hast erkannt, wie du deine zeichnerischen Fertigkeiten entscheidend verbessern kannst. Was würdest du in der Folge anders machen?« Der anschließende Dialog wird deutlich stärker auf konkrete Verhaltensweisen und Aktivitäten ausgerichtet sein als bei der Annahme, das Problem als Ganzes sei gelöst. »Durch eine derartige Frage wird die Klientin zu einer Antwort aufgefordert, die eher im Hier und Jetzt liegt und prozessorientiert ist und in kleinere Verhaltenseinheiten zergliedert ist, als dies bei einer ›Entscheidung‹ der Fall wäre« (S. 102). Methodisch ist die Wunderfrage nicht unumstritten. Manche Lernende lassen sich nur ungern auf diese spekulative Arbeit ein.

Abschließend und als Anregung, hypothetische Szenarien in Coachinggesprächen zu erproben, stehen eine Reihe von Formulierungen, mit denen entsprechende Such- und Denkprozesse eingeleitet werden können: »Nehmen wir doch mal an …«, »Stellen Sie sich vor …«, »Wie müsste ich mir das vorstellen …?«, »Tu doch einfach mal so, als ob …«, »Angenommen, du wärst am Ziel …«, »Was wäre, wenn …?«

---

27 Von Priming spricht man dann, wenn mittels eines Hinweisreizes bestimmte implizit gespeicherte Daten für den Abruf vorbereitet werden und die Wahrscheinlichkeit, dass bestimmte Erinnerungen abgerufen werden können, erhöht wird (Markowitsch & Welzer, 2005, S. 81; Westerhoff, 2009). Semantisches Priming bezieht sich auf Assoziationen, die auf Begriffe und Bezeichnungen zurückzuführen sind (vgl. Schacter, 2001, S. 307 f.).

Skalierungsfragen

Die Arbeit mit Skalen ist ein methodisches Mittel, das auf kleine, machbare Schritte fokussiert. Gemeint sind Formulierungen, die die momentane Selbsteinschätzung eines bestimmten Verhaltens oder Erlebens innerhalb eines Kontinuums von wenig bis viel und von schwach bis stark erfragen. Folgendes Fallbeispiel illustriert die Anwendung von Skalierungsfragen:

Fallbeispiel Paul

> *Die Dozentin stellt ihrem Studierenden Paul, der nach einer frustrierenden Unterrichtserfahrung das Praktikum abbrechen möchte, die Frage: »Wie stufst du aktuell deine Zeichenkompetenz ein, wenn du dir eine Skala von ›1‹ bis ›10‹ vorstellst? ›1‹ bedeutet durchschnittliche Zeichenfertigkeit, ›10‹ steht für die kompetente Zeichenfertigkeit eines Zeichenlehrers.« Paul stuft sich bei »4« ein. Aus dieser Ausgangslage ergibt sich eine angeregte Diskussion. Als Erstes stellt die Dozentin fest, dass sich Paul immerhin bei »4«, also beinahe in der Mitte der Skala und nicht – wie aufgrund der Abbruchabsicht erwartet – bei »1« oder »2« eingestuft hat. Paul ist erstaunt über diese Sichtweise und meint: »Eigentlich glaube ich auch, ein guter Zeichner zu sein – selbst im Quervergleich mit meinen Mitstudierenden.« In der Folge unterhalten sie sich über die Reibung zwischen externen Erwartungen und den eigenen Qualitätsansprüchen sowie über die Verfeinerung handwerklicher Grundlagen.*

Anzumerken ist: Unbesehen davon, dass nirgends eindeutig definiert ist, was die zeichnerische Kompetenz eines Zeichenlehrers ist, eröffnet die Skalenfrage ein unterstützendes Gespräch über Qualitätsmaßstäbe, über an sich selber gestellte sowie von außen vermutete Anforderungen oder auch über die Grenzen eines Studiums und lebenslanges Lernen. De Shazer (1996, S. 114), der Skalen für das Repertoire lösungsorientierter Methoden nutzbar machte, begründet deren Verwendung:

> Skalen erlauben es der Therapeutin und der Klientin, das natürliche Funktionieren eines Dialogs auszunutzen, in dem sie einen beiderseits akzeptierten Begriff (z. B. »6«) und ein ganz offensichtlich vielseitiges und flexibles Konzept (z. B. ist auf einer Skala, wo »10« für die Lösung steht und »0« für den Ausgangspunkt, »6« eindeutig besser als »5«) entwickeln.

Skalierungsfragen ermöglichen der Beraterin und dem Ratsuchenden, »gemeinsam eine Brücke zu konstruieren, einen Weg, über schwer zu beschreibende Dinge zu sprechen – einschließlich des Fortschrittes in Richtung auf die Lösung der Klientin« (ebda., S.114). Dinge, die uns kurz- oder mittelfristig bewegen, unterliegen logischerweise einer Entwicklung mit verschiedenen Phasen, erfreulichen und schwierigen. Die Arbeit mit Skalen wurde entwickelt, um über schwierige Themen, etwa Depression, ins Gespräch zu kommen. Es sind Inhalte, die nicht einem einfachen Modus *vorhanden/nicht vorhanden* bzw. *ein/aus* unterliegen, sondern (oftmals) vage auf einem Kontinuum eingeordnet werden können: »Gestern war die Antriebslosigkeit stärker spürbar als heute. Letzte Woche war sie schwächer.« Mittels der Einschätzung der Ausprägung eines Phänomens, das die emotionale Befindlichkeit betrifft, können diesbezügliche Probleme zur Sprache gebracht werden. Skalen erweitern auch das Gespräch über schwer fassbare Themen wie »Kommunikation«, »Berechenbarkeit« oder »Talent« (vgl. ebda., S.115). So kann eine Lehrperson eine Lernende, die über eine lähmende Ideenlosigkeit klagt, den Grad der Absenz von kreativen Einfällen auf einer Skala einschätzen lassen:

Fallbeispiel Philipp

»Wo würdest du dich einordnen auf einer Skala von ›0‹ bis ›10‹, wenn ›0‹ die totale Leere und ›10‹ ein steter Fluss brauchbarer gestalterischer Ideen bedeuten würde?« Philipp ordnet sich aktuell bei einer »3« ein. Dies veranlasst den Berater zur Reaktion: »Ich stelle fest, dass du dich nicht bei ›0‹, sondern bei ›3‹ eingeordnet hast. Was macht es aus, dass du zu dieser Einschätzung kommst?« Die Antworten Philipps geben Anlass zur Hoffnung: »Es gibt Zeiten, wo es mir relativ leicht fällt bzw. gefallen ist, zu einer Aufgabenstellung Ideen zu entwickeln und damit Erfolg zu haben. Im Moment aber habe ich nur langweilige oder aussichtslose Einfälle!« Es entspinnt sich ein kurzer Dialog darüber, was Philipp unter einer langweiligen Idee versteht, und was ihn dazu veranlasst, einen Einfall als aussichtslos zu kategorisieren. Die Lehrperson kann diese Argumente nachvollziehen: »Ich kann verstehen, dass dich das verunsichert.« Philipps Not ist offensichtlich. Der Berater lenkt deshalb zurück zur Frage nach der Einstufung auf der Ideen-Skala: »Was müsste geschehen, dass du von der ›3‹ zur ›4‹ kämst? Was wäre dann anders?« Es geht also um einen nächsten kleinen Schritt hin zu Verbesserung der Situation und nicht um die finale Lösung. Dies wirkt der Überforderung entgegen und erhöht die Bereitschaft, sich auf den Lösungsweg zu begeben. Weitere Fragen dienen der Erkundung des

nächsten Schritts und der Konkretisierung von Umsetzungsoptionen.

Eine ähnliche Wirkung wie die Skalenfragen erzielt man mittels Prozentfragen: »Zu wieviel Prozent hast du das Ziel bereits erreicht?«, »Wie stehen die Chancen in Prozent, dass du den Auftrag noch innerhalb der gesetzten Frist erfüllen kannst?« Auch damit können Veränderungen von Zuständen und Befindlichkeiten in einer quantitativen Dimension erfasst und anschließend diskutiert werden (vgl. Bürgi & Eberhart, 204, S. 247): »Wer kann dir helfen, die verbleibenden 20 Prozent zu schaffen?«, »Was braucht es, um das Verhältnis um 10 Prozent in die positive Richtung zu verschieben?«

Reframing

In eine ähnliche Richtung zielt Reframing. Gemeint ist eine Beratungsmethode, die mittels Umdeutung der inhaltlichen Aussage darauf abzielt, eine Verhaltensweise oder eine Arbeit neu zu sehen: eine negative, behindernde Komponente wird in einen neuen, positiven Kontext gestellt und erhält so eine veränderte Bedeutung. Plate (2013) unterscheidet zwischen Bedeutungs- und Kontextreframing. Im ersten Fall »wird das Verhalten mit einem neuen Etikett versehen, das eine andere, positivere Implikation aufweist«, beim Kontextreframing »wird nach einem Kontext gesucht, in dem das Verhalten (oder dessen positive Implikation) eine Leistung darstellt oder eine positive Funktion hat« (S. 144 ff.). Indem also die Lehrperson das Problem in einem veränderten Rahmen (englisch: Frame) präsentiert, entsteht für die Lernende eine neue Perspektive auf das Thema. Korrekturen und Entwicklungen haben in der Folge eine Chance auf Realisierung. An einem Beispiel erläutert, könnte auf die Aussage »Ich kann nicht fotografieren« (Kontext: Fähigkeit, Begabung) reagiert werden mit »Du kannst es *noch nicht* so gut, wie du es dir wünschtest« (Kontext: Fertigkeit, Lernen/Training). Diese Formulierung verweist auf ein noch zu leistendes Übungskontingent. Die neue Rahmung stellt also einen Zeitfaktor zur Diskussion, weg von »Ich kann nicht und werde es nie können« hin zu »Es ist eine Frage der Zeit, der Recherche und der Trainingsintensität«. Gleichzeitig negiert diese Sichtweise das generalisierte Unvermögen, welches sich in der Formulierung der Lernenden zeigt.

Echtes Reframing muss einen prägnanten Unterschied zur bisherigen Sicht der Wirklichkeit machen (vgl. von Schlippe & Schweitzer, 1997, S. 177). Wichtig ist die weiterführende Beratung. Im eben genannten Beispiel signalisiert die Umdeutung Vertrauen in die Leistungsfähigkeit der Lernenden (»Wenn du übst, wirst du es schaffen«). Dieses kann verstärkt werden durch die Zusicherung, mittels geeigneter technischer Inputs und gezielter Übungen Unterstützung zu bieten. Es liegt dann an der Lernenden, die Herausforderung anzunehmen. Anhand eines weiteren Praxisbeispiels zu einem Entscheidungsnotstand soll das Prinzip des Bedeutungs-Reframings illustriert werden. Ein Lernender erläutert im Gespräch: »Wenn ich mich für eine bestimmte Schrift entscheiden muss, drehe ich mich oft ermüdend lang im Kreis. Ich wäge x-fach ab, was Vor- und Nachteile der einen oder anderen Wahl sind. Habe ich schließlich gewählt, werde ich wieder unsicher.« Die Bedeutung hier: schwerfällig, Entscheidungshemmung, Verunsicherung. Die Lehrperson reagiert: »Ich entnehme deiner Aussage, dass du sehr sorgfältig vorgehst in deinen Entscheidungsprozessen! Ist die gewählte Typografie nicht eine besondere Qualität dieses Produkts? Es ist nichts Außergewöhnliches, getroffene Entscheidungen im Nachhinein noch einmal anzuzweifeln.« Die Bedeutung ihrer Worte: überlegt, Sorgfalt, Typografie-Affinität, Normverhalten (vgl. Plate, 2013, S.146). Wiederum wird das Anliegen bzw. die Problemstellung des Lernenden ernst genommen. Dieses wird aber unmittelbar in eine positive Betrachtungsweise umformuliert von »Zeitaufwand« in »Sorgfalt«. Die Umdeutung wird verstärkt durch die Hervorhebung der Güte der Typografie.

4.4.3 Phase 3: Lösungsverschreibung/Lösungsbegleitung

Schrittweise Setzungen

Walter und Peller (1996) weisen darauf hin, dass oft kleine Änderungen des üblichen Vorgehens ausreichen, um eine nachhaltigere Entwicklung zu ermöglichen. Der Erfolg einer kleinen Änderung bestärkt den Ratsuchenden darin, etwas bewirken zu können, was ihn wiederum ermutigt, einen nächsten Schritt zu wagen. Die Autoren betonen: »Am wichtigsten ist, dass die Annahme kleiner Änderungen bedeutet, dass Probleme, große wie kleine, Schritt für Schritt gelöst werden« (S.37). Jeder einzelne Schritt ist Ausgangspunkt für nächste Teillösungen. Bereits bei der Zielformulierung gilt es, einen überschaubaren Rahmen abzustecken. Dies gelingt umso besser, je weniger Themen für ein Gespräch geplant sind. Der Grundsatz der Konzentration leitet auch die weitere Arbeit. Zweck des gesamten Dialogs ist die Erarbeitung gangbarer Entwicklungen, die Chance auf Realisierung haben. Beispielsweise geht es bei der Frage, wie das Resultat des Semesterprojekts in der Ausstellung präsentiert werden soll, im betreffenden Gespräch nur um ein Thema, die *Metaphorik* der Ausstellungsebenen *oder* die *Raumsituation*: »Welche metaphorischen Bilder passen zu den verschiedenen Ebenen deines Projekts?« Oder: »Welche Raumsituation(en) soll der Besucher der Ausstellung vorfinden, wenn er deinem Werk begegnet?«

Wie im Unterkapitel 1.5.4 erläutert, spielt Vertrauen für das Gelingen einer entwicklungsorientierten Zusammenarbeit eine entscheidende Rolle. Rogers (1988) betont die unbedingte Wertschätzung des Ratsuchenden, der sich dadurch akzeptiert und ernst genommen erlebt. Aufrichtige Komplimente und positive Äußerungen zu Verhalten, Vorgehen oder dem Ergebnis spezifischer Anstrengungen sind Ausdruck von Wertschätzung. Die Stärkung des Vertrauens in die eigene Wirksamkeit und die Handlungsfähigkeit wiederum hat insgesamt positive Folgen für die Leistungsfähigkeit und Motivation einer Person (vgl. Selbstwirksamkeitserwartung nach Bandura, 1994; vgl. Pervin, 2000, S. 388 ff.; vgl. Bamberger, 2010, S. 188 ff.). Ein relativ einfaches Mittel sind Aussagen der Art »Was du gemacht hast, beeindruckt mich. Das gefällt mir!«, »Mir macht Spaß, wie du das anpackst!« oder »Ich staune, wie unkonventionell du mit diesen Materialien umgehst« (vgl. de Shazer, 1995, S. 113 f.). Sie erzielen einen nachhaltigen Effekt.

Komplimente tragen zu einer wohlwollenden Atmosphäre bei, legen den Fokus auf positiv verlaufende Schritte und verringern Ängste vor Kritik und Überforderung (vgl. Bürgi & Eberhart, 2004, S. 211). Die Bereitschaft, sich zu öffnen und unbefangen ans Werk zu gehen, nimmt zu. Der Lernende gewinnt Vertrauen, wenn der Coach ihm zutraut, die gestellte Aufgabe auszuführen – Experimentierfreude und Risikobereitschaft steigen. Dies trifft zu, obwohl beide das Scheitern beinhalten und aber zweckdienliche Bedingungen in einem gestalterisch-künstlerischen Prozess sind. Ein Beispiel aus einem der beobachteten Coachinggespräche im eigenen Studiengang soll dies illustrieren. Der Coach kommentiert die Erläuterungen eines Studenten mit den Worten: »Ich finde schön an deiner Arbeit, wie du einfach vom Bild ausgehst, dich vom Bild leiten lässt, ohne im Vornhinein nach einer bestimmten Bedeutung zu suchen. Mir gefällt dieses Vorgehen, wie du mit dem arbeitest, was dir das Bild anbietet.« (Zimmermann, 2015 a, S. 38).

Es ist bezeichnend für die Methode des Lobens, dass sie von amerikanischen Psychologen und Pädagoginnen propagiert wurde und wird. Ausgiebiges und kontinuierliches Lob ist in Lehr-Lernszenarien üblich und fester Bestandteil der Motivationsstrategien. Aus europäischer Perspektive mutet das – mitunter begeisterte – Verhalten tendenziell übertrieben an. Dies soll niemanden davon abhalten, gute und überzeugende Leistungen durch ein Lob zu würdigen und damit den Empfänger zu ermutigen.

Eine »diskrete«, jedoch nicht weniger effektive Form des Lobs ist das indirekte Kompliment. Die Beraterin bemerkt dann etwa: »Wenn mir das, was du mir gerade geschildert hast, gelingen würde, würde mich das stolz machen«, »Mit einem vergleichbaren Ergebnis wäre ich wirklich zufrieden« oder »Wenn ich mir vorstelle, ich hätte eine derartige Bilderserie zur Auswahl, wäre ich erleichtert.« Diese Formulierungen bewirken etwas anderes als das direkte Ansprechen: »Über dieses Ergebnis bist du bestimmt sehr stolz.« Oder: »Diese Auswahl an gelungenen Bildern muss dich glücklich machen.« Der Coach eröffnet durch den Einbezug der eigenen Person eine Art Außenperspektive, die zudem durch Expertise gekennzeichnet ist. Der Lernende wiederum kann sich über das Lob freuen oder es als eine Angelegenheit der Lehrperson betrachten und auf Distanz gehen.

Eine weitere Möglichkeit ist das Verstärken von Lob, das verdeckt und verhalten vom Ratsuchenden selbst kommt. Konkret ist damit die Situation gemeint, in der die Lernende – provoziert durch Hinweise der Beraterin wie »Ich erwarte von dir, dass du eine Aussage darüber machen kannst, was du von deiner Arbeit hältst?« – selber feststellt, dass ein bestimmtes Vorgehen, ein Verhalten, ein Produkt erfolgreich oder gelungen ist. »Wenn ich das aus etwas Distanz betrachte, finde ich es gar nicht so schlecht.« Die Beraterin reagiert: »Mir gefällt, dass du das selber auch so siehst!« Einfacher ist es natürlich, wenn die Lernende sich selber loben kann und realisiert, dass das, was sie geleistet hat, Qualität hat oder außerordentlich ist. Dies umso mehr, wenn die Lehrperson die Einschätzung teilt.

Anstupsen

Wenn Lösungen nicht erzwungen werden können bzw. sollen, stellt sich die Frage, ob und wie Lehrende in Situationen, die für sie offensichtlich und aussichtsreich erscheinen, die Entscheidungen von Lernenden unterstützen können. Interessant in diesem Zusammenhang ist die teilweise kontroverse Diskussion um den Begriff *Nudging* (vgl. Leonard, 2008; Whitehead et al., 2014; Zimmermann, 2015). Gemeint sind Formen des sanften Anstoßens, etwa behördlich bzw. durch gesellschaftliche oder politische Interessen geleitete Hinweise und Maßnahmen im Alltag. Meistens erscheinen diese in Form von designten, architektonischen oder schriftlichen Eingriffen im öffentlichen Raum, in Warenhäusern oder in der behördlichen Kommunikation. Sie sollen Menschen zu einem bestimmten, dem Gemeinwohl dienenden, Verhalten animieren: Sich viel bewegen, Littering vermeiden, gesund essen, die Steuern rechtzeitig bezahlen etc. Wichtig im Fall von Nudging: der Einzelne hat immer die Wahl, sich anders als vorgeschlagen zu verhalten. Es darf weder eine verbindliche bzw. durch Verbote gesteuerte, noch eine durch materielle Anreize gelenkte Maßnahme sein. Vielmehr sollen Anreize laut den Befürwortern den Impuls erhöhen, etwas zu tun, was sozial erwünscht ist, etwa auf Rolltreppen rechts zu stehen, um eiligen Menschen Platz zu machen (Schuhsohlen-Markierung). Die Anregung bzw. die damit verbundene »Entscheidungsarchitektur« sollte so beschaffen sein, dass entsprechendes Verhalten naheliegend und bequem ist und weitgehend intuitiv erfolgt. Trotzdem ist diese Form des Motivierens nicht unumstritten, weil der Schritt zur Manipulation gering ist (vgl. Whitehead et al, 2014, S.14 ff.; Zimmermann, 2015, S.40 ff.).

Übertragen auf die Beratungssituation könnte das bedeuten, dass die Lehrperson vor dem Hintergrund ihrer Erfahrung und ihres Expertenwissens in bestimmten Situationen den Anstoß gibt bei der Auswahl einer spezifischen Option aus mehreren Möglichkeiten. Herbert Eberhart, ein erfahrender Therapeut und Berater, hat es so formuliert: »Manchmal brauchen die Klienten etwas Druck, damit sie anspruchs- und wirkungsvolle Veränderungen tatsächlich angehen.« Nicht immer ist der Leidensdruck groß genug, dass eine Person von sich aus Energie für einen Wandel entwickelt. Klienten zögern und weichen den Entscheidungen aus. In diesem Fall sind Hinweise, Denkanstöße, indirekte Aufforderungen oder ein Vernunftsappell hilfreich, eine Verhaltsweise im Sinne einer Erprobung als Experiment oder als Sprung ins kalte Wasser zu wagen und zu realisieren. Unter dem Stichwort »Intensivieren« betonen Bürgi und Eberhart (2004) die Bedeutung des Erlebens. Gemeint ist das Wegführen der Ratsuchenden vom »Reden darüber«, wie eine Veränderung sein könnte, hin zur Aufforderung, sich der Umgebung mit erhöhter Aufmerksamkeit und Präsenz und einer besonderen Sensibilität für die Gefühlsdimension der Thematik zuzuwenden (vgl. S.262). Mit anderen Worten geht es hier wiederum um die Konkretisierung und die Anregung, Ideen realitätsnah zu testen. Dies können Anstöße und Fragen der folgenden Art sein: »Wenn du dir vornehmen würdest, eine Thematik mit sozialkritischem Bezug zu bearbeiten, wie würdest du dann vorgehen?«, »Wenn ich als Beraterin die Wahl hätte, würde mich... sehr interessieren«, »Aus Design-Perspektive ist es naheliegend...«, »Ich höre bei dir ›zwischen den Zeilen‹ eine Priorisierung von... heraus. Habe ich das richtig verstanden?«, »Ich an deiner Stelle würde mich auf diesen Teil der Arbeit konzentrieren«.

Im Unterkapitel 4.1.4 zur Hypothesenbildung gibt es einen Hinweis, wie eigene Hypothesen und Vorschläge in das Gespräch einfließen können.[28] Es gibt Parallelen zum Anstupsen. Auch in diesem Fall gilt: Ideen und Einfälle der Lehrperson kommen an zweiter und dritter Stelle. Erst dann nämlich, wenn die Lernende eigene Problemlöseoptionen (erschöpfend) formuliert und geprüft hat. Lehrende machen Angebote für die Erweiterung der Strategien und eröffnen zusätzliche Perspektiven auf die Weiterentwicklung der Arbeit. Es gibt Formulierungen, die deutlich machen, dass der Lernende entscheidet, ob er an weiteren Optionen interessiert ist und was er damit machen möchte, z.B.: »Mir ist beim Zuhören etwas durch den Kopf gegangen – möchtest du das erfahren?« Oder »Als ich dich beim Erzählen beobachtet habe, ist mir eine Körperreaktion aufgefallen: Du hast dich aufgerichtet, als du von... berichtet hast. Bist du interessiert an solchen Wahrnehmungen?« Werden diese Überlegungen im Konjunktiv geäußert (»Man könnte sich überlegen, diese drei Bilder zu ersetzen. Was würde dafür bzw. dagegen sprechen?«), bleibt der Vorschlag vage und wirkt weniger direktiv als ein Imperativ: »Wechsle diese drei Bilder einmal aus! Was passiert dann mit der Serie?« Auch die »Man«-Formulierung wirkt abschwächend gegenüber der »Du«-Formulierung. Auf dem Hintergrund verschiedener Antworten der Lernenden entwickelt sich anschließend ein gestalterischer Dialog, in welchen auch das Wissen des Experten einfließt. Der Austausch wird zum Lehr-Lerndialog.

Die Verlockung für den Ratsuchenden ist groß, Angebote und Ideen der Lehrperson anzunehmen und sich damit weiteres Kopfzerbrechen zu ersparen. Es hilft möglicherweise, wenn Lernende wiederholt darauf aufmerksam gemacht werden, dass sie auf eigene Einfälle und Intentionen achten und vertrauen sollen.

Auch Nudging, als zurückhaltende Form der Einmischung, bleibt also eine Gratwanderung: Ab wann ist ein sanft formulierter Hinweis eine Manipulation? Ist sich die Lernende in der Unentschiedenheit bewusst, dass sie nach wie vor die Wahl hat (vgl. Zimmermann, 2015, S. 41 f.)? Die Lehrperson macht sich beim Anstupsen die Tatsache zunutze, dass sich Menschen in der Regel an gesellschaftlichen Normen orientieren. Menschliches Verhalten ist durch eine Vielzahl von Automatismen geleitet und die Trägheit der menschlichen Psyche, anders gesagt die Bequemlichkeit und damit die Neigung, andere die Entscheidungen treffen zu lassen, sind verbreitete Muster.

4.4.4 Phase 4: Lösungsevaluation/Lösungssicherung

Im Gegensatz zur therapeutischen und supervisorischen Arbeit, ist es in Lehr-Lernsettings von untergeordneter Bedeutung, eine gesicherte Lösung zu finden. Es ist im prozesshaften Geschehen dem Lernenden überlassen, welche Teile des Gesprächs ihm weiterhelfen. Unterstützen kann man ihn dabei aber etwa, indem man nach konkreten nächsten Schritten fragt.

28 Simon (2014) relativiert die Abstinenz von Berater-Hypothesen, indem er festhält, dass davon auszugehen ist, dass Ratsuchende letztlich das tun, was in ihrem Lebenskontext viabel ist (vgl. S. 43). Sie werden also Ratschläge, Kommentare, Hypothesen des Beraters abhängig von der aktuellen Sinnhaftigkeit ignorieren, oder sie nehmen sie an und nutzen sie für den »Umbau der handlungsleitenden Wirklichkeitskonstruktionen« (S. 102).

Das Konkretisieren einer Überlegung, also das Überführen der untersuchten und reflektierten Lösungsoptionen in reale Aktionen (Verhalten, Wahrnehmung, Kommunikation etc.) bleibt Sache des Lernenden. Die lösungsorientiert handelnde Lehrperson wird aber während und spätestens am Ende der Lehr-Lernberatung nachfragen, was der Lernende von dem Besprochenen mitnimmt bzw. was er in die Tat umzusetzen gedenkt. Ausgehend von der Idee der kleinen Schritte fällt es leicht, handfeste nächste Maßnahmen zu formulieren. In der gestalterischen Arbeit, welche in vielerlei Hinsicht an konkretes Handeln gebunden ist – etwas anfertigen, Materialproben machen, üben, eine Schrittfolge verändern oder ähnliches – ist die Frage »Was tust du als Nächstes?« folgenreich. Lernende werden in der Regel kaum zögern, diesbezügliche Aussagen zu machen und entsprechendes Vorgehen zu skizzieren. In der Praxis der Lernberatung finden aber auch Gespräche statt, die sich auf eine abstrakte Weise von der zur Diskussion stehenden Frage lösen. Der Austausch kann inhaltlich höchst interessant sein, erfüllt aber den Anspruch kaum mehr, Unterstützung für die Weiterarbeit zu leisten. Grund dafür kann eine (unbewusste) Strategie des Lernenden sein, den problematischen Aspekten der Arbeit auszuweichen oder wichtige Entscheidungen zu vertagen. In diesem Fall ist es Sache der Lehrperson nach dem Grund der Zurückhaltung zu fragen, insbesondere wenn es um gestalterische Entscheidungen geht. Etwa bei der Besprechung einer Fotoarbeit: »Mir fällt auf, dass du dir zwar äußerst differenzierte Gedanken zu Bildformaten im Allgemeinen machst, dass wir aber kein Wort über das vorliegende Material verlieren – woran könnte das liegen? Was hält dich davon ab, das Format der vier vorliegenden Fotografien zu analysieren?« Die verhandelte Thematik wird abstrakt bzw. losgelöst vom tatsächlichen Handeln diskutiert. Die Lehrperson muss abschätzen, ob diese Distanz zur konkreten Weiterarbeit zweckdienlich ist und entsprechend intervenieren: »Lass uns jetzt über das Format deiner Bilder sprechen« oder »Ich habe das Gefühl, jetzt ist nicht der richtige Zeitpunkt für eine Analyse deiner Arbeit«.

Die Erwartung, dass lösungsorientierte Beratung zu gangbaren, unmittelbar wirksamen Resultaten führt, wird von verschiedenen Autorinnen und Autoren geteilt. Bamberger (2010) sieht die Notwendigkeit des Konkretisierens unter anderem dort, wo Ratsuchende unspezifische Beschreibungen der Zielerreichung angeben wie »Dann ginge es mir in allem besser« oder »Dann wäre ich glücklich« (vgl. S. 117). Bürgi und Eberhart (2004) sprechen von konstruktiven Zielen und meinen damit sehr konkrete Schritte der Problembearbeitung (z. B. einen hinausgezögerten Anruf tätigen; jeden Tag 15 Minuten Bewegung skizzieren), welche durch nachvollziehbare Indikatoren überprüft werden können (S. 201 f.).

Eberhart und Knill (2009) formulieren schlagwortartig »Reden ist Silber, Handeln ist Gold« und verweisen damit auf den Wert von Erfahrungen der eigenen Wirksamkeit. Im tatsächlichen Handeln, beispielsweise durch eine kleine Verhaltensänderung (z.B. permanent ein Skizzenbuch zur Hand haben) oder eine minimale Wahrnehmungsverschiebung (die Mitlernenden haben genug mit sich selber zu tun, können mich also gar nicht ständig beobachten), wird Bewirken-Können exemplarisch erlebbar und so zum Anreiz für weitere Veränderungen. Hubrig und Herrmann schließlich (2014) halten fest, dass die »Hauptfrage jeder Beratung lautet: ›Wie können sich die Erfahrung und die Einsicht in dieser Stunde auch im Alltag verändernd auswirken?‹« (S.172). Am folgenden Fallbeispiel wird deutlich, wie hartnäckiges Forschen nach Machbarem schrittweise zu überzeugenden gestalterischen Lösungen führen kann.

Fallbeispiel Martina

Martina Tobler, eine Studentin, die in ihrer Diplomarbeit mit Malerei experimentierte, in welcher sie nach adäquater Darstellung von Haut, Körper und Organischem suchte, hat sich auf spezielle Weise mit der Formatfrage befasst. Aufgrund ihres ursprünglichen Berufs als Operationsassistentin verfügte sie über ein differenziertes Wissen zur Beschaffenheit, der Konsistenz und den Farbnuancen menschlicher Haut und ebenso zu Fleisch, inneren Organen und den verschiedenen Flüssigkeiten im geöffneten Körper. Ihre Absicht war, dieses Wissen in Körperinszenierungen zu übersetzen, die dem Betrachter einen Eindruck der realen Erfahrung dieser Elemente vermitteln sollten. In den Besprechungen kamen wiederholt der Malgrund und die Aufbereitung der Ölfarbe zur Sprache: Wie können Transparenz, Überlagerung und unterschiedliche Flüssigkeitszustände mit malerischen Mitteln dargestellt werden? Neben mit Wachsöl grundiertem Buchbindeleinen fand Martina nach längerem Suchen zu Metzgerpapier als Trägermaterial für ihre lasierende, durch reichliche Leinölzugabe »verflüssigte« Malerei. Problematisch an diesem gewachsten rosa Papier war die Tatsache, dass es nur in Formaten erhältlich war, die nach den Vorstellungen der Studentin zu klein waren. Die Möglichkeit, Metzgerpapier im Überformat aufzutreiben, erwies sich als sehr aufwendig und kompliziert. Deshalb gingen die Überlegungen bald in Richtung »Papiere zusammenfügen«. Das Gespräch mit dem Coach führte zur Prüfung verschiedener Verbindungsvarianten: leimen, mit Klebstreifen oder mittels Klammern verbinden, schließlich vernähen. Diese Entdeckung basierte auf einer weiteren Assoziation zu den Erfahrungen im Operationssaal. Mit Nadel und Faden zusammenfügen – die naheliegende Vorgehensweise – wurde jedoch nach einer Reihe von Experimenten als wenig praktikabel verworfen. Dadurch wurde der Weg frei für die Überlegung der Studentin, die Papierbogen mit der Nähmaschine zu vernähen.

Der Wert der Beratungssequenzen lag in der Veranschaulichung. Geholfen hat die wiederholte Aufforderung des Coaches, Ideen zu testen, Einfälle experimentell zu untersuchen, Materialexperimente durchzuführen, also den Fragen nachzugehen: »Wie könntest du das machen?« und »Welche Bedingungen müssen erfüllt sein, damit es funktioniert?« Wenn die Lehrperson in solchen Momenten den Denkprozess nicht mit den eigenen Ideen überflutet, öffnet sich eine großes Feld für Entdeckungen (aller Beteiligter). Lernende fühlen sich aufgefordert, ihre Überlegungen in Richtung einer konkreten Handlung zu lenken bzw. auf die Entscheidung zu fokussieren. Hier wird der Vorteil von materialbasierter gestalterischer Tätigkeit und damit der grundsätzlich handlungsorientierte Charakter der Arbeit offensichtlich. Es ist für die Lehrperson einfach, die Konkretion herauszufordern und formulierte Absichten zu verstärken: »Probiere es aus, erkunde den Malgrund. Mache ein paar Skizzen von dieser Idee. Baue ein Modell. Trage die Farbe auf – du kannst immer noch übermalen, wenn es nicht hinhaut.«

Konkret zu werden hat einen Zusammenhang mit der Ernsthaftigkeit des Engagements. Lernende sind unterschiedlich stark in eine gestalterische Thematik involviert. Wo die einen mit dem erstbesten Einfall zufrieden sind, ringen andere, etwa Martina im genannten Beispiel, um Entscheidungen und optimierte Lösungen. Das Coaching erfordert je unterschiedliche Verhaltensweisen. Wo man im einen Fall staunend und applaudierend teilnehmen kann am Geschehen, wird man im anderen Fall hartnäckig hinterfragen, herausfordern und ermutigen. Wie betroffen von beziehungsweise wie beschäftigt der Lernende mit der besagten Thematik ist, spürt die Lehrperson unter Umständen an der eigenen Befindlichkeit. Erlebt sie sich im Gespräch als unkonzentriert, gelangweilt oder sogar verärgert, kann das ein Hinweis sein, dass es dem Gegenüber mit seinem Anliegen an Ernsthaftigkeit oder Betroffenheit fehlt. Überprüfen lässt sich das leicht: »Ich frage mich, worüber wir gerade sprechen? Worum geht es dir?« Oder: »Bitte lass uns zur ursprünglichen Frage zurückkehren!« Besonders effektiv sind Konkretisierungen, die zu einer Handlung führen: »Hast du eine Idee, wie du die relativ kleinen Bogen zu einem größeren Malgrund zusammenfügen könntest?«, »Was tust du als nächstes, um brauchbare/sinnvolle Kriterien für die Auswahl der Fotografien zu finden?« Impulse, die die Antizipation einer Zielerreichung anregen, insbesondere, wenn sie einen Bezug zur Alltagsrealität herstellen, sind hilfreich um Handlungen zu provozieren: »Lass uns doch mal den Einstieg ins Kolloquium durchspielen. Versuch mal, die zwei ersten Minuten deiner Einleitung zu formulieren.« Oder: »Stell dir vor, du rufst bei der Kontaktperson in der Kartonfabrik an, um die Idee mit der Unterstützung zu klären. Wie würdest du dein Anliegen schildern?«

Weitreichende Lösungen lassen sich, wie hinlänglich begründet, nicht forcieren. Wichtige Entscheidungen brauchen Zeit, sie müssen im Lernenden reifen. Die Lehrperson übt sich in Geduld. Aber wie bereits erwähnt, gibt es die absolute Abstinenz der Beraterin nicht. Sie kann sogar kontraproduktiv sein. Im Beratungsprozess wirkt es irritierend bis desinteressiert, wenn der Ratsuchende ausschließlich auf sich selbst zurückgeworfen wird und auf Einschätzungen und Kommentare des Dozierenden verzichten muss. Entscheidend sind der Zeitpunkt und die Form von Kommentaren und der Einmischung.

4.4.5 Fazit

Wie sich gezeigt hat, ermöglichen lösungsorientiertes Beraten und die Anwendung entsprechender Methoden wirkungsvolle Interventionen. Der Wechsel von der Problem- zur Lösungssicht und die Verwendung der entsprechenden Sprache mobilisieren bei den Ratsuchenden Energie und Zuversicht. Das Reflektieren und Beantworten der Fragen des Beraters stärken das Vertrauen in die eigene Leistungs- und Entscheidungsfähigkeit. Die von den Autoren für die Kurzzeitberatung konzipierten Methoden und Verfahren eignen sich gut für die Anwendung im Bildungsbereich.

Tatsächlich erweist sich die Umsetzung der Methodik im Unterrichtsalltag als nicht zu unterschätzende Herausforderung. Das scheinbar einfache Verfahren verlangt eine klare Haltung und eine besondere Sprachaffinität. Das Verfahren baut auf überraschende Formulierungspirouetten, die Fragen verblüffen durch unverhoffte Richtungswechsel, durch anregende, zuversichtliche Formulierungen und durch Humor. Etwa wenn Lernende auf eine Erkundung mit »Ich weiß nicht…« antworten. Diese Antwort entgegennehmend lohnt es schon einmal, die Frage in einer Variation zu wiederholen: »Stell dir vor, du wüsstest es… was würdest du dann sagen?« (vgl. Walter & Peller, 1996, S. 104). Im schlimmsten Fall erntet man mit dieser Aufforderung einen Lacher im Sinne von »Sie haben mich durchschaut, aber ich weiß trotzdem nichts«, im guten Fall wird der Lernende ermuntert, nachzudenken und eine plausible Antwort zu geben.

Die Erwartung, dass sich etwas klärt oder gar verbessert, ist die zentrale Voraussetzung einer Lehr-Lernberatung (inspiriert durch de Shazer, 1995, S. 208). Am Ausgangspunkt der beraterischen Zusammenarbeit steht die Überzeugung, dass mittels der lösungsorientierten Sicht auf

Ereignisse und Verhaltensweisen gestalterische Prozesse positiv unterstützt werden können. Die Vorannahme, dass Lösungen für eine vorliegende Problemstellung in der Person existieren, mobilisiert Kräfte für die Suche nach funktionalen Denkmustern und Vorgehensweisen. Der Optimismus der Lehrperson hinsichtlich der Umsetzungsmöglichkeiten des Lernenden wirkt in der Tat ebenso effektiv wie das Erteilen fachlicher Ratschläge.

Das Formulieren positiv konnotierter, zukunftsorientierter Kommentare und Fragen muss aktiv erlernt werden. Die Fokussierung der Wahrnehmung auf die stärkenden Aspekte eines Verhaltens und Vorgehens benötigt Training. Wer lösungsorientiert arbeiten möchte, muss mit Überzeugung Abstand nehmen von einer einseitigen Kritikkultur und die positiv bestärkenden Aspekte filtern. Voraussetzung ist eine bewusste Entscheidung für diese Art der Lehr-Lernberatung.

Argyle, Michael (2002). *Körpersprache und Kommunikation: Das Handbuch zur nonverbalen Kommunikation* (8. Auflage). Paderborn: Junfermann.

Ayan, Steve (2018). Der Autopilot im Kopf. *Gehirn & Geist, 2018/10,* 12–18.

Ayan, Steve (2012). Wenn wir Maschinen wären. *Gehirn & Geist, 2012/3,* 64–69.

Bamberger, Günter G. (2010). *Lösungsorientierte Beratung* (4. Auflage). Weinheim: Beltz.

Bandler, Richard (1987). *Veränderungen des subjektiven Erlebens: Fortgeschrittene Methoden des NLP*. Paderborn: Junfermann.

Bandura, Albert (1994). Self-efficacy. In Vilayanur S. Ramachandran (Ed.), *Encyclopedia of human behavior* (Vol. 4, pp. 71–81). New York: Academic Press.

Bandura, Albert (1991). *Sozial-kognitive Lerntheorie*. Stuttgart: Klett-Cotta.

Barthelmess, Manuel (2001). *Systemische Beratung: Eine Einführung für psychosoziale Berufe* (2. Auflage). Weinheim: Beltz Sozial.

Beck, Erwin; Guldimann, Titus; Zutavern, Michael (1995). *Eigenständig Lernen*. St. Gallen/Konstanz: UVK.

Bednorz, Peter; Schuster, Martin (2002). *Einführung in die Lernpsychologie*. München: Ernst Reinhardt.

Benne, Kenneth D.; Bradford, Leland P.; Lippitt, Ronald (1972). Die Laboratoriumsmethode. In Leland P. Bradford; Jack R. Gibbs; Kenneth D. Benne (Hrsg.), *Gruppentraining: T-Gruppentheorie und Laboratoriumsmethode* (36–53). Stuttgart: Ernst Klett.

Berger, Warren (2017). *Die Kunst des klugen Fragens*. München: Piper.

Berghaus, Margot (2011). *Luhmann leicht gemacht*. Köln: Böhlau UTB.

Berkling, Heike (2010). *Lösungsorientierte Beratung*. Stuttgart: Kohlhammer.

Beuys, Joseph (2007). Zur idealen Akademie. In Elke Bippus; Michael Glasmeier (Hrsg.), *Künstler in der Lehre* (93–99). Hamburg: Philo & Philo Fine Arts.

Bippus, Elke; Glasmeier, Michael (Hrsg.) (2007). *Künstler in der Lehre*. Hamburg: Philo & Philo Fine Arts.

Bippus, Elke (2007). Kurzer Abriss einer Geschichte der Akademien. In Elke Bippus; Michael Glasmeier (Hrsg.), *Künstler in der Lehre* (297–328). Hamburg: Philo & Philo Fine Arts.

Blum, Jason (Produzent); Chazelle, Damien (Regie). (2014). *Whiplash* [Film]. USA: Sony Pictures.

Bor, Daniel (2011). Der Traum vom Gedankenlesen. *Gehirn & Geist, 2011/6,* 14–18.

Brunner, Heinz (2011). Intervision als Instrument der Professionalisierung und Qualitätssicherung. In Geri Thomann; Monique Honegger; Peter Suter (Hrsg.), *Zwischen Beraten und Dozieren: Praxis, Reflexion und Anregungen für die Hochschullehre*. Zürich: hep.

BÜLTER, HELMUT; MEYER, HILBERT (2004). Was ist ein lernförderliches Klima? *Pädagogik, 2004/11,* 31–36.

BÜRGI, ANDREAS; EBERHART, HERBERT (2004). *Beratung als strukturierter Prozess: Ein Lehrbuch für die ressourcenorientierte Praxis.* Göttingen: Vandenhoeck & Ruprecht.

CSÍKSZENTMIHÁLYI, MIHALY (1997). *Kreativität: Wie Sie das Unmögliche schaffen und Ihre Grenzen überwinden.* Stuttgart: Klett-Cotta.

COLLINS, ALLAN; BROWN, JOHN S.; NEWMAN, SUSAN E. (1989). Cognitive apprenticeship: Teaching the crafts of reading, writing, and mathematics. In Lauren B. Resnick (Ed.), *Knowing, learning, and instruction: Essays in honor of Robert Glaser* (453–494). Hillsdale, NJ, US: Lawrence Erlbaum Associates, Inc.

CULLEY, SUE (1996). *Beratung als Prozess: Lehrbuch kommunikativer Fertigkeiten.* Weinheim: Beltz Edition Sozial.

DAMASIO, ANTONIO R. (2011). *Selbst ist der Mensch: Körper, Geist und die Entstehung des menschlichen Bewusstseins.* München: Siedler Verlag.

DAMASIO, ANTONIO R. (2000). *Ich fühle, also bin ich: Die Entschlüsselung des Bewusstseins.* München: List.

DAMASIO, ANTONIO R. (1997). *Decartes' Irrtum: Fühlen, Denken und das menschliche Gehirn.* München: Deutscher Taschenbuch Verlag.

DE JONG, PETER; KIM BERG, INSOO (1998). *Lösungen (er-)finden: Das Werkstattbuch der lösungsorientierten Kurztherapie.* Dortmund: verlag modernes lernen.

DE SHAZER, STEVE (1996). *»... Worte waren ursprünglich Zauber«.* Lösungsorientierte Therapie in Theorie und Praxis. Dortmund: verlag modernes lernen.

DE SHAZER, STEVE (1995). *Der Dreh. Überraschende Wendungen und Lösungen in der Kurzzeittherapie.* Heidelberg: Carl-Auer.

DIETRICH, STEPHAN (Hrsg.) (2001). *Selbstgesteuertes Lernen in der Weiterbildungspraxis.* Bielefeld: Bertelsmann.

EBERHART, HERBERT; KNILL, PAOLO J. (2009). *Lösungskunst. Lehrbuch der kunst- und ressourcenorientierten Arbeit.* Göttingen: Vandenhoeck & Ruprecht.

EDELMANN, WALTER; WITTMANN, SIMONE (2012). *Lernpsychologie.* Weinheim: Psychologie Verlags Union.

EFRAN, JAY S.; LUKENS, MICHAEL D.; LUKENS, ROBERT J. (1992). *Sprache, Struktur und Wandel: Bedeutungsrahmen der Psychotherapie.* Dortmund: verlag modernes lernen.

EKMAN, PAUL; FRIESEN, WALLACE V. (2003). *Unmasking the face: A guide to recognizing emotions from facial expressions.* Los Altos: Malor Books.

FENGLER, JÖRG (2009). *Feedback geben. Strategien und Übungen.* Weinheim: Beltz.

FILLIOU, ROBERT (2007). Gedanken über das Funktionieren des Systems. In Elke Bippus; Michael Glasmeier (Hrsg.), *Künstler in der Lehre* (63–74). Hamburg: Philo & Philo Fine Arts.

FITTKAU, BERND; MÜLLER-WOLF, HANS M.; SCHULZ V. THUN, FRIEDEMANN (1994). *Kommunizieren lernen (und umlernen)* (7. Auflage). Aachen-Hahn: Hahner.

FORNECK, HERMANN J.; KLINGOVSKY, ULLA; KOSSACK, PETER (Hrsg.) (2005). *Selbstlernumgebungen. Zur Didaktik des selbstsorgenden Lernens und ihrer Praxis*. Baltmannsweiler: Schneider.

FREDRICKSON, BARBARA L. (2003). Die Macht der guten Gefühle. *Gehirn & Geist, 2003/6*, 38–42.

GERGEN, KENNETH J.; GERGEN, MARY (2009). *Einführung in den sozialen Konstruktionismus*. Heidelberg: Carl-Auer.

GERGEN, KENNETH J. (2002). *Konstruierte Wirklichkeiten. Eine Hinführung zum sozialen Konstruktionismus*. Stuttgart: Kohlhammer.

GLASERSFELD, ERNST VON (1997). Einführung in den radikalen Konstruktivismus. In Paul Watzlawick (Hrsg.), *Die erfundene Wirklichkeit*. München: Piper.

GORDON, THOMAS (1981). *Lehrer-Schüler-Konferenz. Wie man Konflikte in der Schule löst*. Reinbek: Rowohlt.

GRAESSNER, GERNOT (2008). *Moderation – das Lehrbuch*. Augsburg: Ziel.

GULDIMANN, TITUS (1996). *Eigenständiger Lernen. Durch metakognitive Bewusstheit und Erweiterung des kognitiven und metakognitiven Strategierepertoires*. Bern: Haupt.

GUMIN, HEINZ; MEIER, HEINRICH (Hrsg.) (2002). *Einführung in den Konstruktivismus*. München: Piper.

HECHLER, OLIVER (2010). *Pädagogische Beratung*. Stuttgart: Kohlhammer.

HOBMAIR, HERMANN (Hrsg.) (2016). *Pädagogik*. Köln: Bildungsverlag eins.

HUBRIG, CHRISTA; HERRMANN, PETER (2014). *Lösungen in der Schule. Systemisches Denken in Unterricht, Beratung und Schulentwicklung*. Heidelberg: Carl-Auer.

HUBRIG, CHRISTA; HERRMANN, PETER (2012). *Einführung in die systemische Schulpädagogik*. Heidelberg: Carl-Auer.

JONAS, KLAUS; STROEBE, WOLFGANG; HEWSTONE, MILES (Hrsg.) (2007). *Sozialpsychologie*. Heidelberg: Springer.

KANDEL, ERIC (2009). *Auf der Suche nach dem Gedächtnis. Die Entstehung einer neuen Wissenschaft des Geistes*. München: Goldmann.

KATENKAMP, OLAF (2011). *Implizites Wissen in Organisationen. Konzepte, Methoden und Ansätze im Wissensmanagement*. Wiesbaden: VS Verlag.

KLEIN, ROSEMARIE (2016). Lernberatung in der Grundbildung Erwachsener. In Cordula Löffler; Jens Korfkamp (Hrsg), *Handbuch zur Alphabetisierung und Grundbildung Erwachsener* (277–294). Münster, New York: Waxmann.

KLEIN, ROSMARIE; REUTTER, GERHARD (Hrsg.) (2005). *Die Lernberatungskonzeption. Grundlagen und Praxis*. Baltmannsweiler: Schneider.

KNEER, GEORG; NASSEHI, ARMIN (2000). *Niklas Luhmanns Theorie sozialer Systeme*. München: Fink.

KNILL, PAOLO J. (2003). Die drei Sprungarten aus der Notenge. Spiel und Imagination; das Entgrenzende in der Musiktherapie. http://www.musiktherapie.de/fileadmin/user_upload/medien/pdf/einblicke/Knill_14.pdf, Zugriff: 26.11.2018.

KÖNIG, ECKARD; VOLMER, GERDA (1999). *Systemische Organisationsberatung. Grundlagen und Methoden*. Weinheim: Deutscher Studien Verlag.

KOSSACK, PETER (2015): *Lernen Beraten. Eine dekonstruktive Analyse des Diskurses zur Weiterbildung*. Bielefeld: transcript.

KRAUSE, CHRISTINA (2003). Pädagogische Beratung: Was ist, was soll, was kann Beratung? In Christina Krause; Bernd Fittkau; Reinhard Fuhr; Heinz-Ulrich Thiel (Hrsg.), *Pädagogische Beratung. Grundlagen und Praxisanwendung* (15–31). Paderborn: Ferdinand Schöningh.

KRIZ, JÜRGEN (2005). Schöpferisches Chaos in der Psychotherapie. *Systems, 2005/19(1),* 20–45.

KRIZ, JÜRGEN (1998). *Chaos, Angst und Ordnung*. Göttingen: Vandenhoeck & Ruprecht.

KRIZ, JÜRGEN (1990). Pragmatik systemischer Therapie-Theorie Teil II: Der Mensch als Bezugspunkt Systemischer Perspektiven. *System Familie, 1990/3,* 97–107.

LEITZ, IRIS (2015). *Motivation durch Beziehung*. Wiesbaden: Springer Fachmedien.

LEONARD, THOMAS C. (2008). Richard H. Thaler, Cass R. Sunstein, Nudge: Improving decisions about health, wealth and happiness. *Constitutional Political Economy, Vol. 19, Issue* 4, 356–360. Book Review. http://link.springer.com/article/10.1007%2Fs10602-008-9056-2?LI=true, Zugriff: 26.11.2018

LOEBBERT, MICHAEL (2015). Praxisfelder im Coaching. In Robert Wegener; Michael Loebbert; Agnès Fritze (Hrsg.), *Coaching-Praxisfelder. Forschung und Praxis im Dialog* (203–220). Wiesbaden: Springer.

LUHMANN, NIKLAS (1987). *Soziale Systeme. Grundriss einer allgemeinen Theorie*. Frankfurt am Main: Suhrkamp.

MARKOWITSCH, HANS J.; WELZER, HARALD (2005). *Das autobiografische Gedächtnis. Hirnorganische Grundlagen und biosoziale Entwicklung*. Stuttgart: Klett-Cotta.

MARTIN, AGNES (2007). Über die Vollkommenheit, die dem Leben zugrunde liegt. In Elke Bippus; Michael Glasmeier (Hrsg.), *Künstler in der Lehre* (110–123). Hamburg: Philo & Philo Fine Arts.

MATURANA, HUMBERTO R.; VARELA, FRANCISCO (1987). *Der Baum der Erkenntnis*. München: Goldmann.

MCADAMS, DAN (2013). »Ich bin, was ich über mich erzähle« (Interview). *NZZ am Sonntag, 13.1.2013,* 63.

MEIXNER, JOHANNA; MÜLLER, KLAUS (2004). Konstruktivismus in der Praxis: Pädagogik und Erwachsenenbildung. In Falko von Ameln (Hrsg.), *Konstruktivismus. Die Grundlagen systemischer Therapie, Beratung und Bildungsarbeit* (245–268). Tübingen: A. Francke.

MILLER, JOHN (2007). Das pädagogische Modell oder die Steigerung der Scham durch ihre Veröffentlichung. In Elke Bippus; Michael Glasmeier (Hrsg.), *Künstler in der Lehre* (180–195). Hamburg: Philo & Philo Fine Arts.

MILLER, PATRICIA (1993). *Theorien der Entwicklungspsychologie*. Heidelberg: Spektrum Akademischer Verlag.

MOLLENHAUER, KLAUS (1990). Die vergessene Dimension des Ästhetischen in der Erziehungs- und Bildungstheorie. In Dieter Lenzen (Hrsg.), *Kunst und Pädagogik. Erziehungswissenschaften auf dem Weg zur Ästhetik?* (3–17). Darmstadt: Wissenschaftliche Buchgesellschaft.

MÖLLER, CHRISTINE (1997). Die curriculare Didaktik. In Herbert Gudjons; Rainer Winkel (Hrsg.), *Didaktische Theorien* (75–92). Hamburg: Bergmann + Helbig.

MONTADA, LEO; KALS, ELISABETH (2013). *Mediation. Psychologische Grundlagen und Perspektiven.* Weinheim: Beltz.

MOTSCHNIG-PITRIK, RENATE (2004). Blended Learning in einer großen Informatik-Lehrveranstaltung: Personenzentriert oder Handlungsorientiert? In Horst O. Mayer; Dietmar Treichel (Hrsg.), *Handlungsorientiertes Lernen und eLearning. Grundlagen und Praxisbeispiele* (219–246). München: Oldenbourg.

OTTO, GUNTER; OTTO, MARIA (1987). *Auslegen. Ästhetische Erziehung als Praxis des Auslegens in Bildern und des Auslegens von Bildern.* Velber: Friedrich.

PALMOWSKI, WINFRIED (2011). *Systemische Beratung.* Stuttgart: Kohlhammer.

PÄTZOLD, HENNING (2004): *Lernberatung und Erwachsenenbildung.* Baltmannsweiler: Schneider.

PEEZ, GEORG (2012/13). Kunstpädagogik. *Kulturelle Bildung online.* https://www.kubi-online.de/artikel/kunstpaedagogik, Zugriff: 26.11.2018.

PEEZ, GEORG (2012). *Einführung in die Kunstpädagogik.* Stuttgart: Kohlhammer.

PEICHL, JOCHEN (2012). *Hypno-analytische Teilearbeit. Ego-State-Therapie mit inneren Selbstanteilen.* Stuttgart: Klett-Cotta.

PERVIN, LAWRENCE A. (2000). *Persönlichkeitstheorien.* München: Ernst Reinhardt.

PETERS, MARIA (1996). *Blick, Wort, Berührung. Differenzen als ästhetisches Potential in der Rezeption plastischer Werke von Arp, Maillol und F. E. Walther.* München: Fink.

PIAGET, JEAN (1976). *Die Äquilibration der kognitiven Strukturen.* Stuttgart: Klett-Cotta.

PLATE, MARKUS (2013). *Grundlagen der Kommunikation. Gespräche effektiv gestalten.* Göttingen: Vandenhoeck & Ruprecht.

RADATZ, SONJA (2000). *Beratung ohne Ratschlag. Systemisches Coaching für Führungskräfte und BeraterInnen.* Wien: Verlag Systemisches Management.

REICH, KERSTEN (1997). *Systemisch-konstruktivistische Pädagogik.* Neuwied: Luchterhand.

REUSSER, KURT (1999). «Und sie bewegt sich doch« – aber man behalte die Richtung im Auge! Zum Wandel der Schule und zum neu-alten pädagogischen Rollenverständnis von Lehrerinnen und Lehrern. *Die neue Schulpraxis, 7/8,* 11–15.

REUSSER, KURT (1995). Lehr-Lernkultur im Wandel: Zur Neuorientierung in der kognitiven Lernforschung. In Rolf Dubs; Roman Dörig (Hrsg.), *Dialog Wissenschaft und Praxis. Berufsbildungstage St. Gallen* (164–190). St. Gallen: Institut für Wirtschaftspädagogik IWP.

ROGERS, CARL R. (1992). *Entwicklung der Persönlichkeit. Psychotherapie aus Sicht eines Therapeuten.* Stuttgart: Klett-Cotta.

ROGERS, CARL R. (1988). *Lernen in Freiheit. Zur inneren Reform von Schule und Universität.* Frankfurt a. M.: Fischer.

ROGERS, CARL R. (1985). *Die nicht-direktive Beratung.* Frankfurt a. M.: Fischer.

Rogers, Carl R. (1992). *Therapeut und Klient.* Frankfurt a. M.: Fischer.

Roth, Gerhard; Ryba, Alica (2016). *Coaching, Beratung und Gehirn. Neurobiologische Grundlagen wirksamer Veränderungen.* Stuttgart: Klett-Cotta.

Roth, Gerhard (2003). *Aus Sicht des Gehirns.* Frankfurt a. M.: Suhrkamp.

Roth, Gerhard (2002). Gleichtakt im Neuronennetz. *Gehirn & Geist, 2002/1,* 38–46.

Sacks, Oliver (1991). *Der Tag, an dem mein Bein fortging.* Reinbek: Rowohlt.

Satir, Virginia (1990). *Kommunikation, Selbstwert, Kongruenz. Konzepte und Perspektiven familientherapeutischer Praxis.* Paderborn: Junfermann.

Schacter, Daniel L. (2001). *Wir sind Erinnerung. Gedächtnis und Erinnerung.* Reinbek: Rowohlt.

Scharmer, C. Otto; Käufer, Katrin (2008). Führung vor der leeren Leinwand. Presencing als soziale Technik. *OrganisationsEntwicklung, 2008/2,* 4–11.

Schmalt, Heinz-Dieter; Heckhausen, Heinz (1992). Motivation. In Hans Spada (Hrsg.), *Lehrbuch Allgemeine Psychologie* (451–494). Bern: Hans Huber.

Schmidt, Gunther (2000). Vorwort. In Sonja Radatz (Autorin), *Beratung ohne Ratschlag. Systemisches Coaching für Führungskräfte und BeraterInnen.* Wien: Verlag Systemisches Management.

Schmitt, Heinz (2002). Kreativität – entbehrliches Konstrukt oder Wesensmerkmal des Kunstunterrichts? *Kunst+Unterricht, Heft 261,* 4–11.

Schulz von Thun, Friedemann (1981). *Miteinander Reden: 1. Störungen und Klärungen. Allgemeine Psychologie der Kommunikation.* Reinbek: Rowohlt.

Selle, Gert (1998). *Kunstpädagogik und ihr Subjekt.* Oldenburg: Isensee.

Selle, Gert (Hrsg.) (1990). *Experiment Ästhetische Bildung. Aktuelle Beispiele für Handeln und Verstehen.* Reinbek: Rowohlt.

Shaw, Julia (2018). *Das trügerische Gedächtnis. Wie unser Gehirn Erinnerungen fälscht.* München: Heyne.

Siebert, Horst (2003). *Pädagogischer Konstruktivismus. Lernen als Konstruktion von Wirklichkeit.* München: Luchterhand.

Siebert, Horst (2001). *Selbstgesteuertes Lernen und Lernberatung. Neue Lernkulturen in Zeiten der Postmoderne.* München: Luchterhand.

Siebert, Horst (1998). Konstruktivismus. Konsequenzen für Bildungsmanagement und Seminargestaltung. *Deutsches Institut für Erwachsenenbildung.* URL: https://www.die-bonn.de/esprid/dokumente/doc-1998/siebert98_01.pdf. Zugriff: 10.9.2018.

Siebert, Horst (2010). *Methoden für die Bildungsarbeit. Leitfaden für aktivierendes Lernen.* Bielefeld: W. Bertelsmann.

Siegel, Markus (2012). Auf der Tonspur des Geistes (Interview). *Gehirn & Geist, 2012/6,* 72–75.

Simon, Fritz B. (2014). *Einführung in die (System-)theorie der Beratung.* Heidelberg: Carl-Auer.

Simon, Fritz B. (2006). *Einführung in Systemtheorie und Konstruktivismus.* Heidelberg: Carl-Auer.

SIMON, FRITZ B. (1999). *Meine Psychose, mein Fahrrad und ich. Zur Selbstorganisation der Verrücktheit.* Heidelberg: Carl-Auer.

SMITH, KERRI (2013). Brain decoding: Reading minds. *Nature, 502,* 428–430.

SPITZER, MANFRED (2002). *Lernen: Gehirnforschung und die Schule des Lebens.* Heidelberg: Spektrum Akademischer Verlag.

STEBLER, RITA; REUSSER, KURT; PAULI, CHRISTINE (1994). Interaktive Lehr-Lern-Umgebungen: Didaktische Arrangements im Dienste des gründlichen Verstehens. In Kurt Reusser; Marianne Reusser-Weyeneth (Hrsg.), *Verstehen. Psychologischer Prozess und didaktische Aufgabe* (227–260). Bern: Huber.

STURM, EVA (2010). Wie man anlässlich von Kunst sprechend zu Wissen kommen kann. Und was das mit Kunstvermittlung zu tun hat. *Kunstportal.* http://www.schroedel.de/kunstportal/didaktik_archiv/2010-11-sturm.pdf, Zugriff: 11.11.2014.

STURM, EVA (2008). Mit dem was sich zeigt. Über das Unvorhersehbare in Kunstpädagogik und Kunstvermittlung. In Klaus-Peter Busse; Karl-Josef Pazzini, (Hrsg.), *(Un)Vorhersehbares lernen: Kunst–Kultur–Bild* (71–91). Norderstedt: Dortmunder Schriften zur Kunst.

STURM, EVA (2002). *Sagte sie. Weg zur Kunstpädagogik.* http://kunst.erzwiss.uni-hamburg.de/pdfs/Sagte_sie.pdf, Zugriff: 13.3.2014.

STURM, EVA (1996). *Im Engpass der Worte. Sprechen über moderne zeitgenössische Kunst.* Berlin: Reimer.

TRÖSKEN, ANNE K. (2002). *Das Berner Ressourceninventar. Ressourcenpotentiale und Ressourcenrealisierung aus konsistenztheoretischer Sicht.* Unveröffentlichte Dissertation. Bern: Psychologisches Institut der Universität Bern. http://allgemeinepsychotherapie.eu/Dissertation.pdf, Zugriff: 22.9.2017.

TRUNIGER, PETER; WETTSTEIN, STEFAN; ZIMMERMANN, ANDREA (2016). Systemisch-lösungsorientiertes Mentorat in Designprozessen. In June H. Park (Hrsg.), *Didaktik des Designs. Design & Bildung. Schriftenreihe zur Designpädagogik, Bd. 1* (107–115). München: kopaed.

TRUNIGER, PETER; ZIMMERMANN, ANDREA (2016). Fragegeleitetes Mentorat im gestalterisch-künstlerischen Prozess. *Bökwe. Buko15 Blinde Flecken: Dokumentation der Kongressergebnisse, 4/2015,* 74–77.

TRUNIGER, PETER (2017). Ein Plädoyer für die fragegeleitete Beratung im Portfolioprozess. In Nicole Berner; Christine Rieder (Hrsg.), *Fachdidaktik Kunst und Design. Lehren und Lernen mit Portfolios* (79–90). Bern: Haupt.

TRUNIGER, PETER (2011). *Das Mentorat im gestalterischen Kontext – ein Balanceakt zwischen Zurückhaltung und Einmischung. Referat anlässlich der Tagung Die Künste in der Bildung.* Zürich: Zürcher Hochschule der Künste.

TRUNIGER, PETER (2005). Communication in Creative Processes: Notes towards the facilitation of creative-artistic autonomy. In Stefan Sonvilla-Weiss (ed.), *(e)Pedagogy – Visual Knowledge Building. Rethinking Art and New Media in Education* (211–244). Bern: Peter Lang Verlag.

TRUNIGER, PETER (2004). Kommunikation in Gestaltungsprozessen: Anregungen für die Begleitung zu gestalterisch-künstlerischer Eigenständigkeit. Werkspuren, *2004/03,* 20–25.

VON AMELN, FALKO (2004). *Konstruktivismus: Die Grundlagen systemischer Therapie, Beratung und Bildungsarbeit.* Tübingen: A. Francke.

VON FOERSTER, HEINZ (1997). Das Konstruieren einer Wirklichkeit. In Paul Watzlawick (Hrsg.), *Die erfundene Wirklichkeit. Wie wissen wir, was wir zu wissen glauben? Beiträge zum Konstruktionismus* (39–60). München: Piper.

VON SCHLIPPE, ARIST; SCHWEITZER, JOCHEN (2010). *Systemische Interventionen.* Göttingen: Vandenhoeck & Ruprecht.

VON SCHLIPPE, ARIST; SCHWEITZER, JOCHEN (1997). *Lehrbuch der systemischen Therapie und Beratung.* Göttingen: Vandenhoeck & Ruprecht.

WALTER, JOHN L.; PELLER, JANE E. (1996). *Lösungs-orientierte Kurztherapie.* Dortmund: verlag modernes lernen.

WATZLAWICK, PAUL (2000). *Wie wirklich ist die Wirklichkeit?* München: Piper.

WATZLAWICK, PAUL (1997). *Die erfundene Wirklichkeit.* München: Piper.

WATZLAWICK, PAUL; BEAVIN, JANET H.; JACKSON, DON D. (2000). *Menschliche Kommunikation. Formen, Störungen, Paradoxien.* Bern: Huber.

WELZER, HARALD (2005). *Das kommunikative Gedächtnis. Eine Theorie der Erinnerung.* München: C.H. Beck.

WEINERT, FRANZ E. (1994). Lernen lernen und das eigene Lernen verstehen. In Kurt Reusser; Marianne Reusser-Weyeneth (Hrsg.), *Verstehen. Psychologischer Prozess und didaktische Aufgabe* (183–206). Bern: Huber.

WELLHÖFER, PETER R. (2012). *Gruppendynamik und soziales Lernen.* Stuttgart: Lucius & Lucius.

WESTERHOFF, NIKOLAS (2009). Könnte, müsste, wollte. *Gehirn & Geist, 2009/10,* 20–25.

WHITE, MICHAEL; EPSTON, DAVID (2002). *Die Zähmung der Monster. Der narrative Ansatz in der Familientherapie.* Heidelberg: Carl-Auer.

WHITEHEAD, MARK; JONES, RHYS; HOWELL, RACHEL; LILLEY, RACHEL; PYKETT, JESSICA (2014). Nudging all over the world: Assessing the global impact of the behavioural of sciences on public policy. *Changing Behaviours.* https://changingbehaviours.files.wordpress.com/2014/09/nudgedesignfinal-1.pdf, Zugriff: 11.8.2016.

WOLF, CHRISTIAN (2018). Was Hirnscans wirklich aussagen. *Gehirn & Geist, 2018/01,* 50–55.

ZIMMERMANN, ANDREA (2015). *Kommunikation in Gestaltungsprozessen. Ergebnisse der Beobachtungen, Bestandsaufnahmen und Befragungen zwischen 2011 bis 2014.* Zürich: Zürcher Hochschule der Künste ZHdK, BAE.

ZIMMERMANN, ANDREA (2013). *Kommunikation in Gestaltungsprozessen II: Eine exemplarische Analyse der Wirkungsweise von Mentoratsgesprächen.* Zürich: Zürcher Hochschule der Künste ZHdK, BAE.

ZIMMERMANN, SARAH (2015). Der kleine Stups zu mehr Vernunft. *Gehirn & Geist, 2015/10,* 38–45.

Dank

Nach vielen Jahren des Beobachtens, Lesens und Diskutierens liegt der vorliegende Text als Buch vor. Das habe ich vielen Helferinnen und Unterstützern zu verdanken. Allen voran möchte ich Katharina Nill nennen, die als Redaktionsassistentin aus einem bunten Strauß von Kapiteln und Ideen ein nutzerorientiertes Handbuch geformt hat. Während diesem Prozess hat sie mich auf anregende und charmante Weise herausgefordert und bestärkt. Danke Katharina. Andrea Zimmermann hat mit ihren Recherchen und ihrem konstruktiv-hinterfragendem Blick entscheidend zum Gelingen des Projekts beigetragen. Ihr verdanke ich die wertvollen Daten zum Geschehen im Studiengang BA Art Education an der ZHdK. Dank gilt meiner Familie, die mit viel Nachsicht insbesondere die Fertigstellung des Buchs mitgetragen hat. Sabina Kunz möchte ich für viele wichtige inhaltliche Impulse und die kritische Lektüre danken. Gleiches gilt für Herbert Eberhart, Rolf Kuhn, Bernadette Lechmann, Norina Binkert, Eva-Maria Imboden, Sandra Degen, Renate Lerch, Judit Villiger, Katrin Luchsinger, Stefan Wettstein, Nora Kunz und Heidi Pfäffli, welche Kapitel des Textes gelesen, kommentiert und durch ihre Einfälle bereichert haben. Bei Piero Glina bedanke ich mich für das ansprechende und leserfreundliche Layout, bei Rainer Trösch für das Titelbild aus der Reihe *Linihen* von 2018. Judith Tonner hat das Manuskript mit Sperberaugen gelesen, was der 2. Auflage zugutekommt, danke. Christoph Weckerle, Direktor des Departements Kulturanalysen und Vermittlung der Zürcher Hochschule der Künste, möchte ich für den Freiraum danken, den er mir für die Realisierung des Buchs gewährt hat. Bedanken möchte ich mich schließlich bei den Dozierenden und Studierenden des Bachelors Art Education für inspirierende Gespräche, die Fallbeispiele und die Möglichkeit, Methoden in der Anwendung zu erproben und zu beobachten.

Autor

Peter Truniger ist Professor an der Zürcher Hochschule der Künste (ZHdK). Dort leitet er seit 2008 den Bachelor of Arts in Art Education. Seit 1997 unterrichtet er allgemeine Didaktik und Psychologie. Er hält einen Lizenziatstitel in Psychologie, Pädagogischer Psychologie und Publizistikwissenschaften (Universität Zürich) und ist ausgebildeter Supervisor und Coach mit mehrjähriger Praxiserfahrung. Er ist Autor verschiedener Beiträge zu Lehr-Lernberatung und Coaching, zur Hochschulentwicklung sowie zu Kunst und Design in Lehre und Vermittlung.